国家社科基金项目(09CZX023)
安徽省学术和技术带头人后备人选资助项目

XIANQIN SHIQI TAREN SIXIANG YANJIU

先秦时期"他人"思想研究

吴先伍 ◎ 著

安徽师范大学出版社

责任编辑:胡志恒 李克非　　责任校对:房国贵
装帧设计:丁奕奕　　　　　　责任印制:郭行洲

图书在版编目(CIP)数据

先秦时期"他人"思想研究 / 吴先伍著. — 芜湖:安徽师范大学出版社,
2013.12(2025.1 重印)

ISBN 978-7-5676-0933-4

Ⅰ.①先… Ⅱ.①吴… Ⅲ.①先秦哲学—研究 Ⅳ.①B22

中国版本图书馆 CIP 数据核字(2013)第 217994 号

先秦时期"他人"思想研究

吴先伍　著

出版发行:安徽师范大学出版社

芜湖市九华南路 189 号安徽师范大学花津校区　　邮政编码:241002

网　　址:http://www.ahnupress.com/

发 行 部:0553-3883578 5910327 5910310(传真)　E-mail:asdcbsfxb@126.com

经　　销:全国新华书店

印　　刷:阳谷毕升印务有限公司

版　　次:2013 年 12 月第 1 版

印　　次:2025 年 1 月第 2 次印刷

规　　格:889×1194　　1/32

印　　张:8.5

字　　数:210 千

书　　号:ISBN　978-7-5676-0933-4

定　　价:59.50 元

目　录

绪 论

　　人是社会中的人，人不能脱离社会而存在。首先人类是一个自然的存在物，人类像其他生物一样具有各种各样的生理需求，需要依靠外部世界当中的各种客观物质来满足，不过人类"走不若马，力不若牛"的身体条件又决定了人类无法完全依赖自身而生存，人类要想获得生理需要的满足，要想生存于世，就必须与"他人"结合在一起，组成一个群体、国家，"我们每个人都不能自给自足，相对于我们自己的需要来说。每个人都缺乏许多东西"，"那么由此带来的一个后果就是，人们相互之间需要服务，我们需要许多东西，因此召集许多人来相互帮助。由于种种需要，我们聚居在一起，成为伙伴和帮手"①。实际上，人们不仅要依靠"他人"来满足自己的需求，更要通过"他人"来获得自己的身份定位，否则就无法解决"我是谁"的问题。"我是谁"的问题对于人类不是一个可有可无的问题，而是一个非常重要的问题，正是对于这个问题的追问，使人类摆脱了无意识的自然生活状态而具有了高度的反思意识，也正因如此，人们才赋予了苏格拉底重提德尔斐神庙的箴言"认识你自己"以无比重要的意义。人类如何认识自己、如何确定"我是谁"呢？这其中一个重要的方法，就是借助于与"他人"之间的社会关系，因为在现实生活中，人们正是通过父母、子女、老师、领导等各种各样的"他人"，才获得了子女、父母、学生、下属等各种各样的身份，并且正是通过这些不

---

　　① 柏拉图：《国家篇》，《柏拉图全集》第二卷，王晓朝译，人民出版社 2003 年版，第 326 页。

同身份之间的互相制约,我们才最终确定了自己在这张社会大网上的准确位置,才了解了"我是谁"。因此在中国人的现实生活中,当人们在谈论某某人的时候,往往都不是指名道姓地对其进行直接地评说,而是喜欢将其表述为某某的孩子、兄弟、丈夫,这实际上就是通过与"他人"之间的社会联系来对他进行身份及社会定位,以便让别人更清楚地了解他是谁。正是因为社会、"他人"对于个人的重要性,马克思才说,"人的本质不是单个人所固有的抽象物,在其现实性上,它是一切社会关系的总和"①。

既然社会性构成了人的本质规定性,人必须要生活在社会中,不能脱离社会关系而存在,那么,"孤独幽居,是人类承受的最严厉的惩罚之一"②。正是考虑到人类这样一种社会性的需求,禁闭自古以来就一直是处罚犯错者的一种重要方式。或许正是为了逃避这样一种惩罚与折磨,人们都尽力遵纪守法,试图很好地融入社会之中,与"他人"友好地生活在一起,去维系、体会与感受"他人"的存在以及自我与"他人"之间剪不断理还乱的复杂关系。而当今时代,交通、通讯技术的迅猛发展,正在不断地消除着时空距离对人们所造成的交流交往的障碍,帮助人类实现了随时随地进行交流交往的可能性,从而使自我感受到"他人"就在"我"的身边,与"我"形影不离。然而问题在于,人们的这种努力似乎没有收到预期的效果,放眼当今世界,自我与"他人"之间的关系恰恰处在一种比较糟糕的状态,人们之间并没有实现友好相处,反而是冲突与斗争不断,自我也并没有因为与"他人"距离的拉近而感觉到幸福温暖,反而感觉到更加孤独寂寞了。大至国家之间的战争,小至个人之间的生存竞争,冲突与斗争构成了现代人日常生活的一个重要内容,以致西方的一些现代思想家更是直截了当地指出,"人对人像狼"(霍布斯语),"他

---

① 马克思:《关于费尔巴哈的提纲》,《马克思恩格斯选集》第1卷,人民出版社1995年版,第60页。

② 《西方伦理学名著选辑》下卷,商务印书馆1987年版,第274页。

人是地狱"(萨特语),这些概括虽然让人觉得有点刺耳,但在一定程度上也反映了部分社会现实。在现代社会中,当一个孩子刚刚出生的时候,甚至还胎孕于母腹之中的时候,就已经开始被无情地牵扯进了你死我活的生存竞争之中,"不要输在起跑线上"的教育口号所调动的是人们的竞争意识。当人们以体育竞赛来影射人们之间关系的时候,就意味着站在你旁边的人不再是你的朋友,而是你的对手,甚至是你的敌人,你要随时做好战胜他们、打败他们的准备,否则你就会被他们所征服。一旦"他人"由朋友变成了对手、敌人,那么,"我"与"他人"之间的关系也就由亲密变成了疏远,"我"无法从"他人"那里感受到温暖与依靠,"我"必须时时对"他人"充满戒心,正所谓"害人之心不可有,防人之心不可无"(《增广贤文》),因为"他人"作为我的竞争对手甚至是敌人,必然会把自己隐藏得很深,有时甚至会对自己进行伪装,"当面有成人之美,背后有杀人之刀"(《增广贤文》),我们很难揣测他的所思所想,"画虎画皮难画骨,知人知面不知心"(《增广贤文》)。人与人之间的互相提防,使得人们纷纷退回到自己的家中,退回到自身之中,关上了通向外界的门窗,同时也切断了一切别人能够由外部进入屋内的入口,只有独处于配有高墙铁网的家中,只有龟缩在厚厚的盔甲之中,人们才会感受到一种安全感。因此,现代人并没有因为交通和通讯技术的发展而变得亲密起来,反而是变得越来越疏远了,每个人都变成了孤独的单子。而有关这一点,我们很容易就能在现代心理疾病频发的社会现实中获得证明。

　　既然人们都希望与"他人"做朋友,期待与"他人"友好相处,那么为什么在现代社会中人与人之间往往又成为对手甚至是敌人了呢?当然,这里面的原因可能是多方面的,不过其中最为核心的一点,就是人们在处理自我与"他人"关系时都习惯于以自我为中心、出发点,完全从自我出发来处理自我与"他人"之间的关系,从而无视"他人"的存在。从远古时代开始,人类就将目光投向自我之外,进行仰观俯察,逐渐创立起伦常法纪以协调人与人之间的关系。这个"观""察"始终都离不开自我的立场,这也就是说,这个世界上的每一个人都是站在自我的特殊立场上来观察"他人"、协调和处理与"他人"之间的关系。这种观察方式经过长期的历史演变,逐渐被确立为一种观察、处理与"他人"关系的行为通则,以致达到了一种"日用而不知,习焉而不察"(《易传·系辞上》)的自然状态,从而在不知不觉之中把自我确立为世界的中心。既然自我被确立为世界的中心,那么我们的所思所想、所言所行都会从自我出发,并最终服务于自我,最终为自我营造出一个舒适安宁的生活环境。为了给自己创造一个舒适安宁的生活环境,我们就必须走出自身,与"他人"发生关系,因为这就是前文所说的,每个人自身的局限性决定了我们仅仅依靠自身根本就没有办法满足自身的需求。这也就是说,自我与"他人"打交道完全是出于自我的需要,是以满足自我需求为目的的,而"他人"不过是实现自我需求的一种手段,就像米饭、蔬菜等是满足自我需要的手段一样。手段与目的之间的特殊关系就决定,自我是高出于"他人"之上的,"他人"必须服从于自我,我有权对"他人"发布命令,命令"他人"满足自我的需求,如果"他人"不能满足自我的需求,那么我就有权对"他人"使用暴力甚至是加以消灭。然而问题在于,每个人都有一个"我",都有其私心杂念,如果每个人都从其自我出发,都把别人看成满足其需要的手段或工具,那么,人与人之间就必然会互相冲突。

为了防止"他人"对自我的伤害,人们纷纷在自己的周围树起了高墙铁网等坚固的防御系统,从而为自己营造起了舒适安全的一座房子、一个"家"。"家"乃是"我"的私人领地,我的"家"仅仅为我所有,只要"我"关上了通往外界的门窗,"家"就成了"我"独享的私人空间,"他人"只能是非请勿入,如果"他人"未经"我"的允许而强行进入"我"的家中,那他就是私闯民宅,他就侵犯了"我"的隐"私"。由于"家"隔断了"我"与"他人"的联系,保证自我不受"他人"的侵犯,所以每当"我"置身家中的时候,"我"就获得了高度的安全感,就会感觉到舒适自在。正因为如此,当中国人到别人家中做客而感到有些不自在的时候,主人就会告诉客人,要"像在自己家里一样"。正是因为家对于个人如此重要,所以没有人愿意成为无"家"可归的流浪汉,人们都希望通过自己的努力营造起属于自己的家,并坚决反对、抵抗一切毁坏自己家园的行动,而那些背井离乡的游子则时时刻刻都在想念着、思念着自己的家,家成了他们魂牵梦萦的地方。因此我们可以说,人们的大部分所作所为都是为了给自己建造一个安全舒适的"家"。不过,值得注意的是,"家"虽然为我们提供了一个不为"他人"所打扰的安全住所,保护了自我的一己之"私",但是它同时也成了阻隔在"我"与"他人"之间的一道屏障,成了自我与"他人"之间壁垒森严的分水岭,处在"我"的家外面的"他人"被当成了"我"的对手甚至是敌人,是"我"需要加以防范的对象。即使"我"要走出家门与"他人"打交道,那也是为家里补充一些给养,使自我的需要得到满足,从而能够生存发展,而不是毫无防范地将自己坦呈在"他人"面前,更不是对于家的放弃。

既然"他人"构成了自我的威胁,而"我"又必须时时走出自身、走出家门而靠近"他人",那么,"我"与"他人"之间就必然始终会处于危险之中,自我与"他人"都缺乏足够的安全感,始终生活得提心吊胆。正是为了解决这一问题,现代西方的思想家提出了社会契约论的思想。当然,在西方,社会契约论在霍布斯、卢梭与洛克等思想家那里具有不同的版本,霍布斯认为是人们自愿将主权交给了一个独裁者;卢梭则认为人们并非出于自愿而是出于不得已,而且人们把主权不是交给了独裁者,而是交给了公意;洛克则认为人类在把主权上交的同时,还应该保留一部分自然的权利,如此等等不一而足。不管版本如何多样,但是他们的共同特点都是站在维护自我权利的立场上,都是为了维护自己的权利而彼此签订契约,就像卢梭所精妙概括的那样,"人类由于社会契约而丧失的,乃是他的天然的自由以及对于他所企图的和所能得到的一切东西的那种无限的权利;而他所获得的,乃是社会的自由以及对于他所享有的一切东西的所有权"①。通过卢梭的概括我们可以看到,我们之所以愿意与"他人"签订契约,并不是为了"他人"的权利,而是为了自身的权利,我们每个人都希望通过签订契约的方式,以牺牲较小的权利来获得和保证更大的权利。正是权利之间的关联与制衡,决定了"我"与"他人"之间的平等关系。然而问题在于,只要以自我的权利作为出发点,那么"我"所考虑的只能是自我权利的最大化。这也就是说,我们要尽可能地扩展契约规范为"我"所提供的权利空间,为了实现自我权利的最大化,我们要尽可能地利用契约规范不完备的特点来钻契约规范的漏洞,甚至有时要在不伤害自身权利的情况下故意违背契约规范,而这或许就是当前各种见死不救、昧着良心挣钱,甚至是贪赃枉法等不道德现象或违法乱纪现象大量存在的一个重要原因。因此,社会契约论所预设、幻想的平等在现实生活中并没有得到彻底地贯彻执行,而其最终的结果是自我高于"他人",自我的权利高于"他人"的权利,"他人"是从属于自我的,"他人"仍然被笼罩在自我的阴影之下。

正是为了缓和解决自我与"他人"之间的关系,进而消除自我与"他人"之间的矛盾与冲突,现代西方出现了各种各样的理论,譬如胡塞尔提出了主体间性理论,马丁·布伯提出了"我—你"、"我—它"理论,勒维纳斯提出了他者伦理,哈贝马斯提出了商谈伦理,等等。而这些理论也相继被输入中国,中国学者希望借助这些西方的理论来解决"我"与"他人"之间的紧张关系。当然这种做法是值得称道的,因为"他山之石,可以攻玉",西方的理论不仅能够为我们提供一个有益的参照系,而且也会给我们带来许多有益的启示。不过在笔者看来,西方的理论毕竟是产生于西方的,具有西方特定的政治、经

---

① 卢梭:《社会契约论》,何兆武译,商务印书馆2003年版,第26页。

济、文化背景,直接移植于中国必然会导致水土不服,因而必须要进行适当地调整以适应中国的特定环境,同时也要发掘中国传统中的思想文化资源,使西方的理论能与中国传统之间找到契合点,从而二者之间达到真正的水乳交融,而非生拼硬接。为了能让西方有关自我与"他人"关系的理论在中国发挥作用,我们就必须要对中国传统中相关思想进行一个必要的梳理和总结,为二者之间找到一个适当的交接点。不过,中国文化源远流长,博大精深,要想对中国传统中的"他人"思想进行全面的概括和总结殊非易事,所以笔者仅选取先秦时期的一些重要思想家为代表进行梳理。选取先秦时期为代表,这绝非是因为它是中国思想文化史上的一个"点",所以我们要用以点代面的方法,以先秦时期"他人"思想这个"点"来代替中国传统中"他人"思想的这个"面",而是因为先秦时期是中国思想文化的"原点",中国后来的思想文化都由此而出,都以此为根基,虽然后来也有发展变化,也有创新,但是它们都是立足于先秦时期思想文化的根基之上的,所以,先秦时期的"他人"思想可以说是中国传统"他人"思想的雏形,后来的模样可能发生了一些变化,但是我们仍然能从先秦时期看见她的影子。要想研究先秦时期的"他人"思想,儒、道、墨、法诸家是不可回避的。当然,儒、道、墨、法诸家当中支流众多、人员繁杂,为了防止疏离,节省篇幅,笔者不得不删繁就简,主要选择了老子、孔子、墨子、孟子、庄子、荀子、韩非子这些在历史上具有较大影响力、并且真正具有代表性的思想家,其他人物就不再一一予以论述了。

老子哲学曾经受到很多批评,人们一直把他的哲学看作"为己之学",实际上这对老子来说是不公平的,老子由于受到其哲学思想以及其所决定的言说方式的影响,以非常隐晦的、负的方法来讲"他人"。老子非常强调"他人"与自我之间的差异性,"我独异于人","他人"与自我之间存在着弱与强、雌与雄等多方面的差别。正是因为"他人"不同于自我,而且这种差异构成了一种相反相成的辩证关系,正所谓高下相倾、前后相随,所以自我不是要强"他人"以从己,更不是要消灭"他人",而是要宽容"他人",甚至是因顺"他人"。因此我们在老子哲学中看到的,我们对于"他人"所采取的,不是征服的强力,而是"安时而处顺"的雌柔。

孔子与老子的不同之处在于,老子着重讲天道,而孔子着重讲人道,孔子更加直接鲜明地强调自我与"他人"之间的关系,仁学本身就是直截了当地展现为一种关系之学。因为"仁"的构造本身就是"从人,从二",就将自身限定二人之间的关系上。但是讲关系并不意味着"他人"就是真实的存在,像马丁·布伯所说的"我—它"的关系模式,勒维纳斯所说的自我学,实际上都关系到"他人",但是这个"他人"不过是自我的附庸、自我的变形,是另外一个"我",而真正的"他人"尚付阙如。不过仁学放弃了自我的中心地位,孔子要求人们做到"毋意""毋必""毋固""毋我"。自我中心地位的放弃,也就失去了将"他人"同一于自我的需求,所以在孔子那里,不但缺乏将"他人"同一于自我的愿望,而且更加强调"他人"与自我之间的不同,甚至"他人"是高出于自我之上的,所以他才说"三人行,必有我师焉"。正是因为"他人"与自我不同,甚至是高出于自我的,所以我们要对"他人"充满敬畏仁爱之心,不仅不能将自我凌驾于"他人"之上,强调自我对于"他人"的特权,从而强人从己,反而要强调"他人"对于自我的优先性,自我主要承担的是对于"他人"的责任,为"他人"的生死存亡、兴旺发达承担起责任来,而且这种责任不是有限的责任,而是死而后已的无限责任。

虽然墨子曾经就学于孔子,"学儒者之业,受孔子之术",但是他最终与孔子分道扬镳。其中一个非常重要的原因就在于他对儒家的爱有差等的思想深感不满。儒家虽然强调要仁爱"他人",但是由于儒家所推行的是亲亲人伦,所以儒家强调仁爱要有差等。在墨子看来,儒家的仁爱思想具有厚此薄彼之嫌,为了克服儒家思想的这一局限,墨子提出"兼以易别"的思想,强调"爱无差等",要无差别的仁爱所有人。而且这种仁爱不仅是一种精神的关爱，更要体现在物质利益上，给予"他人"以实实在在的物质财富。这使得墨子一违"子罕言利"的做法，大谈物质利益，重视各种实用技术的开发和利用。为了给自己的"他人"思想张目，墨子改变了"子不语怪、力、乱、神"的一贯做法，搬出了"天志"与"鬼神"。一方面，上天的公正无私为无差别的爱利"他人"提供了学理根据，另一方面，鬼神赏善罚恶的功能也为人们不得违背"兼相爱，交相利"的原则提供了外在的强力保证。

在中国这样一个农业大国之中，家庭构成了一个重要的生活和生产单位，血缘亲情受到了普遍的重视，因此墨子"爱无差等"的思想受到了孟子无情地批判，孟子批评墨子"无父无君，是禽兽也"。但是值得注意的是，孟子虽然以发扬孔子思想、拒斥杨墨为己任，但是他不再像孔子那样只讲仁义而不讲利益，而是开始在自己的著作中关注"他人"物质利益的满足了。在孔子那里，虽然也强调仁爱"他人"，但是他没有深入地去探讨我们为什么要仁爱"他人"的问题，而孟子的一个非常重要的贡献，就是对这个问题作出了自己的解答。这一方面在于人性本善，也就是人天生就有"不忍人之心"，就有恻隐、辞让、羞恶、是非"四端"，这为我们仁爱"他人"提供了萌蘖、契机；而另一方面，在现实生活中"见"的刺激作用又促成了"四端"的发荣滋长，从而使我们内在的仁爱之心犹如决堤的江水，喷涌而出。但是"见"本身又是受到时空局限的，是由近而远的，这就导致我们虽然仁爱所有的人，但是这种仁爱肯定不是没有差等的，而是随着时空距离的拉开，必然会呈现出一个渐远渐弱的倾向。

面对儒墨之间的争论，庄子重返老子的天道思想，希望天道能为人道问题的解决提供一个有益的借鉴。在庄子看来，人们之间之所以辩论不休、之所以强调等级差别，都是由于站在社会现实的立场上"以物观之""以俗观之"，其结果必然是"自是而相非""自贵而相贱"，正确地认识和处理自我与"他人"之间的关系，必须要从天道出发，要"以道观之"。由于天道无私，天道并不厚此而薄彼，世间万物都是齐一、平等的，所以自我没有理由贵己贱彼、是己非人，更不能因为"他人"与自我之间的亲疏而得到不同的礼遇。万物一齐并不意味着"他人"与自我之间是绝对同一的，而是意味着"他人"与自我各自都是秉道而生，都各具其自然本性，这种自然本性之间虽然有所不同，但是都各具有自身的合理性，因此，我们要尊重"他人"的自然本性，"他人"就应该顺应其自然本性而生存发展，而不应该因为"我"的好恶而加以改变。因此，庄子特别强调自我对于"他人"的宽容精神。而在现实生活中，我们之所以将自己凌驾于"他人"之上，不能容忍"他人"与自我之间的不同，就是因为"有我"，为了摆脱这个"我"的束缚，做到"无我"，庄子提出了"心斋""坐忘"等各种修养方法，从而为"他人"的生存发展创造出广阔的自由空间。

虽然老子、孔子、墨子、孟子与庄子这些人之间，存在着着重讲天道和着重讲人道的差别，但是他们又都将人道与天道混同起来，像孔子着重讲人道，但是他又讲"天命之谓性，率性之谓道，修道之谓教"，从而将天道与人道融而为一，而墨子的天志则是人道的根据和保证。在荀子看来，前人这种做法所带来的后果就会"蔽于天而不知人""错人而思天"，因此他试图将天道与人道区分开来，要求人们"明于天人之分"，将目光由虚无缥缈的上天而转向现实的人类社会。而在现实当中，人类孱弱的身体决定了人们无法凭借个人的力量而生存发展，自我必须要与"他人"为伍，生活在群体当中。但是群居生活又会导致自我与"他人"之间的冲突，为了防止冲突，就必须制定礼义在人们之间进行严格的等级区分，从而为每个等级树立起相应的行为规范和与"他人"相处的标准。但是由于人们的心灵受到了各种遮蔽，从而无法做到完全按照礼义法度的要求来待人接物，与"他人"相处，所以必须通过"辩说"、教化等方式对"他人"进行引导，使人们在与"他人"相处的过程中，自己的行为能够中规中矩，从而在自我与"他人"之间保持一种恰当的关系。

　　韩非作为荀子的学生,他发展了荀子性恶论,认为人性都是自私自利的,尽管在现实当中也存在人与人之间相互帮助的现象,但是实质上都是为了满足个人的利欲需求,一旦遇到利益供赡不足的情况,人与人之间就会你争我夺、相互倾轧。而在韩非看来,当时的社会现实恰恰是人多而财寡,人们即使竭尽全力也不能满足自己的利益需求,所以人们之间必然会为了物质利益而争夺不已。因此在对待"他人"问题上,我们不能再像儒家所主张的那样,采用所谓仁爱的办法,而应该抱法处势、王霸道杂,利用法、术、势等各种手段来力治"他人",从而使"他人"臣服于自我,服从"我"的统治。韩非"他人"思想的出现,标志着先秦时期的"他人"思想出现了一个重大的转折,或者说,中国的思想文化正式进入了自我学的范围,"他人"在思想理论当中已经失去了其独立存在的地位,开始从属于自我,变成了自我的附庸。虽然在后来的历史上,统治者独尊儒术,奉儒学为中国思想正统,但是这不过是表面文章,统治者实际上还是以韩非所代表的法家思想为正宗,在现实生活中还是推行"阳儒而阴法"的统治策略。

　　从对先秦时期"他人"思想的描述之中我们可以清楚地看到,先秦时期的"他人"思想并非是一成不变的,而是处于不断的发展变化之中,从整的趋势上来说,随着封建集权制的不断成型,"他人"的地位经历了一个不断跌落的过程。像老子与庄子都主张宽容"他人",孔子、墨子和孟子都主张"爱"(这里有"仁爱"与"兼爱"之别)"他人",都显示了自我对于"他人"的高度敬畏、尊重。虽然到了荀子仍然还讲宽容与仁爱,但是他已经主张王霸道杂,要求统治者把礼与法、德与力统一起来来对待"他人","隆礼尊贤而王,重法爱民而霸"(《荀子·强国》),"凝士以礼,凝民以政"(《荀子·议兵》),"治之经,礼与刑,君子以修百姓宁。明德慎罚,国家既治四海平"(《荀子·成相》),从"法""霸""政""刑""罚"这些字眼当中,我们已经感受到了自我对于"他人"的杀伐之音,"他人"的地位已经明显被削弱了。而荀子的学生韩非子则彻底地抛弃荀子思想当中仁爱宽容"他人"的一面，而直接将王与霸、德与力尖锐地对立起来，主张彻底地用暴力来对治"他人"，从而向统治者提出了以法、术、势这些手段来统驭"他人"，这不仅将自我与"他人"置于一种你死我活的斗争之中，而且也导致在理论上"他人"变成了自我的附庸，"他人"成了征服打压的对象。

虽然先秦时期的"他人"思想随着汉王朝的建立，有些不得其传、难以为继之感，但是这只是理论层面上的，实际上先秦作为中国文化发展的轴心时代，先秦时期的"他人"思想已经深入到中国人的血液当中，成了一种心理积淀，自觉与不自觉地影响着人们的思想行为，支配着自我与"他人"的相处。也正是在先秦时期的"他人"思想的作用之下，中国人在处理自我与"他人"关系问题上表现出一种独特的面貌。这种独特性不仅表现在中国人对"他人"重情重义、谦敬礼让、勇于承担起对"他人"的责任，而且也表现在自我在与"他人"相处时缺乏权利意识、缺少原则观念，再加上由于中国缺乏上帝等外在约束，一味强调内在自觉，这些都容易使中国人在处理自我与"他人"问题上容易走向极端，理论上可能高度重视对"他人"的感情、责任，但在现实生活中也可能是对"他人"高度冷漠，缺乏责任感。因此，对于当前中国来说，要想建构起和谐的人际关系，使自我与"他人"友好相处，既不能盲目地复古，也不能盲目地反古，而是要站在现实的基础上，对于传统"他人"思想进行综合创新、创造性地转化。

第一章　老子哲学中的"他人"

老子其人及具体的生卒年月由于年代久远,就像他所提倡的"道"一样,已经变得"玄之又玄",很难给出明确的结论,以致历代考证家为此争论不休。譬如,在老子其人的问题上,有人说老子是李耳,有人说老子是老莱子,有人说老子是周太史儋,有人说老子是老聃,也有人说老子根本就不存在,《老子》并非出自一人之手,而是不同作者的作品集;而在老子出生年代上,有人说老子生于孔子之前,有人则主张老子生于孔子之后,甚至有人主张老子生于庄子之后。不过,由于本书不是一部考证性的著作,而是注重先秦时期"他人"思想推演发展的著作,所以,本书不在这些历史考证问题上追根究底,只是接受通常的说法:老子即老聃,姓李名耳,字伯阳,楚国苦县人,年龄稍长于孔子,孔子曾向其问礼。因此本书研究先秦时期的"他人"思想,首先从老子哲学谈起。

第一节　烘云托月:隐晦的"他人"

讨论老子哲学中的"他人"问题,将会遭遇两大难题:第一,老子是着重讲"天道"的,而不是主要讲"人道"的,而"他人"问题又属于"人道"范畴,因而"他人"没有成为老子哲学关注的对象;第二,老子哲学研究者们普遍持有一种观点,认为老子哲学是"为我之学",既然老子将目光集中在"我"身上,那么,"他人"就必然在其视野之外。如果这两大难题不解决,那么,我们在老子"他人"思想研究上就不可能取得任何实质性的进展，所以，我们首先要进行讨论，这两个所谓的"难题"是否真正构成了研究老子"他人"思想的无法跨越的障碍。

首先，我们来看一看第一个"难题"。已故哲学家冯契先生曾说，"就'天人'之辩来说，孔墨着重讲人道，而《老子》着重讲天道"，非但如此，老子还更进一步，"把天道和人道对立起来，以为天道就是对人道的否定"①。冯契先生的论述可谓抓住了老子哲学的精髓。确实，老子非常重视"天"与"天道"，老子讲"天网恢恢，疏而不失"(《老子·七十三章》)，就是认为冥冥之中有一个广大无边的"天网"笼罩着世间万物，没有人能够逃脱得了它的支配，所以，人们在这个世界上要做的不是别的，就是对于"天"和"天道"的遵循和模仿，"人法地，地法天，天法道，道法自然"(《老子·二十五章》)，"以辅万物之自然而不敢为"(《老子·六十四章》)。

应该说，老子重视"天"与"天道"反映了人类早期思想的一个共同特点。在人类文明的初期阶段，科学文化的发展水平还不足以对世界上的风雨雷电等各种自然现象和王朝更迭兴衰等各种社会现象做出有力的说明和论证，因此，人们只好将目光从社会现实移开，不是俯首看地，而是举头望天，认为现实生活当中的一切现象都在冥冥之中受到"天"或"天命"的操纵，从外在的"天"和"天命"来寻找现实当中所发生的一切的根源。像人们生活中的日月风雨、河流山川等一切事务都由上天所掌握，就连国家政事也在上天的监控之下，人们在社会中的地位与分工都是上天分派指定的。所以，过去皇帝又叫"天子"，意思就是说，皇帝是上天的儿子，是受上天委派的，奉上天之命来治理国家、统治人民的。如果人们违反了上天的意愿，违背了天命，就会受到上天的惩罚，就会遭受风雨雷电等自然灾害和社会动乱、王朝更迭之祸。譬如，商周更迭，周公就认为，夏

---

① 冯契:《中国古代哲学的逻辑发展》上册,上海人民出版社1983年版,第121页。

商之所以灭亡,就是因为统治者荒淫无道以致丧失了"天命",而文王由于"明德保民"而获得上天的垂青,赋予其天命,委派他来治理统治四方。因此,在现实生活中,统治者不但要做好上天所分配给自己的职责,勤于政事,注重修养,而且要"祈天永命"。再加上古代中国是以农立国的,农业对于"天"就具有更加强烈的依赖性,庄稼的丰收与减产都与"天"紧密相关,而庄稼对于农民来说,就意味着生计活路,对于国家来说,就意味着繁荣稳定,所以,在古代中国,上天也就成了个体生命和国家长治久安的决定者。正是由于遵奉上天的历史传统和依赖上天的社会现实,导致中国人对于"天"具有特殊的情感,对上天推崇备至,以致对于"天"的探讨成了学者们关注的一个重要内容。宋代学者邵雍就曾说,"学不际天人,不足以谓之学"(《皇极经世·观物外篇》),就把"天"摆在了一个非常显要的位置。老子讲"天道"可以说是与中国历史文化传统和社会现实高度吻合的。

　　虽然老子讲"天道",但这并不会构成老子讲"人道"的障碍。因为对于中国人来说,"天"与"人"本来就不彼此悬隔,而是合而为一的,"天人合一"是中国传统文化的一个重要组成部分。早在西周时代,就有了"天人合一"思想的萌芽,譬如《诗经·大雅》中说,"天生烝民,有物有则,民之秉彝,好是懿德",就是强调天人之间的相通关系,认为人的善良道德本性是由上天赋予的。后来孟子在自己的著作中对此诗加以征引,"孔子曰:为此诗者其知道乎!故有物必有则。民之秉彝,好是懿德"(《孟子·告子上》),成了孟子性与天道相通思想的历史来源。而老子强调"人法地,地法天,天法道,道法自然"同样也是主张"天人合一"的。既然"天人合一",天与人本来不二,那么讲天就离不开人,讲人也就离不开天,所以后来邵雍说"学不究天人,不足以谓之学",就是强调"天"与"人"缺一不可。所以,在《老子》一书中,尽管主要是谈论"天"和"天道"的,但并不缺乏讨论"人"和"人事"的内容,如:

　　是以圣人处无为之事,行不言之教;万物作而弗始,生
而弗有,为而弗恃,功成而弗居。(《老子·二章》)

　　不尚贤,使民不争;不贵难得之货,使民不为盗;不见
可欲,使民心不乱。是以圣人之治,虚其心,实其腹,弱其
志,强其骨。常使民无知无欲。使夫智者不敢为也。为无
为,则无不治。(《老子·三章》)

　　五色令人目盲;五音令人耳聋;五味令人口爽;驰骋畋
猎,令人心发狂;难得之货,令人行妨。是以圣人为腹不为
目,故去彼取此。(《老子·十二章》)

像这样的例子在《老子》一书中俯拾皆是。而在有些时候,老子又将
"天"和"天道"与"人"和"人事"联系在一起,以"天道"来引出、规范
"人道"。譬如老子说:

　　天地不仁,以万物为刍狗;圣人不仁,以百姓为刍
狗。天地之间,其犹橐籥乎! 虚而不屈,动而愈出。多言
数穷,不如守中。(《老子·五章》)

　　天长地久。天地所以长且久者,以其不自生,故能长
生。是以圣人后其身而身先;外其身而身存。非以其无私
邪? 故能成其私。(《老子·七章》)

　　江海之所以能为百谷王者,以其善下之,故能为百谷
王。是以圣人欲上民,必以言下之;欲先民,必以身后之。
是以圣人处上而民不重,处前而民不害。是以乐推而不

厌。以其不争,故天下莫能与之争。(《老子·六十六章》)

像这样的例子在《老子》一书中,还有很多,限于篇幅,我们就不再一一列举了。通过有限的例子,我们就已经能非常清楚地看出,老子并不因为讲"天"和"天道",就忽略了"人"和"人道",相反,老子对于"人"和"人道"倾注了高度的热情,可以说,对于"人"和"人道"的讨论构成了《老子》一书的重要组成部分。当然在老子那里,"天"和"天道"的地位是不容否定的,它们构成了"人"和"人道"的根基,唯有从"天"和"天道"出发,我们才能更好地理解"人"和"人道",离开了深入了解"天"和"天道"这个前提条件,我们就不能真正深刻地理解"人"和"人道",因此,认识"天"和"天道"不仅不阻碍人们去认识"人"和"人道",反而有助于人们更加深刻地认识"人"和"人道"。反过来亦是如此,由于"人道"是对"天道"的效仿,所以,我们对于"人道"的关注、认识也有助于我们更加深刻地体会"天道"。正是因为"天"与"人"、"天道"与"人道"之间的这种微妙关系,就决定了老子谈论"天道"是不能离开"人道"的,在老子那里,"天道"与"人道"注定要交织在一起、不能被截然分开。

不过需要注意的是,既然在老子哲学中"天道"与"人道"互相交融,那么又该如何理解冯契先生所说的,老子"把天道和人道对立起来,以为天道就是对人道的否定"这句话呢?难道冯契先生的理解出现了差错吗?答案是否定的,因为冯契的结论当中的"人道"具有特定的历史内涵,也就是前文所说的孔子和墨子的"人道"思想,而不是泛指一切人道思想。实际上,冯契先生在自己的著作中已经对此作了非常清晰的说明,"可以说,《老子》哲学是对孔墨的人道原则的否定,也是对孔子的理性原则和墨子的感性原则的否定"。①既然老子只是用"天道"来否定孔墨的"人道原则",那么,这就不妨碍老

① 冯契:《中国古代哲学的逻辑发展》上册,上海人民出版社1983年版,第125页。

子自己去对"人"和"人事"加以考察,去提出自己的"人道原则""人道思想",也正因如此,我们才可以在《老子》书中看到大量有关人道问题的讨论。

解决了第一个难题,我们有必要转入第二个难题,也就是老子哲学是否是"为我之学"的问题,也就是老子将目光集中于"我",是否会导致老子忽视"他人"或对"他人"视而不见的问题。因为我们仅仅讲老子对于"人"和"人道"多有讨论,但这并不能保证老子就关注"他人",老子也有可能由于注重"我"而不关注"他人",而且这也确实是众多老子研究者们一贯持有的观点。早在先秦时代,孟子在概括其生活时代的思想状况时曾经说过:

> 圣王不作,诸侯放恣,处士横议,杨朱、墨翟之言盈天下。天下之言不归杨,则归墨。杨氏为我,是无君也;墨氏兼爱,是无父也。(《孟子·滕文公下》)

在这段话中,孟子就明确地指出:因为杨朱的哲学是"为我"的,所以导致杨朱哲学中"他人"的缺失("无君""无父")。而杨朱哲学与老子哲学具有深厚的渊源关系,也是道家当中的一派,①由此人们可以自然地推论出:老子哲学是"为我"之学,"他人"不在老子的考察视野之中。孟子的论断左右了后人对于道家学派(包括老子)思想的认识,即使到了现代社会,孟子的论断依然余音不绝,人们仍然将"为我"作为道家思想的一个重要特征,老子更不例外。中国现代著名哲学家冯友兰先生就说,"'为我'是贯穿于各派的道家的一个重

---

① 在老子与杨朱之间到底是谁以谁为师这个问题上,存在着不同观点,像冯友兰在《中国哲学简史》《中国哲学史新编》中,就将杨朱哲学作为先秦道家思想发展的第一个阶段,而老子哲学则为第二个阶段,从而将老子哲学看作是对杨朱哲学的继承和发展。但是绝大多数研究者都持杨朱后于老子的观点,认为杨朱的哲学是对老子哲学的继承和发展。

要思想",早期的隐者和杨朱采取的"避世"的方法来保全自我,而老子和庄子则采取了"混世"的方法来保全自我,实际上,这都是"为我之学":

> 然此等方法,皆不能保万全。因为人事万变无穷,其中不可见之因素太多,《养生主》的原则很难实行。于是《老子》乃为"打穿后壁"的话说:"吾所以有大患者,为吾有身。及吾无身,吾有何患?"(十三章)这是为我论者的最后结论。《庄子》继此而讲"齐死生,同人我",在主观上不以害为害,就认为害真不能伤了。因此,老、庄又都讲"无我"。其实他们所谓"无我",正是"为我"之极致。"为我"之极,就向其对立面转化,以至于"无我"。
>
> 道家哲学是没落的奴隶主阶级意识的集中体现。"为我"的思想贯穿于道家各派之中,这不是偶然的。没落奴隶主阶级失掉了原来的"天堂",所留下的只是自己的身体和生命,于是他们就认为自己的身体和生命是人生最重要的东西。[①]

冯友兰对老子的评价可以说是现代学术界所普遍执持的一个观念。由于受到这种"为我之学"论的影响,在笔者视野所及的范围之内,目前尚未发现有学者去讨论老子哲学中的"他人"问题。因为如果老子哲学确实是"为我之学",那么,在老子哲学中就没有"他人"的位置,老子哲学就应该像现代西方主体性哲学那样,只有"我"而无"他人"。所以,为了讨论老子哲学中的"他人",或者说,讨论老子的"他人"思想,我们首先必须确定:在老子哲学中不仅有"我",而且确实也有"他人"。

---

① 冯友兰:《中国哲学史新编》上卷,人民出版社1998年版,第279页。

　　确实,当我们打开《老子》的时候,就会发现,老子主要是以第一人称语气、圣人的语气在进行讲说,强调人作为一个"我"应该如何立身行事,这容易给人造成一种印象:老子哲学就是围绕着"我"而展开的,"我"就是老子思考问题的出发点和最后归宿。但是这种理解显然存在一定的片面性。老子是讲天地之道、社会人生的,虽然老子对于现实社会中的道德规范多有批判,但他并未否认道德本身。我们都知道,老子最为重要的传世之作是《道德经》,根据1973年长沙马王堆汉墓出土的帛书《老子》,证明通行本《道德经》的编排体例是错误的,《道德经》的本来面目应该是《德经》居前而《道经》在后,这种编排方式也足见老子对于"德"的高度重视,所以在他的著作中到处充斥着"玄德""上德""上善"等有关道德的言词。当然,老子对于道德的理解在其具体内涵上与通常的理解、儒家的理解存在着重大的差异,但是这种差异仅仅存在于人与人之间到底应该如何相处的问题上,也就是说,老子仅仅否定了儒家道德所规定的人与人之间相处的方式,而并没有否定人与人关系本身。因为道德必须存在于人与人之间或者说"我"与"他人"结合而成的群体当中,如果"他人"消失了,那么,"我"就成了一个孤立的个体,对于孤立的自我来说,也就没有所谓道德与不道德的问题。这诚如涂尔干所言:

　　　　如果道德存在,道德只能把个人结合而成的群体——换言之,社会,在人们通常认为社会与构成它的个人存在具有质的区别的情况下——作为对象。①

既然老子讲道德,那么老子就不可能只讲"我",不讲"他人"。尽管《老子》书中没有用"他人"而是用"人"这个词,但是众所周知,在古代汉语当中,人们都是用"人"来指称"他人",像《书·秦誓》当中的

---

① 涂尔干:《社会学与哲学》,梁栋译,上海人民出版社2002年版,第40页。

"人之有技,若己有之",以及大家耳熟能详的"己欲立而立人,己欲达而达人""己所不欲,勿施于人"中的"人"都是指称"他人"。老子也不例外,也是用"人"来指称"他人"。如果我们带着这样的认识,去细心地阅读《老子》,就会发现其中大量闪现着"他人"的身影,"他人"有时甚至也会与"我"一同出场。譬如在《老子·二十章》当中,老子就将"我"与"他人"并举:

> 唯之与阿,相去几何?美之与恶,相去若何?人之所畏,不可不畏。荒兮,其未央哉!众人熙熙,如享太牢,如登春台。我独泊兮,其未兆;沌沌兮,如婴儿之未孩;儽儽兮,若无所归。众人皆有余,而我独若遗。我愚人之心也哉!俗人昭昭,我独昏昏。俗人察察,我独闷闷。众人皆有以,而我独顽且鄙。我独异于人,而贵食母。

如果说,此处老子是强调我与"他人"之间的区别,那么,《老子·二十七章》则更加侧重于论述我与"他人"之间的伦理道德关系:

> 善行无辙迹;善言无瑕谪;善数不用筹策;善闭无关楗而不可开;善结无绳约而不可解。是以圣人常善救人,故无弃人;常善救物,故无弃物。是谓袭明。故善人者,不善人之师;不善人者,善人之资。不贵其师,不爱其资,虽智大迷,是谓要妙。

从这些地方,我们就能看出,"他人"同样也是老子关注的一个重要对象,老子哲学中不仅有"我",也有"他人"。

如果我们能够放宽自己的视界,不从"人"或"他人"这些特定的词汇出发,而是将老子及其所持立场中的人视为自我的话,那么,《老子》一书中出现"他人"的频率就会大幅提高。老子所持的立场是什么呢？在前面所引的一段文字中，冯友兰就说："道家哲学是没落的奴隶主阶级意识的集中体现"。无独有偶，冯契先生也说："可以说，《老子》哲学是对奴隶社会(文明社会)的自我批判。当然，它站在破落奴隶主贵族立场上进行批判，有很大的局限性。"[①]从冯友兰、冯契两位先生的论述中，我们可以看出，老子是站在奴隶主阶级的立场上说话的，是奴隶主阶级的语气进行言说的，所以在《老子》书中，自我就是奴隶主阶级，而所有那些处于奴隶主阶级之外的平民百姓，都是"他人"，因此，当老子谈及统治者如何与平民百姓相处、如何对待治理平民百姓的时候，他都是在讨论自我与"他人"之间的关系问题。因此，像下面的论述我们也应该将其列入"他人"问题的范围之内：

> 我无为，而民自化；我好静，而民自正；我无事，而民自富；我无欲，而民自朴。(《老子·五十七章》)

> 是以圣人欲上民，必以言下之；欲先民，必以身后之。是以圣人处上而民不重，处前而民不害。是以天下乐推而不厌。以其不争，故天下莫能与之争。(《老子·六十六章》)

> 民之饥，以其上食税之多，是以饥。民之难治，以其上之有为，是以难治。民之轻死，以其上求生之厚，是以轻死。(《老子·七十五章》)

> ……

当然，我们不能否认，在老子著作中"他人"的身影虽然也时常

---

① 冯契：《中国古代哲学的逻辑发展》上册，上海人民出版社1983年版，第120页。

出现,不过与自我相比,频率确实显得非常之低。但我们不能因此就得出结论,说老子哲学就是"为我"之学,老子哲学中有"我"而无"他人",相反我们倒有理由说,在老子哲学中,"他人"甚至处于一个比"我"更加重要的地位,老子哲学在某种意义上更应该被称作"为'他人'"之学。老子之所以不正面讲"他人",这不是因为老子不关注"他人"、老子哲学中没有"他人",而是与中国哲学的方法有关。冯友兰曾经指出,西方哲学的方法是正的方法,而中国哲学却推崇负的方法或烘云托月的方法。

> 正底方法是以逻辑分析方法讲形上学。负底方法是讲形上学不能讲。讲形上学不能讲,亦是一种讲形上学的方法。犹之乎不屑于教诲人,或不教诲人,亦是一种教诲人的方法。孟子说:"不屑于教诲者,是亦教诲之而已矣。"《世说新语》说:"谢公夫人教儿,问太傅:'那得初不见公教儿?'答曰:'我自常教儿。'"孟子、谢公此言,正可引以说明此义。讲形上学不能讲,即对于形上学的对象,有所表显。既有所表显,即是讲形上学。此种讲形上学的方法,可以说是"烘云托月"的方法。画家画月的一种方法,是只在纸上烘云,于所烘云中留一圆底或半圆底空白,其空白即是月。画家的意思,本在于画月。但其所画之月,正在他所未画底地方。用正底方法讲形上学,则如以线条描一月,或以颜色涂一月。如此画月底画家,其意思亦在画月。其所画之月,在他画底地方。用负底方法讲形上学者,可以说是讲其所不讲。讲其所不讲亦是讲。此讲是其形上学。犹之乎以"烘云托月"的方法画月者,可以说是画其所不画。画其所不画亦是画。①

---

① 冯友兰:《贞元六书》,华东师范大学出版社1996年版,第869–870页。

烘云托月法的核心在于不直接去讲所要讲述的对象,而是通过讲述别的事物的方式去讲述所要讲述的对象,也可以说就是以不讲该事物的方式去讲述该事物,也正所谓"讲其所不讲"。老子作为中国传统哲学的一个重要代表人物,同样非常推崇烘云托月的讲述方法,主张不对对象进行言说,认为"多言"反而会伤害到"道"本身:

> 是以圣人处无为之事,行不言之教。(《老子·二章》)

> 不言之教,无为之益,天下希及之。(《老子·四十三章》)

> 知者不言,言者不知。(《老子·五十六章》)

> 天之道,不争而善胜,不言而善应,不召而自来,繟然而善谋。(《老子·七十三章》)

但是负的方法或烘云托月法当中的"不言""不讲",并不是三缄其口,而是以不讲为讲,或者去讲其所不讲,有时勉强去讲,有时从反面去讲。所以,尽管老子对于有些事物不言、不讲,并不意味着它们就没有进入老子的视野,或者其地位不高,相反,它们有时比直接讲述的事物处于更高的地位,这就像画家虽然在云彩上用墨甚多,而对月亮却不着一笔,但月亮无疑比云彩的地位更高、更重要。因此,虽然老子在自己的著作中将大量的笔墨花费在"我"身上,对"他人"的论述相对较少,但老子只不过是以熏染自我的方式来凸显"他人",因此"他人"在老子哲学中仍然享有很高的地位。所以,只要突破了在场形而上学的局限,我们就能发现老子哲学中隐匿在自我背后的"他人","他人"是不在场的在场者,正是"他人"这个不在场的在场者将"我"从自我中心主义当中超拔出来,使自己不再沉迷于自我而开始关注、悦纳"他人"。

第二节 "我独异于人":别样的"他人"

在西方、尤其是现代西方,"他人"之所以没有地位,之所以遭受自我的奴役与压迫,甚至发生"他人"被疯狂屠杀的现象,从而导致"他人"被自我所泯灭,是由于在强调自我中心的主体性哲学中,"他人"变成了另外一个"我",从属依赖于自我,因为"他人"正是从自我当中获得了本质的规定性。在主体性哲学发展的历史上,笛卡尔无疑是一位非常重要的人物,正是他的"我思故我在"使主体性哲学获得了成熟的表现形态。在笛卡尔看来,过去一切哲学最大的问题,就在于将可疑的东西当作确定无疑的东西加以接受下来,从而没有将哲学建立在绝对自明性的基础上。为了给哲学寻找到确定无疑的绝对自明性的基础和开端,笛卡尔决心对世界上所有的东西都怀疑一遍。然而在怀疑的过程中,笛卡尔发现尽管许多过去我们信以为真的东西都随之烟消云散了,但"我在怀疑"或"我思"这件事情本身不是可怀疑、确定无疑的,笛卡尔由此出发,推导出世间万物的存在,从而为世间万物(包括"他人")的存在寻找到稳固的根基。由于笛卡尔将"我思"设立为所有真理的起源和法则,这就决定了笛卡尔的哲学是有"我"而无"他人"的:

> 现在我要闭上眼睛,堵上耳朵,脱离开我的一切感官,我甚至要把一切物体性的东西的影像都从我的思维里排除出去,或者至少(因为那是不大可能的)我要把它们看做是假的;这样一来,由于我仅仅和我自己打交道,仅仅考虑我的内部,我要试着一点点地进一步认识我自己,对我自己进一步亲热起来。我是一个在思维的东西,这就是说,我是一个在怀疑,在肯定,在否定,知道的很少,不知道的很多,在爱、在恨、在愿意、在不愿意、也在想象、在感觉的

东西。因为,就像我刚才说过的那样,即使我所感觉和想象的东西也许绝不是在我以外、在它们自己以内的,然而我确实知道我称之为感觉和想象的这种思维方式,就其仅仅是思维方式来说,一定是存在和出现在我心里的。①

由于"我仅仅和我自己打交道,仅仅考虑我的内部,我要试着一点点地进一步认识我自己,对我自己进一步亲热起来",就决定了在笛卡尔那里,自我获得了至高无上的地位,再加上"我所感觉和想象的东西也许绝不是在我以外、在它们自己以内的","一定是存在和出现在我心里的","他人"的存在就完全被还原成了"我"的意识,是"我思"建构的结果,"我"的存在乃是"他人"存在不可动摇的根基,所以,在主体性哲学当中,"他人"依赖从属于自我,是自我用来满足需要的手段和工具。因此,德国著名的犹太哲学家、"他人"哲学的重要研究者马丁·布伯曾经对于现代西方哲学中"我"与"他人"之间的关系作过非常精妙的论述。马丁·布伯认为"我"与"他人"之间本来有两种关系,"我—你"关系和"我—它"关系:

> 早在最初的关系事件中他已诵出"我—你",且方式天然无矫,先在于任何语言形式,此即是说,先在于对"我"之自我意识。与此相反,仅在人把自身认作"我"时,此即是说,仅在"我"自"我—你"中分离而出之时,"我—它"方可被称述。
>
> 原初词"我—你"可被消解成"我"与"你",然则"我"与"你"之机械组合并不能构成"我—你",因为"我—你"本质上先在于"我"。而"我—它"却发端于"我"与"它"之组合,因为"它"在本性上后在于"我"。②

① 笛卡尔:《第一哲学沉思集》,庞景仁译,商务印书馆1986年版,第35页。
② 马丁·布伯:《我与你》,陈维纲译,生活·读书·新知三联书店1986年版,第38页。

这也就是说,"我"与"他人"之间最原初的关系应该是"我—你"关系,而且在这种关系当中"我—你"关系是先在于自我的,然而随着历史的发展,特别是主体性哲学的流行,"我"与"他人"之间的"我—你"关系逐渐被"我—它"关系所取代。而"我—它"关系中最主要的问题在于,"我"不再后于"我—你"关系而存在,而是先于"我—你"关系、先于"他人"而存在,"我"在这个世界上具有优越性、优先性,所以,一切他者、一切"他人"都丧失了自己的本性,不再享有与"我"相互作用的自在地位,而是沦落为服务于"我"之物,沦落为自我奴役与压迫的对象。

> "我"之力量不断膨胀,直至一切羁绊皆断裂破碎;当此之时,"我"与我自身面面相对,似乎"我"之自身已与"我"相分裂而转成"你"。"我"即刻占有自身,从此,"我"执持自我意识而跨入关系。
>
> 仅在这一时辰,另一原初词方才形成。从此,关系中之"你"日渐消退,……人发育整全之躯体也从周围世界分离而出,承负感觉经验,担载本能冲动。但此分离尚属"各—居—其—所"之并列,非为"我"与对象之截然对立。然而,自成一体之"我"在此时业已呈现,"我"自充盈圆全中退缩而出,成为一功能体,即经验物、利用物之主体。"我"趋近一切自为之"它",捕获它们,占有它们,与它们组成原初词"我—它"。已具"我性"之人,称述"我—它"之人与事物对峙,但这已不复为在相互作用之洪流中的相遇。此时,他将其对象化,有序化,或俯首以放大镜细察明观,或仰首用望远镜远眺遥视。①

---

① 马丁·布伯:《我与你》,陈维纲译,生活·读书·新知三联书店1986年版,第45页。

正是由于在西方,自我的优先性导致"他人"缺乏独立性和自主性,遭受自我的奴役与压迫,所以,马丁·布伯、勒维纳斯、德里达等一大批哲学家为"他人"著书立说、奔走呼号,希望"他人"能够从自我的阴影中走出来,"他人"的本性能够得到充分的尊重。然而这在老子哲学中,却不是一个问题。

在老子看来,"他人"就是"他人","我"就是"我",二者之间不具有内在的统一性,"他人"是一个完全不同于自我的"他人"。譬如,在前引《老子·二十章》中,老子站在自我的立场上,详尽地比较了"我"与"他人"之间的差异,"众人熙熙,如享太牢,如登春台。我独泊兮,其未兆;沌沌兮,如婴儿之未孩;儽儽兮,若无所归。众人皆有余,而我独若遗。我愚人之心也哉!俗人昭昭,我独昏昏。俗人察察,我独闷闷。众人皆有以,而我独顽且鄙。我独异于人,而贵食母"。老子一口气列举了"我"与"他人"之间存在着六大差异,从这里我们可以清晰地看出,老子高度重视自我与"他人"之间的差异性,强调自我不同于"他人",反过来,也就是说,老子将"他人"看作是不同于自我的"他人"。有人可能会根据这段文字得出这样的结论:尽管在老子那里,"他人"是不同于自我的别样的"他人",但"他人"的地位低于自我。因为老子哲学本身就是讲"雌""弱""柔"的,虽然在现实当中我们更倾向于做个强者,但是有时真正的强者却是那些至柔至弱者,用老子的语言表述就是"柔弱胜刚强"(《老子·三十六章》)。

> 人之生也柔弱,其死也坚强。草木之生也柔脆,其死也枯槁。故坚强者死之徒,柔弱者生之徒。是以兵强则灭,木强则折。强大处下,柔弱处上。(《老子·七十六章》)

> 天下莫柔弱于水,而攻坚强者莫之能胜,以其无以易之。弱之胜强,柔之胜刚,天下莫不知,莫能行。(《老子·七

十八章》)

在《老子》一书中,类似于这种论证"柔弱胜刚强"的文字还有很多,如果仅仅局限于一个章节、一个段落、一句话,我们确实非常容易得出自我优于"他人"的结论。但是如果我们放眼于老子哲学体系,紧紧抓住老子哲学中的核心概念"道",抓住老子"反者道之动,弱者道之用"(《老子·四十章》)这个"道"的运行规律和作用形式,我们就会发现,"我"与"他人"之间位置的高低并不存在,因为高低等、相互反对之物、相互反对之势之间本身就是相互依存、相互转化的,"有无相生,难易相成,长短相形,高下相盈,音声相和,前后相随,恒也"(《老子·二章》),"祸兮,福之所倚;福兮,祸之所伏。孰知其极?其无正也。正复为奇,善复为妖"(《老子·五十八章》)。既然,"我"与"他人"之间相互依存、且地位相互转化,那么,"我"与"他人"之间就没有所谓高低贵贱之分,也没有必要做出所谓高低贵贱之分,而古代的圣人就主张世界上没有所谓地位低下之人或物:

> 圣人常善救人,故无弃人;常善救物,故无弃物。是谓袭明。故善人者,不善人之师;不善人者,善人之资(《老子·二十七章》)。

虽然在常人眼中,世界上有"善人"与"不善人"的区别,"善人"的地位要高于"不善人",因此"不善人"要以"善人"为师,向他学习,但这并不意味着"不善人"就百无一用,没有任何可取之处,实际上世界上根本就没有什么百无一用之物、毫无可取之人,"天生我材必有用",所有的人和物都对世界有所贡献。虽然"不善人"要向"善人"学习,但"不善人"同样具有他的价值和用途,"善人"应该以其作为自己的借鉴。如果我们从主体性哲学出发,那么,"善人"就是自我,"不善人"就是"他人",当老子肯定"不善人者,善人之资"的时候,实际上就赋予了"他人"以非常重要的地位,尽管"他人"与自我之间存在着"善"与"不善"这样根本性差异,但"他人"并不因此就在地位上低于"我",我们不能厚此薄彼、自贵而相贱。

实际上,在老子看来,"他人"的价值就在于其独特的本性,就在于"他人"与自我之间的根本性的差异,正是由于"他人"以"不善"相反于"我"的"善","他人"才成了"我"之"资","我"才成了"他人"之"师","我"与"他人"之间才相互依赖,须臾不可分离,"贵以贱为本,高以下为基"(《老子·三十九章》)。这种差异的重要性被老子渗透进对"道"和"有""无"的思考之中。众所周知,"有"与"无"乃是老子哲学中的两个重要范畴,而"无"更是被设立为世间万物的根据和本原。

> "无",名天地之始;"有",名万物之母。故常"无",欲以观其妙;常"有",欲以观其徼。(《老子·一章》)

> 天下万物生于"有","有"生于"无"。(《老子·四十章》)。

世间万"有"之所以能够给人以利益,也完全是因为"无"的作用。

> 三十辐,共一毂,当其无,有车之用。埏埴以为器,当其无,有器之用。凿户牖以为室,当其无,有室之用。故有之以为利,无之以为用(《老子·十一章》)。

实际上,对常人来说,"有"就是"我",因为人们只能真切地感受到自我的存在,所有逃离出自我之外的"他人",就是非存在,就是"无"。老子敏锐地意识到,这个"无"并不是纯粹的虚无,而是不能被自我所涵容的"他人",

> 视之不见,名曰"夷";听之不闻,名曰"希";搏之不得,

名曰"微"。此三者不可致诘,故混而为一。其上不皦,其下不昧,绳绳兮不可名,复归于无物。是谓无状之状,无物之象,是谓惚恍。迎之不见其首,随之不见其后。(《老子·十四章》)

这个无形无象的"惚恍"就是"道","道之为物,惟恍惟惚。惚兮恍兮,其中有象;恍兮惚兮,其中有物。窈兮冥兮,其中有精;其精甚真,其中有信"(《老子·二十一章》)。从此我们可以看出,"无"不是绝对的空无,其中有物、有象、有精、有真、有信,而这个"有"之所以被看作"无",是由于他们作为"他人"与自我之间巨大的差异性,是由于"他人"所呈现出来的形象与自我的形象截然不同,"他人"是"无状之状,无物之象"。"他人"与自我之间的这种巨大的反差,导致"他人"比自我包含了更多的内容,成了世间万有的根据和本原,"'道'冲,而用之或不盈。渊兮,似万物之宗;湛兮,似或存。吾不知谁之子,象帝之先"(《老子·四章》),因此"他人"不能被纳入到自我当中,我们无法通过"视""听""搏"等手段将"他人"转化为自我的一个部分,更不用说奴役与压迫"他人"了。

既然"他人"不同于自我,不能被自我所同一化,那么"他人"对自我而言,就充满着神秘性,我们对"他人"必然一无所知,也根本不可能对其进行认知。因为认知总是与自我联系在一起,总是从自我出发,以"他人"作为对象而认识之。人们认识对象的结果并不是对对象的客观再现,而是出自自我的建构,是我按照某种内在的观念和标准建构对象,"观念的秩序就不再是某种我们发现的东西,而成为我们建构的东西","再现的序列由此必须符合从认识者思维活动中得来的标准。这是一种集结在一起,尤其是,适应特定主体要求的秩序"。[1]这也就是说,认知总是自我在"他人"身上发现自己所期待的

---

[1] 查尔斯·泰勒:《自我的根源:现代认同的形成》,韩震等译,译林出版社2001年版,第214–215页。

内容,从而构造出一个我心目中早已设计好的"他人"。这样一来,我所认识的"他人"实际上并不是"他人"本身,而是我所构造起来的"他人",是严重被我的心智所污染了的、被改头换面了的"他人",因而人们在认识"他人"的过程中达到了对于自身的认识,所以,认知"他人"的过程是一个从自身出发又回归自身的封闭圆圈,人们通过认识"他人"达到了对于自身更为深刻的认识,然而"他人"尚付阙如,"他人"并没有因为"我"的认识而进入到"我"的视野之中,更没有还原出一个如其所是的"他人"。譬如,与老子同时期的孔子强调,人们在认识他者的过程中要遵循"人同此心,心同此理"的原则,做到"推己及人",这实际上就始终围绕着自我在转圈,从而无法从封闭的自我当中解脱出来,"他人"对于自我缺乏足够的陌生性、神秘性。正因如此,老子对于认知"他人"持激烈的否定态度,认为"他人"是不可认知的。老子曾经对知人者和自知者作了一个区分,"知人者智,自知者明"(《老子·三十三章》),就明确地指出,认识"他人"的人不过是机智而已,只有认识自我的人才是高明的人,从而将"知人者"放在一个比较低的位置上。这种地位上的高低,就清楚地表明了老子反对我们向外去认知"他人","知者不博,博者不知"(《老子·八十一章》)。为了防止我们从自我出发去认知"他人",从而在自我与"他人"之间以及"他人"内部作出亲疏贵贱的区分,老子要求人们闭目塞听,阻断一切认知"他人"的通道,"塞其兑,闭其门;挫其锐,解其纷,和其光,同其尘,是谓'玄同'。故不可得而亲,不可得而疏;不可得而利,不可得而害;不可得而贵,不可得而贱"(《老子·五十六章》)。通过对于以自我为中心的认知"他人"可能性的抛弃,"他人"在老子那里,就成了充满着神秘性的、令自我敬畏的、别样的"他人"。

第三节 "以百姓心为心":因顺"他人"

在西方的主体性哲学中,由于自我被确立为世界的中心,"他人"要么被当成另外一个"我",被当作满足自我需要的一种手段,因而,"他人"在主体性哲学中,沦落为自我征服与改造的对象。可以说,"顺我者昌,逆我者亡"乃是主体性哲学盛行的时代里,自我的强力和"他人"的凄惨命运的真实写照。自我要发展壮大,就必须征服与奴役"他人",而"他人"为了存续下去,就必须归顺于自我。在现代社会里,人们将自我的意志强加于世间万物、所有"他人",试图按照自我的意图将世界变成一个井然有序的理想园林,凡是那些不符合自我设计的需要、不能在这座园林中找到自己位置的"他人",都将被视作毒草加以铲除。尽管在现代社会中,"天赋人权"、平等思想和契约精神,极大地提高了"他人"的地位,改善了"他人"的生存处境,但是"他人"的独特本性并没有得到足够的重视,"他人"始终没能从自我的奴役与压迫下解放出来。因为所有这些思想观念的提出,其出发点都不是"他人"自身,而是为了保障自我的权益,一旦"他人"构成了自我权益满足的障碍,或者"他人"权益的损害更有利于自我权益的满足,那么,自我就会毫不犹豫地去侵害"他人"。因此,在现代理念当中,"他人"仍然尚付阙如,仍然没有得到自我的公平对待,"他人"仍然需要为了自己的地位和命运而奋争。而老子对待"他人"的态度和方式恰恰为现代人如何处理自我与"他人"之间的关系、如何善待"他人"提供了有益的启示。

正如前文所言,自我奴役与压迫"他人"的一个重要原因,就是因为自我具有功名利禄等欲望,而"他人"则被当成了满足自我追求和欲望所必须付出的代价,或者说,"他人"乃是满足自我欲望的一个手段和途径。为了将"他人"从自我的掌控当中释放出来,我们首先要对欲望有个正确的认识。因为如果自我不再有任何对欲望的追求,那么"他人"对于自我而言,就失去了手段的意义,我也就不再可能为了欲望而去压迫、奴役,甚至是伤害"他人"。我的欲望基本上可以分为"名"与"利"两个部分。我们先来看看"名"的问题,在现实生活中,我们总是希望受到别人的恩宠和赞誉,所以,我们希望通过自己努力的工作和良好的表现,能够给别人留下一个良好的印象。但是在老子看来,"名"实际上并没有我们想象的那么重要,因为不管是受宠还是受辱都会对于我们的生活造成惊扰。

> 宠辱若惊,贵大患若身。何谓宠辱若惊?宠为下,得之若惊,失之若惊,是谓宠辱若惊。(《老子·十三章》)

陈鼓应先生对于这段文字作了这样一个说明:

> 老子开头说:"宠辱若惊。"在他看来,"宠"和"辱"对于人的尊严之挫伤,并没有两样。受辱固然损伤了自尊,得宠何尝不是被剥落了人格的独立完整。得宠者的心理,总是感觉到这是一份意外的殊荣,既经赐与,就战战兢兢地惟恐失去,于是在赐与者的面前诚惶诚恐,曲意逢迎,因而自我的人格尊严无形地萎缩下去。若是一个未经受宠的人,那末他在任何人的面前都可傲然而立,保持自己的人格之独立完整。所以说:得宠也是卑下的,并不光荣的("宠为下")。①

本来我们希望通过获得良好的名声,使自己过上一个志得意满的生活,但是名声却与我们的愿望背道而驰,让我们生活在无尽的惶恐之中,那么,我们还有什么必要去重视名声,去拼命求"名"呢?

"利"对于我们来说,情况也是如此。我们在现实生活中像苍蝇逐臭般去追逐物质利益,希望通过大量的财富来愉悦我们的身体感官,因此,人们希望自己能够遍尝美味,遍赏美色。但是在老子看

---

① 陈鼓应:《老子注译及评介》,中华书局1984年版,第112页。

来，美味与美色等一切愉悦感官之物都会对人造成巨大的伤害：

> 五色令人目盲；五音令人耳聋；五味令人口爽；驰骋畋
> 猎，令人心发狂；难得之货，令人行妨。(《老子·十二章》)

既然美味与美色只能带来片刻的愉悦，却对人的身心造成了永久的伤害，那么，我们也就没有必要如苍蝇逐臭般去追逐物质利益。所以老子教导人们要"少私寡欲"。

如果我们不听从老子的教导，而非要执著于名利，拼命地追名逐利，那么"我"与"他人"之间的冲突就不可避免，争名夺利就成了社会的常态。

> 民之饥，以其上食税之多，是以饥。民之难治，以其上
> 之有为，是以难治。民之轻死，以其上求生之厚，是以轻
> 死。(《老子·七十五章》)

而在历史与现实当中，争夺最激烈的方式就是战争。在战争中，那些站在自我的对立面，妨碍自我追名逐利的"他人"，是自我必须加以征服甚至是消灭的对象。因而在先秦时代，那些统治者为了实现自己雄霸天下、博得青史留名的野心，动辄杀人遍野、血流成河。从表面上看，战争的获胜方确实实现了自我的愿望，获得了自己所期待的名与利。但是，在老子看来，我们通过战争所取得的不过是对于自我没有任何意义的身外之物，但我们所失去的却是我们赖以生活于其间的"天下"，我们最终伤害了自我，"常有司杀者杀。夫代司杀者杀，是谓代大匠斫。夫代大匠斫者，希有不伤其手矣"(《老子·七十四章》)。因此，老子竭力反对以战争、屠杀等暴力手段来解决自我与"他人"之间的矛盾与冲突，即使为了"他人"，迫不得已而卷入战争之中，也要注意合宜合度，切不可沉溺于其间，

因为兵道主"凶"。

> 以道佐人主者,不以兵强天下。其事好还。师之所处,荆棘生焉。大军之后,必有凶年。(《老子·三十章》)

> 夫兵者,不祥之器,物或恶之,故有道者不处。君子居则贵左,用兵则贵右。兵者不祥之器,非君子之器,不得已而用之,恬淡为上。胜而不美,而美之者,是乐杀人。夫乐杀人者,则不可得志于天下矣。吉事尚左,凶事尚右。偏将军居左,上将军居右。言以丧礼处之。杀人之众,以悲哀泣之,战胜以丧礼处之。(《老子·三十一章》)

如果人们都能认识到,名利对于自我来说没有特别的重要性,而且为了争名夺利所进行的一切活动会对我们自身造成极大的伤害,那么,我们就不会对于名利抱有太大的兴趣,更不会为了名利而去伤害"他人",每个人对于当前所拥有的一切就会抱着一种知足的心态,都能从当前的处境中寻找到人生的乐趣,所谓"知足常足"。实际上老子所描绘的"甘其食,美其服,安其居,乐其俗"(《老子·八十章》)的理想社会,就是一个人人知足的社会。在这样一个社会当中,由于人们抛弃了名利的追求,"我"与"他人"之间的纷争也就戛然而止,人与人之间就能和睦相处,"'道'常无为而无不为。侯王若能守之,万物将自化。化而欲作,吾将镇之以无名之朴。镇之以无名之朴,夫将不欲。不欲以静,天下将自正"(《老子·三十七章》)。既然"我"与"他人"因为放弃了名利的追求而消除了彼此之间的争斗,那么,一切用以争斗的工具也都失去了其效用,"虽有舟舆,无所乘之;虽有甲兵,无所陈之"(《老子·八十章》)。

问题在于,老子虽然在自己的哲学当中勾画了一个"我"与"他人"和谐相处、其乐融融的美好画面,但是在现实中,人们并没有放弃名利的欲望,并没有停止为欲望而展开的无休无止的征战,压迫奴役与残害"他人"的行为无时无处不在发生。老子希望人们去体会世界运行发展的根本原则和规律——"道",从"道"当中去汲取自我与"他人"如何正确相处的智慧,因为"道"乃是"天地之根",而现实世界无非就是"道"的展现和对"道"的模仿,"人法地,地法天,天法'道','道'法自然"(《老子 ·二十五章》),"道者万物之奥,善人之宝,不善人之所保"(《老子 ·六十二章》)。"道"虽然是世间万物的根基,创生世间万物,所谓"道生一,一生二,二生三,三生万物"(《老子 ·四十二章》),并且成长作育万物,"长之育之;亭之毒之;养之覆之"(《老子 ·五十一章》),但"道"并不居功自傲,以强者、专制者的面目出现,从而将世间万物据为己有,而是"生而不有,为而不恃,长而不宰"(《老子 ·五十一章》)。所以,"道"与现实生活的许多人都不一样,从不将不自己摆到一个居高临下的地位,反而自甘居于万物之下,使自己表现得非常雌弱,所以老子经常以"水""婴儿""溪涧"等来喻"道"。

　　　水善利万物而不争,处众人之所恶,故几于道。(《老子 ·八章》)

　　　知其雄,守其雌,为天下溪。为天下溪,常德不离,复归于婴儿。知其白,守其辱,为天下谷。为天下谷,常德乃足,复归于朴。(《老子 ·二十八章》)

"道"为什么生养万物而又能处于万物之下呢? 这在很大程度上与"道"的"无形无象"有关。"道"是什么样的呢? 老子说:

　　　视之不见,名曰"夷";听之不闻,名曰"希";搏之不得,名曰"微"。此三者不可致诘,故混而为一。其上不皦,其

下不昧,绳绳不可名,复归于无物。是谓无状之状,无物之象,是谓惚恍。迎之不见其首,随之不见其后。(《老子·十四章》)

有物混成,先天地生。寂兮寥兮,独立而不改,周行而不殆,可以为天地母。吾不知其名,强字之曰"道",强为之名曰"大"。(《老子·二十五章》)

既然"道"无形无象,那么"道"也就摆脱了物质的拖累,也就没有了名利欲望的追求,因此能够以"天下母"的身份而自甘处于世间万物之下、之后。而人之所以不能放下名利,不能停止与"他人"之间的争斗,很大程度上都是因为受到了肉体的影响。所以,那些得道的圣人都不再重视肉体,把肉体看作忧患与罪恶的源头。所以,老子说,"宠辱若惊,贵大患若身。……何谓贵大患若身?吾所以有大患者,为吾有身,及吾无身,吾有何患"(《老子·十三章》)?

如果人们能像"道"那样摆脱肉体的纠缠,超脱名利、超脱自我,那么也就达到了不为外物所侵的超然状态。人们为了进入这样一种超然无我的状态,要进行一系列的修养活动。人们进入无我状态的障碍,就是每个人心里都有一个"我",而且这个"我"还是一个具有七情六欲的自私自利之"我",而我的心灵就是为自我的名利欲望所占据。所以,"我"要达到超然无我的状态,就必须"涤除玄鉴",摒除占据了"我"的心灵当中的一切私心杂念。因此,在老子那里,人生的修养与知识的学习正好呈现一个完全相反的过程,学习是一个不断增益,从而达到满腹经纶的过程,而人生的修养则是一个不断减损的过程,最终要使人的心灵达到空无所有的大空明的状态。

是以圣人之治,虚其心,实其腹,弱其志,强其骨。常使民无知无欲。使夫智者不敢为也。(《老子·三章》)

而这样一种空虚的状态,恰恰就是得到了"道"之要妙,因为"道"就是高度空虚的,"天地之间,其犹橐籥乎!虚而不屈,动而愈出"(《老子·五章》)。当然,人毕竟是生活在现实当中的,尽管我在精神世界里可以超越自我,超脱名缰利锁,但是一旦我们回到现实当中,在面对种种诱惑的时候,我们可能就很难再抑制住自己,从而又会使自己陷入了声色犬马之中,被自我所限制,从而将"他人"变成自我欲望满足的手段。所以,为了避免自我的欲望被外界激发出来,我们就有必要切断与外界之间的联系,从而使自己真正做到清心寡欲、无牵无挂。

> 塞其兑,闭其门,终身不勤。开其兑,济其事,终身不救。(《老子·五十二章》)

> 塞其兑,闭其门;挫其锐,解其纷,和其光,同其尘。(《老子·五十六章》)

实际上,对于老子来说,自我的超脱并非最终的目的,超脱自我不过是为接纳"他人"打开方便之门。只有一个心灵空空如也的人,才能做到物来而顺应,也惟其如此,"他人"才能在自我的心灵中存身立足,"知常容,容乃公,公乃全,全乃天,天乃道,道乃久,没身不殆"(《老子·十六章》)。为了给"他人"提供存身立足、生存发展的空间,自我就必须后撤,由中心退至边缘,把空间主动"让"出来,"让""他人"成为自我心灵舞台上的主角,而将自己变成一个观众和协助者。正因如此,老子才强调人们要"虚心""弱志",不自我夸耀,不自以为是,"是以圣人处无为之事,行不言之教;万物作而弗始,生而弗有,为而弗恃,功成而弗居"(《老子·二章》)。一旦自我不再占据心灵的中心位置,我们就不但不会再将自己的意志强加到"他人"头上,反而会受到"他人"意志的影响,因而:

> 圣人常无心,以百姓心为心。善者,吾善之;不善者,
> 吾亦善之;德善。信者,吾信之;不信者,吾亦信之;德信。
> 圣人在天下,歙歙焉,为天下浑其心,百姓皆注其耳目,圣
> 人皆孩之。(《老子·四十九章》)。

如果我们真正做到了"以百姓心为心",那么,"我"就抛弃了一切成见,"他人"就不再按照自我的意图运行发展,而是按照其自身的本性运行发展,一切就不再显得矫揉造作,一切都变得自然而然。老子说:"天地不仁,以万物为刍狗;圣人不仁,以百姓为刍狗"(《老子·五章》)。这里的"刍狗"就很好地说明了圣人抛弃了自己的主观好恶,而是完全按照"他人"的本性来对待"他人",吴澄对"刍狗"一词的解释就很好地体现了老子的这种深层意蕴。

> 刍狗,缚草为狗之形,祷雨所用也。既祷则弃之,无复
> 有顾惜之意。天地无心于爱物,而任其自生自成;圣人无
> 心于爱民,而任其自作自息,故以刍狗为喻。[1]

一旦我们抛弃了自我,完全从"他人"的本性出发,也就是遵循天下之道,那么,"我"与"他人"之间就不会有任何冲突,能够做到相安无事,正所谓"以道莅天下,其鬼不神;非其鬼不神,其神不伤人;非其神不伤人,圣人亦不伤人。夫两不相伤,故德交归焉"(《老子·六十章》)。因此,老子的理想社会,并不是当时那个到处都充满着奴役与压迫的专制社会,而是一个没有征服与压迫、人人都能安居乐业的自给自足的小农社会,在其间,每个人都能按照自己的意志去行动、去生活。

值得注意的是,老子的"虚其心"与"以百姓心为心"这种因顺

---

① 陈鼓应:《老子注译及评介》,中华书局1984年版,第80页。

"他人"的做法,不仅要求我们不能奴役与压迫"他人",同样也不能过度地关怀"他人",或者说像传统与现实所要求地那样去道德地对待"他人",而是要主动地去"让""他人"按照自己的路径生存发展。因为当我们以道德去要求和对待"他人"的时候,这种道德观念当中就包含了自我的"成见",实际上就以一种固定的框架去套裁"他人"。一旦"他人"不能被我的道德的框架所容纳,那么,"我"与"他人"之间的冲突就不可避免,从而使道德最终走向了它的反面——不道德,"天下皆知美之为美,斯恶已;皆知善之为善,斯不善已"(《老子·二章》)。因此,讲"道德",希望用德仁义礼来要求和对待"他人",都是对于大道的违逆,"故失'道'而后'德',失'德'而后'仁',失仁而后义,失义而后礼"(《老子·三十八章》)。因此真正的道德不是去教条地遵循和应用于德仁义礼于"他人",而是因顺"他人",对于"他人""处无为之事,行不言之教",只有这样,我与"他人"才能真正过上"甘其食,美其服,安其居,乐其俗"的世外桃源般美好生活。

第二章　孔子哲学中的"他人"

虽然《史记》当中有关于孔子向老子问礼的记载,《庄子》当中也有关于孔子曾多次向老子问道的记述,提示孔子的思想与老子思想之间具有渊承关系,而且后者还暗讽孔子是一个没有真正得道之人,但是在中国思想文化史上,孔子无疑具有更为重要的地位。柳诒徵如是评价孔子在中国文化史上的地位:

> 孔子者,中国文化之中心也。无孔子则无中国文化。自孔子以前数千年之文化,赖孔子而传;自孔子以后数千年之文化,赖孔子而开。即使自今以后,吾国国民同化于世界各国之新文化,然过去时代之与孔子之关系,要为历史上不可磨灭之事实。故虽老子与孔子同生于春秋之时,同为中国之大哲,而其影响于全国国民,则老犹远逊于孔,其他诸子,更不可以并论。①

李泽厚对于孔子在中国思想发展史上地位的推崇程度与柳诒徵相比,也毫不逊色。他在《论语今读》的"前言"当中谈及,之所以在前人已经无数次译注《论语》而自己又重做这项工作的原因时就说:

> 尽管我远非钟爱此书,但它偏偏是有关中国文化的某

---

① 柳诒徵:《中国文化史》上卷,东方出版社1988年版,第231页。

种"心魂"所在。我至今以为,儒学(当然首先是孔子和《论语》一书)在塑建、构造汉民族文化心理结构的历史过程中,大概起了无可替代、首屈一指的严重作用。……《论语》这本书所宣讲、所传布、所论证的那些"道理"、"规则"、主张、思想,已代代相传,长久地渗透在中国两千年来的政教体制、社会习俗、心理习惯和人们的行为、思想、言语、活动中了。……这样,儒学和孔子的《论语》倒有些像西方基督教的《圣经》一书了。①

既然人们普遍认为,孔子在中国文化史上拥有至关重要的地位,对中国人的思维心理产生了广泛深远的影响,那么,我们研究先秦时期的"他人"思想,就有必要仔细地研究孔子哲学中的"他人"思想。

第一节 "仁":"我"与"他人"之间

虽然学术界在如何理解孔子的某些具体思想上还存在着诸多歧义,但在对孔子思想核心的认识上却高度一致,大多数专家学者都认为孔子的思想体系是围绕着"仁"而展开的,孔子的哲学就是仁学。譬如,著名的中国思想史家、现代新儒家的重要代表徐复观先生就曾经多次说过:

孔学即是仁学,这是许多人都承认的。②

可以确定孔学即是"仁学"。孔子乃至孔门所追求、所实践的都是以一个"仁"字为中心。

……

① 李泽厚:《论语今读》,安徽文艺出版社1998年版,第3-4页。
② 徐复观:《中国人性论史·先秦篇》,上海三联书店2001年版,第81页。

　　由上所述,可知《论语》一书,应该是一部"仁书"。
即是应用仁的观念去贯穿全部《论语》,才算真正读懂了
《论语》。①

著名的中国哲学史家冯契先生也同样强调这一点:

　　"孔子贵仁。"(《吕氏春秋·不二》)"仁"是孔子的人道
观(伦理思想)的核心。②

学术界之所以在此问题上能够达到高度的统一,是因为这种观点既
能从统计学上,也能从学理本身得到有力的证明。据统计,在短短
一部《论语》之中,有关"仁"的问答竟有几十次,而"仁"字本身就出
现了 109 次之多,居于所有实词之首③。由此可以看出,"仁"在《论
语》当中具有多么重要的地位。从学理上来看,孔子也正是将"仁"
作为自己终身追求的目标,在现实生活中时时处处都以"仁"来要求
自己的一言一行,并且要求别人"志于仁",认为以仁为志只有好处,
没有坏处。所以孔子抛弃富贵名利,一心向"仁"。

　　富与贵,是人之所欲也;不以其道得之,不处也。贫与
贱,是人之所恶也;不以其道得之,不去也。君子去仁,恶
乎成名? 君子无终食之间违仁。造次必于是,颠沛必于
是。(《论语·里仁》)

正是因为孔子将"仁"看作成为君子的一个必备的前提条件、一个基
本的要求,所以,孔子才对自己的弟子颜回赞赏有加。因为在一个

---

① 徐复观:《中国思想史论集续编》,上海书店出版社 2004 年版,第 231-232 页。
② 冯契:《中国古代哲学的逻辑发展》上册,上海人民出版社 1983 年版,第 85 页。
③ 杨伯峻:《试论孔子》,《论语译注》,北京:中华书局 1980 年版,第 16 页。

没有人践行仁德,就连孔门弟子也只是偶尔能够为之的环境中,只有颜回能不顾生活环境之恶劣,而躬行仁德,做到"其心三月不违仁"(《论语·雍也》)。所以,孔子对于颜回寄予厚望,指望他能承担起发扬光大仁学的重任。可惜天妒英才,颜回不幸英年早逝,就连高度理性化的孔子也不由悲痛万分,而有"天丧予"之哀婉叹息,这也从另一个侧面证明了孔子对于"仁"的高度重视。

何谓"仁"?《说文解字》中说,"仁,亲也。从人,从二"。"仁,亲也","仁"就是指对人亲善友爱。亲善友爱就必然涉及亲善友爱的主体以及被亲善友爱的对象,也就是说,亲善友爱必定是两个人之间的问题,因而"仁"字的构造就体现了,"仁"不是一个人的事情,而是要体现于人与人之间,"从人,从二"。由于每个人都有一颗能思能虑之心,因此每个人都有一个自我,每个人都是一个"我"。如果每个人都从自我出发来行仁,那么,这个社会就可以被简单地划分为两个部分,一个是行仁的主体——自我,另一个是在"我"之外,成为我行仁的对象——"他人"。这也就是说,"仁"要体现于人与人之间,也就是要体现于"我"与"他人"之间,所以,谈论仁爱,就摆脱不了"我"与"他人"之间的关系。只有首先具备了"他人"存在且与"我"发生了关系这个前提条件,"我"才有机会对"他人"行"仁",从而使自己完成了一个从凡夫俗子到志士仁人的转变过程。因此,"他人"对于我们行仁德、成仁人是至关重要的,没有"他人",就没有"我"的"仁","我"也就不能成为一个真正的仁人。

这是我们通过对"仁"的字面分析,所得出的一般结论,而这个结论实际上是与孔子思想本身高度契合的,应该说是孔子思想的题中应有之义。因为孔子非常强调,我们每个人都要保持与"他人"之间的紧密联系,反对将自我与"他人"割裂开来。譬如,有一次孔子和子路出门,在半路上遇到了桀溺。桀溺就对子路说,现在天下就像洪水泛滥一样,丑恶的东西到处都是,谁有能力扭转这种局面呢?谁都不能。既然如此,你与其跟在孔子后面东奔西走,试图改

变社会而不能,还不如跟在我后面做个隐士,过着逍遥自在的生活。后来子路把桀溺所说的话告诉了孔子,孔子听到后就很失望地说:

> 鸟兽不可与同群,吾非斯人之徒与而谁与? 天下有道,丘不与易也。(《论语·微子》)

其意是说,既然我们作为人不能与飞禽走兽合群共处,那么,我们不与人打交道,和人在一起,和谁打交道,和谁在一起呢?"吾"与"斯人"之间的纠缠就充分地肯定了"我"与"他人"之间无法割断的关联,"我"只有与"他人"在一起,"我"才能完成自己社会化、文明化的过程,变成真正意义上的人。如果"我"没有与"他人"建立起任何联系,或者干脆摆脱了与"他人"之间的联系,那么"我"也就从文明社会堕入到自然状态之中。由于历史本身不可逆转,人类不可能再回到道家所鼓吹的"邻国相望,鸡犬之声相闻,民至老死,不相往来"(《老子·八十章》)、甚或是"同于禽兽居,族与万物并"(《庄子·马蹄》)的自然状态,所以,"我"就命中注定要与"他人"生活在一起,与"他人"同甘共苦、生死与共。

现在我们要转向孔子对于"仁"的论述,看看他对"仁"的内涵的论述是否能够为我们更为清晰地展示"我"与"他人"之间无法分割的内在关联。据《论语》记载,学生向孔子直接问"仁"就有八次。孔子对于不同的学生作了不同的回答:

> 子贡曰:"如有博施于民而能济众,何如? 可谓仁乎?"
> 子曰:"何事于仁! 必也圣乎! 尧舜其犹病诸! 夫仁者,己欲立而立人,己欲达而达人。能近取譬,可谓仁之方也已"。(《论语·雍也》)

　　颜渊问仁。子曰："克己复礼为仁。一日克己复礼,天下归仁焉。为仁由己,而由人乎哉?"

　　颜渊曰："请问其目。"子曰："非礼勿视,非礼勿听,非礼勿言,非礼勿动。"(《论语·颜渊》)

　　仲弓问仁。子曰："出门如见大宾,使民如承大祭。己所不欲,勿施于人。在邦无怨,在家无怨。"(《论语·颜渊》)

　　司马牛问仁。子曰："仁者,其言也讱。"(《论语·颜渊》)

　　子张问仁于孔子。孔子曰："能行五者于天下为仁矣。"

　　"请问之。"曰："恭,宽,信,敏,惠。恭则不侮,宽则得众,信则人任焉,敏则有功,惠则足以使人。"(《论语·阳货》)

实际上,孔子对于不同学生的提问给予了不同的回答,就是对于同一个学生的提问,孔子的回答也不一样。如樊迟就曾经三次向孔子问"仁",而孔子三次的回答都不一样:

　　樊迟问知。子曰："务民之义,敬鬼神而远之,可谓知矣。"问仁。曰："仁者先难而后获,可谓仁矣。"(《论语·雍也》)

　　樊迟问仁。子曰："爱人。"(《论语·颜渊》)

　　樊迟问仁。子曰："居处恭,执事敬,与人忠。虽之夷狄,不可弃也。"(《论语·子路》)

虽然,孔子对于"仁"的随机指点,使"仁"的真正涵义蒙上了一层神秘面纱,从而导致历代学者为"仁"的确切含义而争论不休,但是这却很好地展示了"仁"中所包含的"我"与"他人"之间的关系。这八次当中,除了对于司马牛和樊迟的两次回答之外,都谈到了"(他)人",足见"他人"之于"我"成"仁"的重要性。所以,学者多以"爱人"和"己欲立而立人,己欲达而达人""己所不欲,勿施于人"来总结"仁"。

但是也有人从孔子论"仁"的文字当中读出了不同的内涵,像徐复观先生就认为,"仁"不一定要与"他人"联系在一起,所以,我们不能以"爱人"来解释"仁":

> 总上所述,可以说"爱人"确是"仁"的一种主要内容。但《论语》上所说的仁,固须涵有"爱人"之意,却不可说"爱人"即等于《论语》上所说的仁。"爱人"是在与人发生关涉的时候才会发生的。一个人的生活,尤其一个人的治学生活,并非完全在与人发生关涉之下进行。颜子"其心三月不违仁,其余则日月至焉",不可谓颜子在三个月之间是不断地在"爱人",而其他的人则只是间或的"爱人"。孔子对门弟子问仁的答复,以答颜渊者的层次为最高,其次为答仲弓之问。对颜渊是说"克己复礼为仁",而终于非礼勿视、勿听、勿言、勿动;对仲弓说是"出门如见大宾",而终于"在邦无怨,在家无怨"。这都是就个人律身修己上立论的,而并未向外关涉到人与人的关系,这便分明不能以"爱人"来尽仁字的意义。[1]

如果徐复观先生的论断能够成立,那么,本章所有的论述都是没有

---

[1] 徐复观:《中国思想史论集续编》,上海书店出版社2004年版,第233页。

根据的无稽之谈，所以，我们有必要对徐复观先生得出结论的理由加以分析。

徐复观先生的第一个理由是颜渊的"三月不违仁"，认为"不可谓颜子在三个月之间是不间断地在'爱人'"。从表面上看，徐复观先生让我们陷入了一个绝境。实际上，如果我们仔细地分析原文和徐复观先生的论述就会发现，徐复观先生偷换了两个概念："三月"和"不违仁"。如果"仁"训为"爱人"，那么"违仁"就是"害人""恶人"之意。虽然人们确实不能做到三个月不间断地爱人，但人们确实能够做到三个月从来不害人、恶人。另外，从中国人的用词习惯上来看，"三月""三年"这些词并不是非常确定的时间概念，只是表示时间比较长而已，而且它本身也不包含"不间断"和"每时每刻"这样的含义，而徐复观先生通过加入"不间断"的含义，将孔子宽泛意义上的"三月"变成了非常确定意义上的三个月。如果孔子讲颜渊在三个月之间不间断地践履仁，那么孔子就排除了颜渊还有吃喝拉撒睡的时间，显然，孔子不会犯这种低级的错误，所以，徐复观先生的第一个理由是不能成立的。

徐先生的第二个理由是孔子对于颜渊问仁的回答，认为孔子的回答始于"克己复礼"，而终于非礼勿视、听、言、动，因而孔子的"仁"是"就个人律身修己上立论的，而并未向外关涉到人与人的关系"。如果我们单纯从字面上分析，再结合孔子的"为仁由己，而由人乎哉"的追问，那么，我们就更加坚信，徐复观先生的论述是无懈可击的真理。但是，如果更加深入地分析这段话，我们就会发现，无懈可击当中还是暴露出了可以攻击的破绽。孔子讲"克己复礼为仁"，也就是说，"仁"包含了两个方面或两个阶段："克己"和"复礼"。人为什么要"克己"呢？因为人本身是有利益欲望的，如果不"克己"，那么人们就会成为"放于利而行"的小人，就会肆意妄为，就会非礼而视、听、言、动，就会对"他人"造成严重的伤害。只有经过"克己"这一过程，我们才会回到"礼"上来，使我们做到非礼勿视、听、言、动，从而"礼"遇"他人"。这也就是说,孔子以"礼"释"仁",就已经暗示了"我"与"他人"之间的关系,因为"礼"必然存在于"我"与"他人"之间。孔子曾经说过"人无礼不立",其告诉我们只有守"礼"才能挺立起来,才能成为人,"礼"怎么就能让我们成人呢?因为"礼"将"我"放入到人伦关系当中,使"我"摆脱了生物性的个人而成了一个真正意义上的社会人。所以,一代大儒牟宗三先生说:

> 人可以不只是一个生物性的个体,也不只是一大堆细胞。但人也可不当人来看,只是以生物体的一大堆细胞来看。但若真的要以人来看人,这个个体一定要套在人伦的关系中,"礼"的起点就在此人伦关系,故人要当一个人来看,能站得起来贞定住自己,不要东倒西歪,摇摇摆摆,就要立于礼,要在礼中立,在礼中才能站得住,才能定得住。①

从牟宗三先生的论述中,我们可以清晰地看出,"复礼"实际上就是要将"人"重新放回到人伦关系中,所以孔子以"礼"释"仁"就要强调"我"与"他人"之间的人伦关系。那么,反过来再看"克己"就是为了防止人们陷入自身的一己之利之中而不能自拔,从而忘记了"我"与"他人"之间的人伦关系,通过"克己"的修养功夫,将自己从一己之私当中解脱出来而重新回到人伦关系之中。因此,"克己复礼"并不像徐复观先生说的那样,"并未向外关涉到人与人的关系",而是恰恰直接关涉到人与人之间的关系。

徐复观先生给出的第三个理由,是孔子在回答仲弓问"仁"时说过"出门如见大宾","在邦无怨,在家无怨"这几句话。如果读者稍微细心一点,就会发现,徐复观先生省略了"使民如承大祭。己所不欲,勿施于人"这几个非常关键的句子,而这几句恰恰是讲处理自我

---

① 牟宗三:《中西哲学之会通十四讲》,上海古籍出版社1997年版,第115页。

与"他人"之间关系的,所以,徐复观先生在这里采取了一个避实就虚的策略,从而得到了一个能够证明自己观点的论据。但是,如果我们接着对他所采用的论据进行分析,也会发现这些论据还是不足以证明他的观点。我们首先来看看"出门如见大宾"这句话。人生活在一个社会当中,一旦走出家庭就进入了一个社会,当我们走出家门而进入社会的时候,总是会见到一些"他人"和被一些"他人"所见,虽然这些"他人"当中可能会有高低贵贱之分,但我们都要以对待"大宾"的态度来对待他们,所以,这句话同样涉及"我"与"他人"之间的关系。我们再来看看"在邦无怨,在家无怨"这句话。"怨"这个词必然要有一个怨恨的主体和对象,也就是说"怨"必然关涉到"谁在怨"和"怨谁"的问题,同样也摆脱不了人与人之间的关系。所以,孔子对于仲弓问仁的回答处处都是围绕着"我"与"他人"之间的关系而展开的。李泽厚对于这段文字的阐发可以说抓住了问题的核心:

> 可惜以前只将它作为个人修养用,其实它正可作为现代社会某种公共道德的传统资源,即个体均生活在一个平等、独立、以契约关系为原则的群体环境中,尊重别人即尊重自己,这甚至可以无关个人的修养,而直是一种社会规约,此即社会性道德之由来。①

实际上,人的社会特性已经成了现代人的一种共识,马克思就曾经说过,"人的本质不是单个人所固有的抽象物,在其现实性上,它是一切社会关系的总和"②;涂尔干也说,"倘若没有社会,也就不会有个人,如果个人否认了社会,也就等于否认了自身"③。既然"我"命中注

---

① 李泽厚:《论语今读》,安徽文艺出版社1998年版,第279页。
② 《马克思恩格斯选集》第1卷,人民出版社1995年版,第56页。
③ 涂尔干:《社会学与哲学》,梁栋译,上海人民出版社2002年版,第40页。

定就是一个社会存在物，那么“我”就不能脱离“他人”来行仁，更不能像现代西方自我主义那样对“他人”进行奴役和压迫，而是要赋予“他人”一个非常重要的地位，敞开怀抱来拥抱和接纳“他人”。如果我们消灭了一切“他人”，那么“我”就失去了一切外在关系，成了真正的孤家寡人。相反，如果失去了自我，那么世界作为“我”的世界也必将随着“我”的消失而消失。正是有见于“我”与“他人”之间不可分割的联系，孔子经常将人（“他人”）己（我）并举，以引起弟子对于“他人”的注意。其中为人们耳熟能详的就有很多，如“不患人之不己知，患不知人也”（《论语·学而》）、“夫仁者，己欲立而立人，己欲达而达人”（《论语·雍也》）、“为仁由己，而由人乎哉”（《论语·颜渊》）、“古之学者为己，今之学者为人”、“修己以安人”（《论语·宪问》）、“君子求诸己，小人求诸人”、“己所不欲，勿施于人”（《论语·卫灵公》），等等。

当然，“我”与“他人”之间的关系必须展开为具体的社会关系，也就是说，“我”与“他人”之间的联系必须体现于君臣、父子、夫妇、师生、朋友等一系列具体的社会关系之中，“我”正是从这些具体的社会关系当中才真正地获得了自己的本质规定性，确立了自己在社会中的身份与地位。因此，体现在“我”与“他人”之间的“仁”，也必须展开于具体的社会关系之中。通过这些具体的社会关系，“仁”展开为具体的伦理规范，对于“我”与“他人”之间的关系进行调节。所以，在孔子的仁学当中，“我”不仅仅是作为一个抽象的人，而是作为一个具体的社会存在，通过参照“他人”，“我”作为一个国君、一个大臣、一个父亲、一个儿子等等来行仁，因此，仁也随着“我”的具体身份的改变，而被赋予了不同的伦理内涵，“为人君，止于仁；为人臣，止于敬；为人子，止于孝；为人父，止于慈；与国人交，止于信”（《大学·四》），“孝者，所以事君也。弟者，所以事长也。慈者，所以使众也”（《大学·十》）。实际上，后来被概括为“三纲五常”的伦理规范，实际上就是针对不同的“他人”而为我们所制定的伦理规范。因而，在孔子那里，“仁”必定是从“我”出发而指向“他人”的，“仁”当中有

"我"也有"他人",仁学必定是存于"我"与"他人"之间的一门学问。所以,孔子与老子一个重要的不同在于,老子着重讲"天道",而孔子则开始着重讲"人道",从而使得在老子哲学中处于隐晦状态的"他人"终于走到阳光之下,得见天日。

第二节　"毋我":对"他人"的接纳

现代西方之所以会存在奴役、压迫"他人"的问题,就是因为现代西方流行自我中心论,人们都是从自我出发去理解"他人",从而剥夺了"他人"的他性,将"他人"变成了另外一个"我"。因此在自我中心主义的视野中,"他人"并不存在,"他人"乃是与"我"相同者,不过是另外一个"我"。这正如著名的他者哲学家勒维纳斯所言,"西方哲学经常是本体论的:通过插入一个有助于理解存在的中间的和中性的术语,将他者(theother)还原为同者(thesame)",而这个"同者"就是自我,所以对于西方来说,"哲学就是自我学"。①这也就是说,在西方,"他人"之所以受到奴役与压迫,是因为人们都从自我出发,以自我为标尺对"他人"进行裁剪,从而使"他人"变成一个与自我绝对相同者,导致"他人"丧失了自性,"他人"在与我们的交往中不能真正作为他自己来被我们所对待,而是被看作变形了的自我,甚至是满足自我需要的手段和工具。因此,"他人"要想从自我的奴役下解放出来,那么,我们就必须首先放弃自我中心主义,不再以自我作为对待"他人"的出发点。孔子的学说恰恰就具有克服自我中心主义的取向。

根据孔门弟子的记载,孔子作为一个圣人,具有非常多的优点,如好学不厌、诲人不倦,等等,而其中一个非常重要的优点,就在于他戒绝了四种高度危害"我"与"他人"关系的缺点,从而使自己达到了一个非常完美的状态:

① Levinas, Totality and Infinity, translated by Alphonso Lingis, Martinus Nijhoff publishers and Duquense university press,1969,p43-44.

> 子绝四:毋意,毋必,毋固,毋我。(《论语·子罕》)

按照朱熹的说法,"意"、"必"、"固"、"我"这四个字的解释应当分别解释如下:

> 意,是发意要如此;必,是先事而期必;固,是事过而执滞;到我,但知有我,不知有人。必之时浅,固之时长。……意是始,我是终,必、固在中间,亦是一节重似一节也。①

实际上这四种缺点当中,最根本的乃是"我",其他三者都出自于"我",都与唯"我"独尊、"我"有一"己"之私有关:"意"乃是"我"之"意","必"乃是"我"之"必","固"也是"我"之"固"。所以,朱熹说:

> 四者始于我,而终于我。人惟有我,故任私意;既任私意,百病俱生。做事未至,而有期必之心;事既有过,则有固滞之患。凡若此者,又只是成就一个我耳。②

所以,说到底,"毋意,毋必,毋固,毋我"所要破除的就是对于自我的执著,铲除唯我独尊、自以为是。一旦我们执著于自我,到处唯我独尊、自以为是,那么,"他人"就变成了自我的附庸,必然会受到自我的压迫和奴役。只有做到了"毋意,毋必,毋固,毋我","我"才真正从自我的一己之私当中逃脱出来,"我"才真正扫除了内心的一切私心贪念,变成了一个胸怀宽广的人,从而为接纳"他人"准备了充足的空间。所以,对孔子来说,"他人"不论是贤还是不肖,不论是否符合"我"的评判标准,"我"都应该接纳他。孔子的弟子子夏主张,在

---

① 黎靖德编:《朱子语类》,岳麓书社1997年版,第852页。
② 黎靖德编:《朱子语类》,岳麓书社1997年版,第853页。

与"他人"交友的时候,"可者与之,其不可者拒之",这实际上就是"我"首先确立一个标准,符合"我"的标准的就与之交朋友,不符合"我"的标准的就拒绝他,这是一种典型以自我为中心的做法。孔子的弟子子张就对这种观点进行了严厉的批评,"君子尊贤而容众,嘉善而矜不能。我之大贤与,于人何所不容? 我之不贤与,人将拒我,如之何其拒人也"(《论语·子张》)? 道德高尚的君子既尊重贤人,也能容纳普通大众,既嘉奖那些善人,也同情那些无能的人,如果"我"是个真正贤德之人,那么就没有人是"我"所不能容纳、接受的。谁能接纳所有的人? 只有那些抛弃了一切执著、完全敞开了胸怀的人才能接纳所有的人,所以,子张这段宏论可以说直接承自孔子,因为它与孔子的"毋意,毋必,毋固,毋我"是一脉相承的。

可能是基于朱熹对于这段话的理解,李泽厚在《论语今读》当中将"毋我"翻译为白话文"不自以为是",而其具体的内涵则"应包括不自以为真理在手和不以自己的得失、利益为原则或准绳"。[①]虽然孔子认为人有上中下等之分,但他又认为这并非是人天生如此、本性使然,而是后天习得的结果,所谓"性相近,习相远"是也。既然人非生而知之者,而是学而知之者,那么,人就并非圣贤,也就不可避免地会有过错,因此我们没有理由对"他人"求全责备。如果我们实在要对"他人"求全责备,那么我们就有必要先考察、反省一下自己,做到每日"三省吾身",看看自己在与"他人"交往的过程中,是否也存在过失。如果我们每个人都按照这个标准来对照、要求自己,那么我们就会发现,自己也非完人,也不是绝对真理的握有者。像孔子本人,被后人推崇为至圣先师,而时人和弟子也都认为他已经达到了圣人的境界,但孔子自己却评价自己说,"若圣与仁,则吾岂敢? 抑为之不厌,海人不倦,则可谓云尔已矣"(《论语·述而》)。也正是因为孔子认为自己并非完人,并非绝对真理的握有者,所以,孔子承认所有的"他

---

① 李泽厚:《论语今读》,安徽文艺出版社1998年版,第217页。

人"都有超过我们自己、值得我们学习的地方。孔子有句被后世广为传颂的名言,叫做"无友不如己者"。人们在论及这句话的时候,普遍地将其解释为"不要和不如自己的人交朋友"。但是这种理解在意义的整体性上就存在着巨大的困难,因为它和后面的"过,则勿惮改"之间就没有任何意义关联。实际上,这句话应该理解为:"朋友当中没有人不如我",也就是说,朋友们都有超过"我"的地方,这并不是因为"我"拒绝和那些不如"我"的人交朋友,而是因为"我"本身就存在着缺点与不足,而作为朋友的"他人"都有自己的优胜之处。李泽厚的论述可谓深得孔子之奥义,"'无友不如己者',作自己应看到朋友的长处解。即别人总有优于自己的地方,并非真正不去交结不如自己的朋友,或所交朋友都超过自己。如是后者,在现实上不可能,在逻辑上作为普遍原则,任何人将不可能有朋友"[1]。正是因为作为朋友,不管贤与不肖,总是有所教"我"者,好的朋友,我们要向他看齐,不好的朋友也可以警醒自己切莫重蹈覆辙,所以,只要朋友到来,都是一件值得高兴的事情,"有朋自远方来,不亦乐乎"(《论语·学而》)? 从这里我们可以清楚地看出,孔子从来都不将自己看作真理的握有者,而是将"他人"看作真理的握有者,只有"他人"才是"我"学习师法的对象,因此才有"三人行,必有我师焉"之论。孔子本人就从来不以圣人自居,到处向人求教学习,他自己就是"敏而好学,不耻下问"的典范。虽然孔子从小就学习祭礼,对于祭礼烂熟于胸,但是他进入太庙,却每次都要进行询问,所以子贡评价孔子无处不学、学无常师,"夫子焉不学? 而亦何常师之有"(《论语·子张》)?

按照李泽厚的理解,"毋我"不仅是指"不以为真理在手",而且也指"不以自己的得失、利益为原则或准绳"。在现代社会中,人们经常会从自己的一己之利出发,以自己的利益作为原则去对待"他人",一旦"他人"对于自己有利,就对其颂扬有加,将其划归到自己

---

① 李泽厚:《论语今读》,安徽文艺出版社1998年版,第37页。

的阵营之中，一旦"他人"与自己的利益相悖，甚至是有损于自我的利益，我们就会对"他人"大加鞭挞，必欲除之而后快。这都是"以自己的得失、利益为原则或准绳"来对待"他人"的表现。在孔子看来，"我"作为一个人，尤其是作为一个道德高尚的人不应该时时关注着一己之利，而要时时关注人间之大道：

> 子曰："君子谋道不谋食。耕也，馁在其中矣；学也，禄在其中矣。君子忧道不忧贫"。(《论语·卫灵公》)

> 子曰："士志于道，而耻恶衣恶食者，未足与议也。"(《论语·里仁》)

> 子曰："富与贵，是人之所欲也；不以其道得之，不处也。贫与贱，是人之所恶也；不以其道得之，不去也。"(《论语·里仁》)

那些时时处处关注自己得失、利益的人，不过是一些"小人"而已，不能成为我们追求的目标，我们应该"志于道"，即使我们过着贫穷艰苦的生活，也要安贫乐道。正是在这样一种思想指导之下，孔子对于颜回赞赏有加，"贤哉，回也！一箪食，一瓢饮，在陋巷，人不堪其忧，回也不改其乐。贤哉，回也"(《论语·雍也》)！而颜回这种安贫乐道正是受到了孔子的影响，孔子就曾经自况，"饭疏食饮水，曲肱而枕之，乐亦在其中矣。不义而富且贵，于我如浮云"(《论语·述而》)。既然孔子强调要安贫乐道，那么，我们同样也不能以自我的得失、利益为原则和准绳来对待"他人"。

　　既然不以为真理在自己手中，又不再以自己的得失、利益为原则和准绳，那么，我们在与"他人"交往和相处的时候，就不会再将自我强加于"他人"的身上，能够宽容地对待每一个人。而这也正是

"君子"和"小人"的差别,所谓"君子周而不比,小人比而不周"(《论语·为政》),说的就是道德高尚的君子能够善待所有的人,而不会偏袒阿私,而道德卑下的小人则反是,小人偏袒阿私,不能善待所有的人。孔子之所以反对从自我出发、以自我的标准来要求和对待"他人",那是因为在他看来,"他人"是与"我"不同的"他人",我们的所喜所好、我们所执著的一切标准都不能强加到"他人"的头上。

《中庸》当中记述,孔子曾经说过这样一段话:

> 《诗》云:"伐柯伐柯,其则不远。"执柯以伐柯,睨而视之,犹以为远,故君子以人治人,改而止。(《中庸·十三》)

本来按照《诗经》上的说法,拿着斧头砍伐树木来制作斧柄,斧柄的样式就已经存在于"我"手上的斧头之中了,"我"只要按照手中斧柄的样式来寻找树木并进行加工制作就可以了,二者肯定相去"不远"。但是,这种"不远"在孔子看来却"犹以为远",因为世界上并不存在两棵纹理、长短、粗细等都完全相同的树木,所以,在"我"手中的斧柄与潜藏在树木中的斧柄之间必然会相去甚远。如果"我"完全按照手中斧柄的样式来加工这棵树木,就可能会对树木本身造成伤害,所以,我们在加工斧柄的时候应该从树木本身出发,而不是从我所握有的斧柄出发。当然,孔子并无心讨论制作斧柄这种制器之"术",他不过是以此来影射对待"他人"之"道",因为他后面紧接着就开始讨论"我"与"他人"如何相处的问题,"忠恕违道不远,施诸己而不愿,亦勿施于人"(《中庸·十三》)。人就像深山老林当中自然生长的树木,每个人都有自己的独特个性,"我"与"他人"之间也必然存在着根本性的差异。正是有见于"我"与"他人"之间的不同,孔子特别强调"君子和而不同,小人同而不和"(《论语·子路》)。"和而不同"就是强调人与人之间的差异性,并且反对抹杀这种差异,因为按照古人的解释,"和"就是各种差异性的结合("以他平他谓之和"),

而"同"则是各种差异性的抛弃,"君所谓可,据亦曰可;君所谓否,据亦曰否;若以水济水,谁能食之? 若琴瑟之专一,谁能听之?'同'之不可也如是"。①从"君子"与"小人"用词上的差异,我们就不难理解孔子对于"他人"与"我"之间"不同"的高度重视,反对用自我来同化"他人",从而使"他人"变成自我的附庸。

既然每个人都有自己的个性,都是与"我"绝对不同的"他人",那么,"我"要想对"他人"进行教化、治理,就必须抛弃早已存在于"我"内心之中的独断教条,按照"他人"的独特本性去教化、治理他们,也就是要"以人治人"。在"以人治人"的过程中,由于是按照"他人"的本性进行治理,是对"他人"的因势利导,因而"他人"并没有感受到任何强迫、压制,"治人"仿佛就是"他人"的自治。因此王夫之在谈及《中庸》当中的这段文字的时候就说:

> 《诗》云:"伐柯伐柯",言制未成之材而使适用也。"其则不远",言即此柯以知彼柯之则,所制者与所欲成者有同理也。而有不然者,夫同为柯而则固不远矣,亦就其大概而言之尔。乃所执者一柯也,所伐者一柯也,所执者在我之制,而所伐者在彼之材,使睨而精以察之,则长短大小之间,因斧空之广狭,山木之曲直,而犹以为远而不能尽同矣。以此而为创法立教之比,则是以我之法加之于人,以贵治贱,而贱不能如贵也;以贤治不肖,而不肖不能如贤也。法有所不安,教有所不行矣。故君子有鉴于伐柯之犹远也,而以推之于治人之道,就人之所可知者使知之,其可知而不知也,然后施之以法,就人之所能行者使行之,其能行而不行也,然后督之以威。故但纳之于饮、射、读法之中,申之以恳法、徇铎之令,导之以孝弟力田之为,而人能

---

① 杨伯峻:《论语译注》,中华书局1980年,第142页。

革其习俗之非,以尽其愚贱之所可为,则君子之教止于此矣。仁期于必世,而礼乐待于百年,未尝以君子自尽之学修,取愚氓而强教之也。①

王夫之的"未尝以君子自尽之学修,取愚氓而强教之也",可谓抓住了"以人治人"的要领,因为孔子确实非常反对人们自以为是、以己之意强加于人,譬如,我们在与友人相处的时候,见到朋友的有些做法与"我"的想法之间有所出入的话,我们可以加以规劝,但不能将自己的意志愿望强加到他的头上,"忠告而善道之,不可则止,毋自辱焉"(《论语·颜渊》)。

为了达到"以人治人"的目标,我们就必须如其所是地去认识、了解"他人","不患人之不己知,患不知人也"(《论语·学而》)。所以,"仁"与"知"不是别的,都与"他人"有关,"樊迟问仁。子曰:'爱人'。问知。子曰:'知人。'"(《论语·颜渊》)当然,我们在认识"他人"的过程中,总会受到自己好恶的遮蔽,喜欢从自己的好恶出发对"他人"进行判断,凡是符合"我"的判断标准的就觉得是好的,就表示欢迎,凡是不符合"我"的判断标准的就认为是坏的,就加以排斥,因此很难对"他人"做出恰如其分的判断,"人之其所亲爱而辟焉,之其所贱恶而辟焉,之其所畏敬而辟焉,之其所哀矜而辟焉,之其所敖堕而辟焉。故好而知其所恶,恶而知其美者,天下鲜矣。故谚有之曰:'人莫知其子之恶,莫知其苗之硕'"(《大学·九》)。为了避免执着于自我所强加在"他人"身上的偏见,孔子要求我们克己修身,真正做到"毋意,毋必,毋固,毋我",从"他人"自身出发对"他人"做出如其所是的判断。一旦我们做到了这些,我们就会避免自我中心,就会克服自以为是,就会认识到"他人"身上具有许多与"我"不同的地方。不过,这些不同并不都是我们加以削除的对象,有些反而是

①《船山遗书》第三卷,北京出版社1999年版,第1627-1628页。

我们需要尊重,甚至是效法的对象。孔子说,"三人行,必有我师焉:择其善者而从之,不善者而改之"(《论语·述而》)。"他人"之所以是"我"需要加以师法的对象,并不是因为"他人"掌握了真理,而是因为"他人"与"我"不同,尽管这些不同当中存在着"善"与"不善"的问题,但它们就是社会的真实存在,需要我去认真地加以面对。

如果真正地克服了"自以为是",在与"他人"相处的时候做到了不再"意必固我",而是"以人治人",那么,我们就不再会居高临下地奴役与压迫"他人",而会谦逊地宽容与礼让"他人"。在孔子看来,谦逊与礼让是治国与做人的重要原则,如果我们放弃了这个原则,那么国家就会走向混乱,人也将不再成其为人。孔子说:

> 能以礼让为国乎?何有?不能以礼让为国,如礼何?
> (《论语·里仁》)

其意是说,如果能以礼让来治理国家,那就易如反掌,没有任何困难;如果不能以礼让来治理国家,那么即使有"礼"也无济于事。所以,在孔子的思想中,"让"被放到了一个非常重要的位置,处于"礼"之核心,所以后人经常以"礼之主""礼之宗"来为"让"定位。对于一个人来说,谦逊礼让同样居于非常重要的地位,那些闻达之人,从来都不骄横跋扈、傲藐"他人",而是以礼让为先,谦逊地对待"他人","夫达也者,质直而好义,察言而观色,虑以下人"(《论语·颜渊》)。相反,如果我们处处都以自我为中心,自以为是,即使我们有周公一样的才能,恐怕也不足一提了,更何况我们还没有周公那样的才能呢?孔子之所以对孟之反非常推重,就是因为孟之反能够做到居功不傲、礼让于人。而孔子本人实际上也是一个非常谦让的人,譬如子贡概括孔子的美德包括"温、良、恭、俭、让"等诸多方面,就将"让"囊括其中。这在孔子身上具体表现为"耳顺",孔子说自己"六十而耳顺"(《论语·为政》)。按照前人的解释,"顺者,不违也。舍己从人,隐其恶,扬其善,无所违也"。①这个解释能够让我们清楚地看出,孔子在五十岁的时候,由于超越了自我而不再执著于自我,因此在面对"他人"的时候,看到不再是"他人"的缺点("隐其恶"),而是"他人"的优点("扬其善"),能够自然而然地顺应"他人",不再与"他人"相争。正是因为孔子对于礼让的高度推崇,使谦逊礼让渗透于中国人的血液之中,才成就了孔融让梨和六尺巷"让他三尺又何妨"这样的千古佳话和谦让遗风。

第三节 "仁以为己任":"我"对"他人"的责任

如果我们承认每个人都是独特的个人,那么我们就很容易陷入单子论的个人主义,也就是说,既然"他人"是与"我"绝对不同的"他人",那么"我"就没有必要去关心、照顾"他人"。但在孔子那里,"我"却被赋予了无限的责任,需要去为"他人"负责,孔子的弟子曾子说,"士不可以不弘毅,任重而道远。仁以为己任,不亦重乎?死而后已,不亦远乎?"(《论语·泰伯》)由于"仁"处在"我"与"他人"之间,所以,为仁作为一个重大遥远的任务实际上就意味着"我"对于"他人"责任的重大遥远。实际上孔子终身都在为"他人"负责任,以致有一种战战兢兢、如履薄冰的感觉,孔子每天都要反省自己对"他人"是否尽到了责任,这种责任感延传到了他的学生身上,曾子就说:"吾日三省吾身:为人谋而不忠乎?与朋友交而不信乎?传不习乎?"(《论语·学而》)实际上,孔子的责任不仅体现在自己与"他人"相处时严格要求自己,而且直接为"他人"的过错承担责任,仿佛"他人"所犯的过错是由于自己的过失造成的,所以,孔子不但为自己没有做到尽善尽美而痛苦,更为"他人"德行的堕落而忧愁,所以他说:"德之不修,学之不讲,闻义不能徙,不善不能改,是吾忧也。"(《论语·述而》)

---

① 李泽厚:《论语今读》,安徽文艺出版社1998年版,第52页。

"我"为什么要对"他人"负责,为什么要对"他人"讲仁义道德呢? 在孔子看来,这是上天赋予"我"的一个光荣而神圣的使命,"天生德于予",既然"我"天生就具备仁心善性,那么"我"就应该将其应用于"他人",否则就是对天意的违抗,而天命本身又是不能违抗的。孔子终身都对于天命保持着高度的敬畏之情,"君子有三畏:畏天命、畏大人、畏圣人之言。小人不知天命而不畏也,狎大人,侮圣人之言"(《论语·季氏》),认为认识天命乃是成为道德高尚君子的一个必要条件,"不知命,无以为君子"(《论语·尧曰》),并且孔子自己通过不懈的努力,终于下学而上达,做到"五十而知天命"。既然为"他人"负责是不可推卸的"天命",是天降于"我"的"大任",那么就只有努力去承担。实际上对孔子来说,"我"为"他人"负责,不仅是上天赋予"我"的使命,而且是"我"与生俱来的债务。从中国汉字的构造上,我们就能看出,"债"与责任之间的重要关系,"债"是由"人"与"责"加在一起组合而成,所以"债"就是人的责任,而且这个责任还是一种无限的、无法偿清的责任,因为"我"欠了别人的钱终有还清的一天,而"我"对于"他人"的责任,只要"我"还活着,"我"就必须继续承担。

既然"天生德于予",那么"德"就构成了人的本性,也就是说人是具有先天善性的,后来的童蒙读物《三字经》正是据此直接概括出"人之初,性本善"一语。由道德作为人的本质属性出发,那么"我"作为一个"人"就必须对"他人"承担起道德责任来,因为这是上天赋予我们的使命、责任,我们就必须承担起这个责任与使命来。只有尽到了为"他人"的责任,我们才是一个"人",才真正做到了"复其初",也就是《中庸》所说的"天命之谓性,率性之谓道,修道之谓教"。但是由于道德是与"他人"联系在一起的,所以人们总是以为道德是"他人"对于自我的束缚,但是实际上,道德恰恰是对自我的解放,是自我的实现,是"我"真正成为人的一个重要手段。牟宗三曾经这样表达道德对于人之为人的重要性:

近代还有一些人不喜欢讲道德,他们一听到道德就好像孙悟空听见金箍咒一样,浑身不自在。其实你怕道德作什么呢?你怕道德就表示你自己不行。现在的人总以为道德是来束缚人的,所以就讨厌道德、讨厌宋明理学家,因为宋明理学家的道德意识太强。其实,道德并不是用来拘束人的,道德是来开放人、来成全人的。你如果了解这个意思就不用怕。如果人心胸不开阔、不开放,那么人怎么能从私人的气质、习气、罪过之中解放出来呢?人天天讲理想就是要从现实中解放出来,要解放出来只有靠道德。①

牟宗三的表述告诉我们,道德不是对于我们的束缚,恰恰是帮助我们实现自我的。由于道德里不仅有自我,更要有"他人",而且"他人"的存在构成了"我"践行道德的前提条件,所以,"他人"也是"我"实现自我的前提条件,也就是说,只有"他人"首先成为"他人",然后"我"才能成为一个有道德的人,"我"才能成为、实现为"我"。

"他人"作为自我实现的前提条件,也就意味着,"我"要想成为"人"就首先要让"他人"成为"人"。何谓成为人?在孔子那里,成为人就是"立人",就是要让人"立"起来,人本来就是一堆肌肉与骨骼,而这些肌肉与骨骼加在一起,不过是行尸走肉而已,与动物并无任何本质的差别。如何让这具行尸走肉转变为一个实实在在的人?就需要借助"礼"的作用,人要立于礼,"不学礼,无以立"(《论语·季氏》)。孔子在回忆自己的人生历程时就说自己"三十而立",而其前提"十有五而志于学",但这里的"学"并不是学习科学文化知识,而是学习各种礼仪规范。但问题在于,没有"他人"就没有自我,没有"他人"也就无所谓"礼",我们不能对着动物植物去讲"礼",我们只能对着"人"去讲"礼",尽管这个人可能有活人与死人之分,但他们

---

① 牟宗三:《中国哲学十九讲》,上海古籍出版社1997年版,第75页。

都是"人",所以,"我"要"立"起来就首先要让"他人"也作为一个"人"而"立"起来。因为此,我们有必要对于孔子"己欲立而立人,己欲达而达人"作一个全新的理解。按照传统的解释,这句话的意思是:"我"想立起来,也就要让或帮助别人立起来;自己想飞黄腾达也要让或帮助别人飞黄腾达,从而将"立人""达人"看作"己立""己达"的一个推论和结果。但是,按照前面的研究,我们更应该将"立人""达人"看作是"己立""己达"的一个前提条件,我们要想"立"起来,就有必要先想方设法让"他人""立"起来。①既然"他人"成为"人"构成自我成为人的前提条件,所以,帮助"他人"成为"人"、帮助"他人"实现为"人",也就是"我"不可推卸的责任,如果"他人"没有成为"人","我"同样也负有不可推卸的责任。

　　人如何才能成为一个真正的"人"? 需要通过不断地学习与修养。因为不通过学习与修养,人们不知道礼仪规范的具体内容,就更不知道用礼仪规范来约束自己的言行,从而导致自己身上产生出各种各样的缺点与不足,"好仁不好学,其蔽也愚;好知不好学,其蔽也荡;好信不好学,其蔽也贼;好直不好学,其蔽也绞;好勇不好学,其蔽也乱;好刚不好学,其蔽也狂"(《论语·阳货》)。而"愚""荡""贼""绞""乱""狂"这些缺点足以使人堕落到禽兽不如的境地。为了防止这些缺点导致"他人"不能成其为人,就必须对"他人"进行教化,帮助"他人"改正缺点,使"他人"一心向善,成为一个大写的"人"。虽然对于有些极端智慧与极端愚蠢的人,教化可能无法起到化民成俗的作用,但是这种人毕竟只是极少数,而绝大多数人都会有所改变。"他人"要通过学习与修养来改正缺点,成为一个真正意义上的"人",那么,我们就要勇于承担起教化"他人"的责任。因为"他人"有了过错,恰恰就是由"我"的不教造成,"我"都应该为"他人"所犯的错误负责,所以,孔子引用尧舜等圣王的话说,"万方有

---

　　① 有关这个问题,请参见伍晓明先生的《吾道一以贯之:重读孔子》(北京出版社2003年版)第二章。

罪,罪在朕躬","百姓有过,在予一人"(《论语·尧曰》)。承担对于"他人"的教化责任,本身也是仁爱精神的一种体现,既然仁爱"他人",我们就不应该任凭"他人"在错误的道路上越走越远,我们应该竭尽所能,帮助"他人"改弦易辙、重归正途,这也就是孔子所说的,"爱之,能勿劳乎? 忠焉,能勿诲乎"(《论语·宪问》))? 也正是在这样一种仁爱精神及其当中所蕴含责任意识的指引下,孔子成了中国历史上第一个平民教育家,"有教无类"(《论语·卫灵公》),对于那些后生小子,凡"自行束脩以上,吾未尝无诲焉"(《论语·述而》),并培养出"弟子三千,贤者七十二人"。当然,在孔子那里,"教"既有言教,也有身教,前者主要是射御书数这样的内容。而孔子更加重视的是身教,因为这种教育更能起到教化的效果,更容易达到移风易俗的目标,"君子之德风,小人之德草。草上之风,必偃"(《论语·颜渊》)。

在他者哲学的重要代表勒维纳斯那里,父子关系是一种典型的"我"与"他人"之间的关系,所以他经常以父子之间的责任关系来说明"我"与"他人"之间的责任关系,"父子关系是一种我与陌生者的关系,这个陌生者既是他人又是我,是一种我与既是自己又不是'我'者之间的关系"①。在孔子那里,父子关系同样也是一种非常重要的我与"他人"之间的关系,甚至可以说是一切"我"与"他人"关系的原型:

> 其为人也孝弟,而好犯上者,鲜矣;不好犯上,而好作乱者,未之有也。君子务本,本立而道生。孝弟也者,其为仁之本与。(《论语·学而》)

既然一切"我"与"他人"的关系都以父子关系为原型,那么我们通过分析父子相处之道(孝道),就能寻找到孔子对待"他人"问题的秘诀。有一次子游向孔子询问孝道的问题,孔子就说:"今之孝者,是

---

① Levinas, Totality and Infinity, translated by Alphonso Lingis, Martinus Nijhoff publishers and Duquense university press,1969,p43–44.

谓能养,至于犬马,皆能有养;不敬,何以别乎?"(《论语·为政》)这段话就告诉我们,我们仅仅从物质上来侍养父母,这并不构成真正的孝道,因为在这里缺乏我们对于父母作为"他人"所理应怀有的敬畏之情,父母与我们所饲养的家禽牲畜就没有本质上的差别,而这恰恰也是现实中人们孝敬父母之道。实际上,我们对于父母负有不可推卸的责任,只要我们活着,我们就对父母负有责任,父母活着的时候要孝敬父母,父母死的时候要埋葬父母,父母死后还要经常祭奠父母,而且不能敷衍了事,做到尊重其事,完全符合礼仪规范,"生,事之以礼;死,葬之以礼,祭之以礼"(《论语·为政》),正所谓"事死如事生,事亡如事存,孝之至也"(《中庸·十九》)。

但是,在现实生活中,经常会有一些人把尽孝看作是一种沉重的负担,不愿对父母恪尽孝道。墨子就曾经对儒家所提倡的厚葬久丧这种恪尽孝道的方式提出过严厉的批评,"细计厚葬,为多埋赋之财者也。计久丧,为久禁从事者也。财以成者,扶而埋之;后得生者,而久禁之,以此求富,此譬犹禁耕而求获也,富之说无可得焉",因此不能用这种方法来治理国家,否则就会导致严重的后患,所以,他告诫统治者,"以厚葬久丧者为政,国家必贫,人民必寡,刑政必乱"(《墨子·节葬下》)。当然,墨子作为墨家学派的代表人物,他反对厚葬久丧这种尽孝的方式也在情理之中,但实际上,在儒家内部,就是孔子的弟子当中也有人也对孔子所推崇的这种尽孝方式持有不同意见,宰我与孔子之间就曾经展开过一场有关三年之丧存废的对话:

> 宰我问:"三年之丧,期已久矣。君子三年不为礼,礼必坏;三年不为乐,乐必崩。旧谷既没,新谷既升,钻燧改火,期可已矣。"
>
> 子曰:"食夫稻,衣夫锦,于女安乎?"
>
> 曰:"安。"

　　　　"女安,则为之!夫君子之居丧,食旨不甘,闻乐不乐,
　　居处不安,故不为也。今女安,则为之!"
　　　　宰我出。子曰:"予之不仁也!子生三年,然后免于父
　　母之怀。夫三年之丧,天下之通丧也,予也有三年之爱于
　　其父母乎!"(《论语·阳货》)

古人在父母死后要守三年之丧,宰我就觉得这未免太过浪费,因此主张将三年变为一年。虽然孔子没有直接否定宰我的主张,但他却指出这不是君子的做法。孔子认为,我们不但自己的身体发肤受之父母,而且在出生之后要三年才能"免于父母之怀",因而我们对于父母就有一种亏欠,就有一种感情上的欠债,所以古代的那些君子在父母死后,"食旨不甘,闻乐不乐,居处不安",希望通过守丧的方式来偿还对于父母所欠下的债务,如果我们不去守三年之丧,对于父母的死亡无动于衷,那么恰恰就体现了我们的麻木不"仁",对于责任的推卸,因而孔子对宰我说,"夫三年之丧,天下之通丧也,予也有三年之爱于其父母乎",告诫宰我不要忘记自己对于父母所欠下的债务。因而守丧不仅仅是一种仪式,更是体现我对父母所主动承担起来的一种责任、一笔债务,尽管这种责任对于死去的父母已经没有任何意义,但对于生者却是一种感情的慰藉。

　　当然,守丧居丧这种对责任的承担是一种不得已而为之的方式,因为毕竟人死不能复生,我们无法再让他们存活在这个世界上以便为他们承担责任,所以,为了避免这种情况的方式,我们要在"他人"的有生之年就积极地为"他人"承担责任,而不是像现代人那样只要求"他人"为"我"承担责任,正所谓"君子求诸己,小人求诸人"(《论语·卫灵公》)。所以,孔子终其一生都非常严格地要求自己,主动地承担起对于"他人"的责任。譬如,孔子在待人接物上都非常小心谨慎,防止造成对"他人"不必要的伤害,"出门如见大宾,使民如承大祭"。在一个礼崩乐坏的社会当中,孔子不但自己主动

地承担对"他人"的责任,而且他还东奔西走,去劝说各国诸侯,希望他们能够主动地承担起对"他人"应尽的责任,从而达到一个"老有所终,壮有所用,幼有所长,矜、寡、孤、独、废疾者,皆有所养"(《礼记·礼运篇》)的理想社会。当老子等人因为社会的道德毁坏而退隐的时候,孔子却"知其不可而为之",希望通过自己的努力,使每个人都能承担起自己的一份责任,这也是孔子终身役役而到处求官的一个重要原因。尽管孔子一生东奔西走,希望能够实现自己的抱负,尽到为"他人"的责任,但他到处碰壁,受尽了冷嘲热讽,不过孔子并不以此为意,这都是为"他人"负责成了其坚强的信念支撑:

> 不仕无义。长幼之节不可废也;君臣之义,如之何其废之? 欲洁其身,而乱大伦。君子之仕也,行其义也"。(《论语·微子》)

实际上,在现实生活,不仅仅是帝王将相才有对于"他人"的责任的问题,每个人都自己的责任,因为每个人在整个社会当中都有自己的身份角色,因而就必然有与之相应的责任,所谓"君君、臣臣、父父、子子",就意味着君臣父子都要各自承担起自己对于"他人"的责任,譬如国君就有治理国家的责任,大臣就有忠于国君的责任,父亲有教育子女的责任,儿子则有孝敬父母的责任。既然每个人都有自己应当承担的责任,那么他就应该严格地要求自己,而不是一味地去要求别人,只有这样,才能避免冲突、哀怨的发生,"躬自厚而薄责于人,则远怨矣"(《论语·卫灵公》),人与人之间才能够变得和谐,社会才能变得美好。因此,可以说,孔子教导人们"修身",在某种意义上就是教导我们去承担对于"他人"的责任,因为只有一个德行高尚的人才勇于承担责任,才能不顾个人名利,去为"他人"负责。

孔子作为儒家学派的开山鼻祖,而儒学后来又成了中国的官方哲学,这使孔子有关"我"与"他人"之间关系的思想不但对儒家后学,乃至对中国整个思想的发展都产生了至关重要的影响,从而导致中国人对于责任、义务的承担具有了高度的自觉性。不过对于责任的过度重视,在某种程度上也削弱了中国人的权利意识,这使得孔子的思想在中国现代化的开始阶段受到了猛烈的批判。但是在现代化日益展开的过程中,人与人之间由于权利的纷争而导致敌对状态日益严重的时候,孔子的"毋我""仁以为己任"等有关"我"与"他人"关系的思想,或许能够提醒世人,我们不能仅仅向"他人"主张自己的权利,更要主动地承担起对于"他人"的责任。如果每个人都消除了自以为是、唯我独尊的自我中心意识,勇于承担责任,那么世界就有可能真正地实现由冲突走向和谐。孔子对于自我责任的强调,对于"他人"的高度尊重,这使得产生于前现代社会中的仁学思想又具备了某种后现代的意蕴。

第三章 墨子哲学中的"他人"

　　由于墨家的学者主要是一些手工业者,其思想学说与农业社会的现实之间存在着一定的距离,这也导致其思想与中国的社会现实之间存在着一定的扞格,无法适应统治者的需求,所以在先秦之后,墨学不得延传,在几千年的封建社会中,墨子受重视的程度远远无法与孔子相提并论。不过需要指出的是,与长期的落寞相比,在先秦时代,墨学却也是名噪一时的"显学",足以与儒学分庭抗礼,以至于就连亚圣孟子都感叹,"杨朱墨翟之言盈天下。天下之言不归杨,则归墨"(《孟子·滕文公章句下》),可见墨子思想在当时的影响力。而且,墨子思想在先秦时期具有非常特殊的意义。著名的中国思想史家蔡尚思先生曾经指出:"中国传统文化分为统治者的官方与被统治者的民间两大系统,儒、法代表前者,墨代表后者。道家偏于前者而不近于代表工农的墨家……儒、法影响大于墨家,而价值却远远不及墨家。"①这也就是说,墨子是被统治者的一个重要代表,墨子的哲学是被统治者的哲学,因此,如果只研究儒道哲学中的"他人"问题,而不研究墨家哲学中的"他人"问题,那么这个研究就是片面的,不具有普遍的包容性。另外,墨子思想与孔子思想之间的差异,也就决定了,我们只有通过研究墨子的思想,为我们提供更多地看待孔子的立场和视角,才能更为全面客观地认识孔子,能够更为准确地了解孔子思想中的优胜与不足,"孔墨时代相同而思想相反,所

---

　　① 蔡尚思:《〈十家论墨〉要点》,蔡尚思主编:《十家论墨》,上海人民出版社2004年版,第16页。

以要研究孔子的思想者就必须同时要研究墨子的思想。如果仍如往时只研究孔子而不研究墨子或多研究孔子而少研究墨子，那就难于看出孔子的最大缺点和墨子的最大优点了。只知站在官方的立场去评价孔墨而不知站在民间的立场去评价孔墨，这就是两千多年来朝野最注重经学尤其独尊孔子的最大缺点"①。虽然在封建社会中，墨子没有受到人们的重视，但随着时间的推移，在现代社会中，墨子作为劳动者的代表，其思想当中所蕴含的重利思想、逻辑思想、科技思想等，都蕴含着丰富的现代价值，因此，人们开始给予墨子及其思想以越来越高的评价，毛泽东评价墨子是"比孔子高明的圣人"②，蔡尚思则断言，"墨学被禁锢于古代，决不会被禁锢于后代。认为墨学有当代价值，今后值得弘扬。中国出了一个墨子，是很值得中国人骄傲！"③既然如此，我们就有必要对墨子哲学中的"他人"思想进行全面深入地研究。

第一节　"兼爱""他人"

根据《淮南子·要略训》记载：

> 墨子学儒者之业，受孔子之术，以为其礼繁扰而不说，厚葬靡财而贫民，服伤生而害事，故背周道而用夏政。

本来墨子与孔子之间具有师生关系，但由于墨子不满孔子的学说，所以与孔子分道扬镳，创立了墨家学派。这种不满与背弃必然导致

①　蔡尚思：《蔡尚思论墨子》，蔡尚思主编：《十家论墨》，上海人民出版社2004年版，第301页。
②　戚文：《〈十家论墨〉编辑说明》，蔡尚思主编：《十家论墨》，上海人民出版社2004年版，第1页。
③　蔡尚思：《〈十家论墨〉要点》，蔡尚思主编：《十家论墨》，上海人民出版社2004年版，第16页。

墨子哲学与孔子哲学之间出现重大分歧,甚至在诸多问题上直接尖锐对立,并互相指责,但二者之间的渊承关系,以及互相批评所牵扯到的问题,又决定了二者的关注点之间必然存在交会之处。而这些交会点中的重要一个,就是人己或"我"与"他人"之间的关系问题。因此,《吕氏春秋·不二》以"孔子贵仁,墨翟贵兼"来概括孔墨哲学的核心,可谓得二者思想之精髓,而"仁"与"兼"所涉及的正是"我"与"他人"之间的关系。

何谓仁?《说文解字》中说,"仁,亲也。从人,从二"。"仁,亲也",仁就是指对人亲善友爱。亲善友爱就必然涉及亲善友爱的主体以及被亲善友爱的对象,也就是说,亲善友爱不能在自我内部来完成,必定要涉及在"我"之外的"他人",必定要体现于"我"与"他人"之间,因而"仁"字的构造不是一人,而是二人,"从人,从二"。"仁"字构造本身所体现出来的"我"与"他人"之间的紧密联系,就决定了"他人"对于志在成为仁人的自我来说,具有至关重要的意义。"他人"的存在,可以说是"我"成为仁人的前提条件,只有存在"他人",我们才能行仁德、成仁人;没有"他人",就没有"我"的"仁义","我"也就不可能成为一个真正的仁人。由于孔子以"仁"为核心来建构自己的学说体系,所以,孔子就非常重视"我"与"他人"之间的关系,并在自己的学说体系当中赋予"他人"以非常重要的地位,强调自我的道德修养最终都是指向"他人"的,"古之学者为己,今之学者为人"、"修己以安人"(《论语·宪问》)。虽然墨子与孔子之间存在诸多冲突,并曾对儒家的学说提出过严厉批评,从而与"孔子贵仁"不同而主张"贵兼",以"兼"来展开自己的学说体系,但这并不等于说,墨子与孔子背道而驰,轻视"他人"问题,相反,墨子同样非常重视"我"与"他人"之间的关系。因为"兼"不是别的,就是仁,"兼即仁矣,义矣"(《墨子·兼爱下》)。按照儒家的说法,"仁,内也,非外也;义,外也,非内也","仁,人心也;义,人路也"(《孟子·告子上》),这说明,"义"与"仁"是高度统一的,"仁"构成了"义"的内在根据,而"义"则是"仁"的外在表现形式。所以,"兼即仁矣,义矣",实际上就是强调"兼"与"仁"的统一性、一致性。既然"兼"与"仁"高度一致,那么,"兼"就与"仁"一样,处于"我"与"他人"之间,都涉及自我如何认识、对待"他人"的问题,"兼"同样离不开"他人"。

何谓"兼"?《说文解字》的解释是:"兼,并也"。所谓"并",当然需要两个或两个以上的事物,否则就无所谓"并"的问题。这个意思隐含在《说文解字》当中,没有被清楚地表达出来,后来《汉语大字典》就将《说文解字》里隐含在"并"当中而没有被清楚表达出来的含义直接揭示出来了,对"兼"作了更为详尽全面地解释,"兼"当中所包含的一个重要涵义就是:"同时涉及具有两件或两件以上的行为或事物"。从这些解释中我们就可以看出,"兼"不是一,而是二或多,所以,在一个孤立的个体当中就没有"兼"的问题,"兼"必须处于两个或两个以上的人或物之间。在墨子那里,"兼"应该如何理解呢? 墨家后学在《经上》当中说,"体,分于兼也",其意为:部分是从整体当中分出来的。从这里我们可以看出,在墨子那里,"兼"不仅仅是指处于两个或两个以上的人或物之间,而且这两个或两个以上的人或物构成了一个整体。所以,徐复观说:

> "兼"对"别"而言,在墨子为一专用名词,乃"全体"或"无差别"之意。①

当然,墨子主要是讲人道的,所以,这里的"全体"与"无差别"是指人与人之间、"我"与"他人"之间构成了一个整体,没有差别。既然"我"与"他人"之间构成了一个整体,那么,"我"就无法与"他人"分割开来,始终与"他人"结合在一起,就构成了自我无法摆脱的宿命,有"我"就有"他人"。这也就导致墨子经常将人与己、"他人"与自我联系在一起,告诫人们要做到"为彼犹为己也","为人之国,若为其

---

① 徐复观:《中国人性论史》,上海三联书店2001年版,第279–280页。

国","为人之都,若为其都","为其友之身,若为其身,为其友之亲,若为其亲"(《墨子·兼爱下》)。墨子将"我"与"他人"并举的做法,也影响了墨家后学,在《小取》当中,就出现了"有诸己不非诸人,无诸己不求诸人"这样"我"与"他人"并举的语句。

正是因为"兼"是"整体",所以,"我"与"他人"之间具有密不可分的关系,而这种紧密联系在墨子哲学中,通过"别"这个概念得到了更为深入的体现。在墨子那里,"别"是作为"兼"的对立面而出现的。譬如,在《兼爱下》中,墨子将"别"作为天下罪恶残害的根源。

> 分名乎天下恶人而贼人者,兼与? 别与? 即必曰别也。然即之交别者,果生天下之大害者与? 是故别非也。

并因此提出要以"兼"来取代"别",也即"兼以易别"。翻检《汉语大字典》,"别"包含了"分解""区分""不同""各"等多种涵义,综观这些涵义,虽然其侧重点各有不同,但都包含了"分"的涵义,也就是说,"别"不再像"兼"那样强调"整",而是着重强调"分"。实际上,中国人经常将"分"与"别"连用,也就彰显了二者之间的内在一致性。这也就是说,"别"是要强调在人与人之间、"我"与"他人"之间作出区分,从而将自我从世界整体当中独立出来,并以一种不同于对待自我的态度来对待"他人"。对于那些"别"者来说,人各自私,人各自利,菲薄残害"他人"。

> 子自爱不爱父,故亏父而自利;弟自爱不爱兄,故亏兄而自利;臣自爱不爱君,故亏君而自利。(《墨子·兼爱上》)

对于父兄、君王尚且如此,那么,对于其他人就更是可想而知了。

> 是故别士之言曰:"吾岂能为吾友之身,若为吾身,为

> 吾友之家,若为吾家。"是故退睹其友,饥即不食,寒即不
> 衣,疾病不侍养,死伤不葬埋。(《墨子·兼爱下》)

所以,"别"强调以自我为中心,从而将自己严格地区分于"他人",从而造成自我与"他人"的割裂与对立。

> "别者,处大国则攻小国,处大家则乱小家,强劫弱,众
> 暴寡,诈谋愚,贵傲贱"(《墨子·天志中》)。

既然,"别"与"兼"相对,墨子的一个重要目标就是"兼以易别",那么,"兼"必然强调"我"与"他人"之间的整体性与不可分性,从而要求人们做到"强不执弱,众不劫寡,富不侮贫,贵不敖(傲)贱,诈不欺愚"(《墨子·兼爱中》),甚至要求人们做到"为彼犹为己也"。

由于"别"强调以自我为中心,将自我与"他人"分割开来,从而导致人们只爱自己,将"他人"看成是对自我的威胁,因而视"他人"为仇敌,从而在全社会范围内出现了"父之不慈子,兄之不慈弟,君之不慈臣"等混乱的局面,最终使社会彻底沦落为一个"乱世"。在墨子看来,这些都是由于人们自爱而不相爱造成的。

> 圣人以治天下为事者,不可不察乱之所自起,当察乱
> 何自起?起不相爱。……父自爱也不爱子,故亏子而自
> 利;兄自爱也不爱弟,故亏弟自利;君自爱也不爱臣,故亏
> 臣而自利。是何也?皆起不相爱。虽至天下之为盗贼者
> 亦然,盗爱其室不爱其异室,故窃异室以利其室;贼爱其身
> 不爱人,故贼人以利其身。此何也?皆起不相爱。虽至大
> 夫之相乱家,诸侯之相攻国者亦然。大夫各爱其家,不爱
> 异家,故乱异家以利其家;诸侯各爱其国,不爱异国,故攻
> 异国以利其国,天下之乱物具此而已矣。察此何自起?皆

起不相爱。(《墨子·兼爱上》)

用以易"别"的"兼"则与此完全相反,其目的就是要消除由"别"而导致的人与人之间的敌对状态,从而使"我"与"他人"能够和谐相处,最终使社会由"乱世"而变为"治世"。为了实现这个目标,就必须要抓住混乱的根源,使人们由自爱变成相爱。一旦混乱的根源被清除,一旦人们相亲相爱,那么,一切混乱自然也就随之得以平息。

> 若使天下兼相爱,爱人若爱其身,犹有不孝者乎? 视父兄与君若其身,恶施不孝? 犹有不慈者乎? 视弟子与臣若其身,恶施不慈? 故不孝不慈亡有,犹有盗贼乎? 故视人之室若其室,谁窃? 视人身若其身,谁贼? 故盗贼亡有。犹有大夫之相乱家、诸侯之相攻国者乎? 视人家若其家,谁乱? 视人国若其国,谁攻? 故大夫之相乱家,诸侯之相攻国者亡有。若使天下兼相爱,国与国不相攻,家与家不相乱,盗贼无有,君臣父子皆能孝慈,若此则天下治。故圣人以治天下为事者,恶得不禁恶而劝爱? 故天下兼相爱则治,交相恶则乱。故子墨子曰:"不可以不劝爱人者,此也。"(《墨子·兼爱上》)

因此,墨子"兼"中所包含的"他人"思想就必然导向"爱""他人"。也正因如此,在墨子那里,"兼"与"爱"合而为一:"兼爱"。这诚如徐复观所言:"兼爱的解释应当是:'因为兼,所以能爱。'"[1]

正是因为由重视"兼"而导致重视"爱",所以,墨子特别强调人们要爱"他人",尤其是强调那些"王公大人"要爱"他人",在墨子看来,只有"爱"才能消弭一切纷争与冲突,使人们之间友好相处,"凡

---

[1] 徐复观:《中国人性论史》,上海三联书店2001年,第280页。

天下祸篡怨恨可使毋起者,以相爱生也","诸侯相爱则不野战,家主相爱则不相篡,人与人相爱则不相贼,君臣相爱则惠忠,父子相爱则慈孝,兄弟相爱则和调"(《墨子·兼爱中》)。当然,在现实生活中,经常会有些人好放言高论,喜欢将"爱""他人"放在口头上、理论上,但却不能将其落实到具体的行动中。不过,墨子认为,兼爱作为一种美好的道德品行,不能仅仅停留在口头上、理论上,而要将其落实到行动中,必须要在现实生活中产生良好的社会效果。墨家就特别重视行动,墨家后学所著的《经上》当中,就是以人的行为能力来解释人的品行,"行,为也"。这也就是说,我们必须从一个行为的动机与效果出发,来判断一个人是否具有仁爱之心,是否仁义之人,一个理论是否符合"爱无差等"的兼爱原则。譬如据《鲁问》记载,有一次鲁君问墨子,自己有两个儿子,一个好学,一个好分财于人,应该将谁立为太子?墨子就说,"吾愿主君之合其志功而观焉"。这里的"志"与"功"就是行为的动机与效果。确实,墨子及其门徒都是亲身践履兼爱美德的典范。虽然墨家当中不乏各种能工巧匠,他们创造了大量的物质财富,但是他们却并不以此为自己谋福利,而是用以关爱"他人"。《淮南子·泰族》当中明确记载,"墨子服役者百八十人,皆可使赴火蹈刃,死不还踵"。在《庄子·天下》当中也有类似的记载,墨子"其生也勤,其死也薄,其道大觳,使人忧,使人悲,其行难为也","使后世之墨者,多以裘褐为衣,以跂蹻为服,日夜不休,以自苦为极,曰:'不能如此;非禹之道,不足谓墨'"。从前人的这些论述当中,我们可以看出墨家门徒们对于"他人"的献身精神。

虽然儒墨两家都主张"爱"人,但是二者的"爱"之间却存在着巨大的差异,这种差异不仅体现在前者讲仁爱、后者讲兼爱,最主要的是体现在前者讲爱有差等、后者讲爱无差等。儒家施行仁爱的方式,就是人们所熟知的忠恕之道,"己欲立而立人,己欲达而达人"(《论语·雍也》),"己所不欲,勿施于人"(《论语·卫灵公》)。这实际上是一种以自我为中心的推己及人的方式。由于以自我为中心向外推行仁爱,那么仁爱在向外推扩的过程中必然会随着圆周的扩大而不断减弱。因而儒家的仁爱不是众生平等的,而是强调"爱有差等"的。但在墨子看来,这是一种狭隘的爱,这种爱不但不会导致"我"与"他人"相亲相爱,反而会导致"我"对"他人"的"相恶相贼"。所以,墨子在看来,其所生活时代的最大问题并不是没有爱,并不是爱的缺乏,而是人们所推崇的都是一种狭隘自私的爱,而这种狭隘自私的爱不仅无法把自我与"他人"的关系引向和谐,而且还会将其引向激烈的冲突。

> 今诸侯独知爱其国,不爱人之国,是以不惮举其国,以攻人之国;今主独知爱其家,而不爱人之家,是以不惮举其家,以篡人之家;今人只知爱其身,不爱人之身,是以不惮举其身,以贼人之身。(《墨子·兼爱中》)

而墨子所主张的"兼爱"则是一种博爱,奉行的是"爱无差等"的原则,"爱人若爱其身""视人之家若其家","视人之国若其国"(《墨子·兼爱上》)。只有实行了这种"爱无差等"的兼爱,才能真正消除"我"与"他人"之间的敌对状态,从而做到友好相处。或许正是受到墨子这种"爱无差等"思想的影响,墨子后学就说:

> 爱人,待周爱人,而后为爱人。不爱人,不待周不爱人,不周爱,因为不爱人矣。(《墨子·小取》)

其意是要告诉人们,如果你要爱"他人"的话,就要普遍地去爱所有的人,如果你不去爱所有的人,而只爱一些与你关系比较近的人,那么,你就谈不上爱人,谈不上"兼爱"。

由于墨子"兼爱"所奉行的"爱无差等"的原则严重违背了亲疏有别的封建宗法传统,从而招致儒家学者的强烈批评。孟子就曾尖锐地批评墨子的"兼爱"思想,"杨氏为我,是无君也;墨氏兼爱,是无父也。无父无君,是禽兽也",其到处讲学的目的就是"闲先圣之道,距杨墨,放淫词,邪说者不得作"(《孟子·滕文公章句下》)。但墨子对于儒家的"亲亲有术,尊贤有等"的"亲疏尊卑有异"或"爱有差等"的主张则不以为然,认为这种思想本身就矛盾重重,在现实当中根本就不可能得以实行。譬如儒家《礼》中对于守丧的期限作了如下规定:"父母三年,妻、后子三年,伯父叔父弟兄庶子其(期),戚族人五月"。墨子指出,这种关于守丧的规定本身就违反了"亲疏尊卑有异"的原则。

> 若以亲疏为岁月之数,则亲者多而疏者少矣,是妻后子与父同也。若以尊卑为岁月数,则是尊其妻子与父母同,而亲伯父宗兄而卑子也,逆孰大焉。(《墨子·非儒下》)

如果以亲疏作为守丧时间长短的标准,那么为亲近的人守丧的时间就应该长于为疏远的人守丧的时间,所以为妻和子守丧的时间就不应该等于为父亲守丧的时间;如果以尊卑作为守丧时间长短的标准,那么为尊长守丧的时间就应该长于为地位卑下者,所以为父母守丧的时间就不应该等于为妻与子守丧的时间,然而,在儒家的礼仪规范当中,对于这些"亲疏尊卑有异"的人守丧时间的规定却惊人的相同,这是何等地悖于情理!因此,"爱有差等"的仁爱在现实生活中根本行不通,应该实行"爱无等差"的兼爱。

众所周知,儒家"亲亲有术"的等差之爱,是以人的自然情感作为基础的,每个人对于自己、父母及亲人都具有一种天然的亲近感和仁爱之心,所以,人们不可能热爱"他人"和"他人"的亲人胜过热爱自己和自己的亲人,像墨子所主张的"爱无差等"的兼爱原则就违背了人之常情,在现实生活当中就很难得到实施。巫马子就据此对墨子的这一原则提出了质疑。

　　　　巫马子谓子墨子曰:"我与子异,我不能兼爱。我爱邹
　　　人于越人,爱鲁人于邹人,爱我乡人于鲁人,爱我家人于乡
　　　人,爱我亲于我家人,爱我身于吾亲,以为近我也。击我则
　　　疾,击彼则不疾于我,我何故疾者之不拂,而不疾者之拂?
　　　故有我有杀彼以我,无杀我以利(根据俞樾校注,这句话应
　　　为:"故我有杀彼以利我,无杀我以利彼"。——引者注)。
　　　(《墨子·耕柱》)

其意是说,离"我"越近的人,"我"对他的爱就越深,而"我"对于自己
的爱又深于爱其他的人,因为只有击打在自己的身上,"我"才会感
觉到疼痛,击打在别人的身上,"我"就不会感觉到疼痛,我们只有对
于自己的利害才会具有深切的感受,所以,人们都会杀"他人"以利
自己,而不会杀自己以利"他人"。但墨子认为,这种所谓自私的
"爱"与"利"是虚假的,将其应用于现实,最终必然会导致"爱"与
"利"的丧失,代之以"恶"与"害","夫爱人者,人必从而爱之;利人
者,人必从而利之。恶人者,人必从而恶之;害人者,人必从而害之"
(《墨子·兼爱中》)。所以,墨子警告巫马子,最好将自己的观念隐匿
起来,秘不示人,否则就会招来杀身之祸,因为按照巫马子的逻辑,
不管"他人"是喜欢还是不喜欢巫马子,都应该杀巫马子以利己,"说
[悦]子亦欲杀子,不说[悦]子亦欲杀子"(《墨子·耕柱》)。因此,人
们必须遵循"爱无差等"的原则来兼爱"他人",否则,这个世界上就
不存在真正的"爱",存在的只有"恶"与"害"。

第二节　"交利""他人"

　　在墨子之前的思想家们都比较轻视物质利益。像老子就批评
世俗大众对于物质利益的追逐,认为物质利益虽然能够带给人们感
官欲望的满足,但也会给人类带来无穷的祸患,"五色令人目盲;五

音令人耳聋;五味令人口爽;驰骋畋猎,令人心发狂;难得之货,令人行妨"(《老子·十二章》),故而要求统治者做到"不见可欲""不贵难得之货",从而使人民群众达到一种"无知无欲"的状态,最终放弃了对于物质利益的追求。在孔子的哲学中,"利"同样没有获得足够的重视,根据孔门弟子的记述,"子罕言利"。为什么孔子很少谈及利益呢?那是因为在孔子看来,"义"与"利"之间是一种尖锐对立的关系,对于"利"的过分关注,就会使人们忽略仁义道德。因此对于"义"或"利"的亲近程度,就是"君子"与"小人"之间的分野之所在,"君子喻于义,小人喻于利"(《论语·里仁》)。对于那些道德高尚的君子而言,在看见物质利益的时候,并不会被物质利益遮蔽了双眼和心灵,而会自觉地去关注道义,看看它会不会对道义造成伤害,"富与贵,是人之所欲也,不以其道得之,不处也。贫与贱,是人之所恶也,不以其道得之,不去也",相反,那些一心向利的人,则为人所不齿,"士志于道,而耻恶衣恶食者,未足与议也"(《论语·里仁》)。

墨子一改前人重义而轻利的做法,将"利"提到了一个非常高的地位,认为"兴利除害"应当成为人们立身行事的标准。

> 仁人之所以为事者,必兴天下之利,除去天下之害,以此为事者也。(《墨子·兼爱中》)

前文讲到,墨子以"志""功"作为判断行为的标准,而这个"功"当中就包含了这里所讲的"利",所以,墨家后学如此来解释"功","功,利民也"(《墨子·经上》)。这就是说,我们判断一个行为是善还是恶,就一定要看看这个行为在现实中对"他人"是产生了有利还是有害的结果,有利就是善,无利就是恶。

> 若事上利天,中利鬼,下利人,三利而无所不利,是谓天德。故凡从事此者,圣知也,仁义也,忠惠也,慈孝也,是

> 故聚敛天下之善名而加之。……若事上不利天，中不利
> 鬼，下不利人，三不利而无所利，是谓之贼。故凡从事此
> 者，寇乱也，盗贼也，不仁不义，不忠不惠，不慈不孝，是故
> 聚敛天下之恶名而加之。(《墨子·天志下》)

所以，兼爱不是一种空头的理论，不是一种没有实际内容的爱，而是必须要在现实中为"他人"带来实实在在的利益，否则它就可能蜕变成一种贼害。所以，在墨子那里，兼爱与利人是有机地结合在一起的，二者之间不是一种尖锐对立的关系，兼爱"他人"就意味着"我"要为"他人"谋利益，因此，墨子将"兼相爱""交相利"合而言之。

从表面上看，墨子重利，这与儒家重道德轻利益或者说重义轻利的取向明显不同，具有典型的功利主义倾向，蕴涵着重利轻义的危险。像胡适、梁漱溟将孔子和墨子尖锐对立起来，就是认为二者之间存在着重义轻利、重利轻义取向上的不同，但实际上，二者之间并不存在着根本上的差异，实际上二者的取向是高度一致的，都是取义，只不过在实现"义"的方式上有所不同：孔子是为义而行义，墨子则是为义而求利。所以，墨子重利并不会导致对道德或义的轻忽，反而有助于对道德或义的追求。在中国传统当中，只有为自己所谋之利，或者说只有自私自利之利才是"利"，而为"他人"所谋之利则是道德或义。而墨子所讲的"利"恰恰是"他人"的利益，是"天下之利"，而非自我的利益，"利人乎即为，不利人乎即止"(《墨子·非乐》)，墨子所追求的是"利人""利天下"，而非利己，因此，墨子所讲的"利"就是"义"，二者之间不但不矛盾，而且是高度统一的。而且，在墨子看来，"义"之所以赢得世人的高度重视，被人视若至宝，也恰恰是因为"义"对人有"利"，能够用来满足人们的利益需求，

> 子墨子曰："和氏之璧，隋侯之珠，三棘六异，此诸侯之
> 所谓良宝也。可以富国家，众人民，治刑政，安社稷乎？曰

不可。所谓贵良宝者，为其可以利也。而和氏之璧，隋侯之珠、三棘六异不可以利人，是非天下之良宝也。今用义为政于国家，人民必众，刑政必治，社稷必安。所以贵良宝者，可以利民也，而义可以利人，故曰，义天下之良宝也。"（《墨子·耕柱》）

从墨子的论述中，我们可以看出，"义"之所以成为"义"，恰恰是因为它符合人们的利益需求，它"可以利民""可以利人"，所以，在墨子那里，"义"与"利"已经很难被截然区分开来。正是受到墨子这一思想的影响，后世墨家直接将二者结合在一起，以"利"解释"义"，"义，利也"（《墨子·经上》）。

值得我们思考的是，为什么在那么一个思想家对于"利"讳莫如深的时代里，墨子居然会将"利"提升为人们立身行事的标准，将"利"与"义"等而视之呢？这或许与墨子的社会身份地位有关。与老子和孔子作为没落贵族的代表不同，墨子出生贫贱，是一个处于社会最底层的劳动者。譬如在《韩非子·外储说左上》当中有一则关于墨子的记载，

墨子为木鸢，三年而成，蜚一日而败。弟子曰："先生之巧，至能使木鸢飞。"墨子曰："吾不如为车辕者巧也，用咫尺之木，不费一朝之事，而引三十石之任致远，力多，久于岁数。今我为鸢，三年成，蜚一日而败。"惠子闻之曰："墨子大巧，巧为辕，拙为鸢。"

从韩非子的记载当中，我们可以看出，墨子是一个技艺高超的工匠，结合《墨子》一书，我们就能看出，他不仅会制作木鸢、车辕等，还会制造兵器，还会防御守备之术。尽管墨子技艺高超，然而在先秦这样一个"劳心者治人，劳力者治于人"的时代里，他仍然是一个身份

地位卑微的下层劳动者。因此,墨子虽然游历到楚国,向楚惠王献书,但却没有得到楚惠王的任用,为此墨子与穆贺之间进行了一段对话:

> 子墨子说穆贺,穆贺大说,谓子墨子曰:"子之言则成善矣!而君王,天下之大王也,毋乃曰'贱人之所为',而不用乎?"子墨子曰:"唯其可行。譬若药然,草之本,天子食之以顺其疾,岂曰'一草之本'而不食哉?今农夫入其税于大人,大人为酒醴粢盛,以祭上帝鬼神,岂曰'贱人之所为'而不享哉?故虽贱人也,上比之农,下比之药,曾不若一草之本乎?"(《墨子·贵义》)

从这段文字当中我们可以看出,墨子真正是一个身份卑微的人,因为不仅作为统治者的楚惠王与穆贺认定墨子是一个"贱人",就连墨子自己也承认自己是"贱人"。这样一种卑贱的身份就决定了,墨子不太会去关注形而上学的问题,更加关注与人民大众的生活密切相关的物质利益的问题,因为只有物质利益得到了满足,人民大众才能满足"好生恶死"这样一个基本的动物性的欲求。所以,墨子非攻、节用、节葬、非乐实际上都是从维护人民群众的物质利益出发的,也正是以人民大众物质利益欲求的满足程度作为衡量标准,才要求王公大人们要非攻、节用、节葬、非乐。吕思勉对于《墨子》的概括,正好说明了这一点,"墨子宗旨,全书一贯。兼爱为其根本。《天志》《明鬼》,所以歆惧世人,使之兼相爱,交相利也。不利于民者,莫如兵争及奢侈。故言《兼爱》,必讲《非攻》《守御》之术,正所以戢攻伐之心。而《节用》《节葬》及《非乐》,则皆所以戒侈也"①。因此,我们要真正地认识和了解墨子的"利""他人"的思想,

---

① 吕思勉:《先秦学术概论》,东方出版中心1985年版,第121页。

我们还要进一步去探讨墨子对于非攻、节用、节葬、非乐诸问题的论述。

墨子身处春秋战国之际,诸侯之间冲突不断、战争频繁,生灵惨遭涂炭,因此墨子对于战争具有刻骨铭心之痛,坚决地谴责、反对战争。墨子指出,人们之所以称一个行动、一个事件为"义"、为"善",那是因为这个行动、这个事件是有"利"的:对上符合上天的利益,中间符合鬼神的利益,在下符合广大百姓的利益。所以,古代的智者都是用"利"去约束自己,用"利"作为准绳来为政治国,处理与其他国家之间的关系,"是故古之仁人有天下者,必反大国之说,一天下之和,总四海之内,焉率天下之百姓,以农臣事上帝山川鬼神。利人多,功故又大,是以天赏之,鬼富之,人誉之,使贵为天子,富有天下,名参乎天地,至今不废"(《墨子·非攻下》)。然而当今的统治者却已经忘记了这一点,反而在残民害民这条错误的道路上越走越远,"今王公大人、天下之诸侯则不然,将必皆差论其爪牙之士,皆列其舟车之卒伍,于此为坚甲利兵,以往攻伐无罪之国。入其国家边境,芟刈其禾稼,斩其树木,堕其城郭,以湮其沟池,攘杀其牲牷,燔溃其祖庙,劲杀其万民,覆其老弱,迁其重器,卒进而柱乎斗"(《墨子·非攻下》)。有些主张攻战的人士就说,攻战本身就是为了"利",可以获得广土众民,这就是"利"之所在,但在墨子看来,为了这些蝇头小利,而牺牲百姓的生命、耗尽人民的钱财,是不符合人民利益的,因而这种利益几乎薄到没有价值的地步,甚至可以说:它是害而非利。

> 若使中兴师,君子庶人也,必且数千,徒倍十万,然后足以师而动矣。久者数岁,速者数月,是上不暇听治,士不暇治其官府,农夫不暇稼穑,妇人不暇纺绩织纴,则是国家失卒,而百姓易务也。然而又与其车马之罢弊也,幔幕帷盖,三军之用,甲兵之备,五分而得其一,则犹为序疏矣。

> 然而又与其散亡道路,道路辽远,粮食部继傺,食饮之时,
> 厕役以此饥寒冻馁疾病,而转死沟壑中者,不可胜计也。
> 此其为不利于人也,天下之害厚矣。(《墨子·非攻下》)

既然统治者以"兴天下之利,除天下之害"为目标,以"欲中国家百姓之利"作为立身行事的标准,而攻战本身又是害大于利,那么,统治者就应该像古代的仁人一样,做到禁攻寝兵。

各国诸侯之所以热衷于攻战,在很大程度上都是因为他们希望以战争的方式来掠夺别国的财物,来满足自己穷奢极欲的生活需求。所以,墨子为了非攻,为了实现"我"与"他人"之间的兼相爱、交相利,就必然会要求统治者节用,放弃自己穷奢极欲的生活需求。在古代,圣人治理国家,能使国家的财利增加一倍以上,但是古代的圣人并不像现代的统治者那样,对人民百姓进行巧取豪夺,而是依靠节省开支的方式来使国家财利加倍,"因其国家,去其无用之费,足以倍之。圣人为政,其发令兴事,使民用财也,无不加用而为者,是故用财不费,民德不劳,其兴利多矣"(《墨子·节用上》)。古代的圣王在现实生活中是如何节用的呢? 衣服本来是用来保暖与防暑的,房屋本来是用来遮风挡雨、防御盗贼的,铠甲盾牌以及各种兵器本来是用来抵御外敌和盗贼的,车船本来是用来通达四方的,圣王要求人们在制作这些器物的时候,只需考虑它们的实用性就够了,那些无助于实用的鲜艳华美都应该被去除,这样一来,人们就可以花费很少的人力物力去制作这些器物,但人们从中获得的利益却非常巨大。所以,古代的圣王能够获得人们的广泛拥戴,从而能够称王天下、匡正诸侯。然而当代的统治者则与此迥然不同,在物质的追求上面不再有所节制,而是无所不用其极:

> 当今之主,其为衣服,则与此异矣。冬则轻暖,夏则轻清,皆已具矣,必厚作敛于百姓,暴夺民衣食之财,以为锦

87

绣文采靡曼之衣,铸金以为钩,珠玉以为珮,女工作文采,男工作刻镂,以为身服。此非云益暖之情也,单财劳力,毕归之于无用也。以此观之,其为衣服,非为身体,皆为观好。(《墨子·辞过》)

今则不然,厚作敛于百姓,以为美食刍豢,蒸炙鱼鳖,大国累百器,小国累十器,前方丈,目不能遍视,手不能遍操,口不能遍味,冬则冻冰,夏则饰馐。人君为饮食如此,故左右象之,是以富贵者奢侈,孤寡者冻馁。(《墨子·辞过》)

当今之主,其为舟车与此异也。全固轻利皆已具,必厚作敛于百姓,以饰舟车,饰车以文采,饰舟以刻镂。……人君为舟车若此,故左右象之。(《墨子·辞过》)

当今之君,其蓄私也,大国拘女累千,小国累百,是以天下之男多寡无妻,女多拘无夫。男女失时,故民少。(《墨子·辞过》)

一旦统治者放弃了节用原则而奢侈浪费,那么,就必然要剥削人民大众的人力和物力,从而劳民伤财,使寒者不得衣、饥者不得食、劳者不得息,导致百姓的生活难以为继,人民群众就不得不起来犯上作乱,国家离危亡也就已经不远了,这也就是"俭节则昌,淫佚则亡"之谓也。所以,墨子告诫统治者,"去无用之费,圣王之道,天下之大利也"(《墨子·节用上》)。

在墨子生活的时代,厚葬久丧是一种广泛流行的社会风俗,父母死后,作为子女要守三年之丧,所以,孔子的弟子宰我就曾经嫌三年之丧太久了,主张将三年改为一年,结果受到了孔子的严厉批评,"予之不仁也!子生三年,然后免于父母之怀。夫三年之丧,天下之通丧也"(《论语·阳货》)。从"天下之通丧"我们就可以看出,厚葬久丧这种社会风尚已经深入人心。所以,当时的统治者在葬埋死者的时候,都极尽奢华。

> 必大棺中棺,革阓三操,璧玉即具,戈剑鼎鼓壶滥,文绣素练,大鞅万领,舆马女乐皆具,曰必捶垮差通,垄虽凡山陵。此为辍民之事,靡民之财,不可胜计也,其为毋用若此矣。(《墨子·节葬下》)

但是墨子对此提出了严厉的批评。从葬埋之法的历史发展来看,厚葬久丧并不符合圣王所制定出来的葬埋之法,圣王们是主张节葬的。

> 古圣王制为葬埋之法,曰:"棺三寸,足以朽体,衣衾三领,足以覆恶。以及其葬也,下毋及泉,上毋通臭,垄若参耕之亩,则止矣。死则既已葬矣,生者必无久哭,而疾而从事,人为其所能,以交相利也。"此圣王之法也。(《墨子·节葬下》)

像古代的圣王尧、舜、禹,虽然他们贵为天子,富有天下,但他们死后都按照这个葬埋之法简单地被安葬了,而当今的统治者们又有什么理由不遵从圣王之法,而要进行厚葬久丧呢? 所以,厚葬久丧对上不符合圣王之道。

实际上,厚葬久丧不仅对上不符合圣王之道,同样对下也不符合百姓人民的利益。如果厚葬久丧能够使穷人变富,使人口由少变多,能够使国家转危为安,那么,厚葬久丧就是对人民有利的。然而,考之现实,厚葬久丧不但没有使三者变为现实,反而使事情向着对于人们不利的方向发展:穷者越来越穷,人口越来越少,国家越来越衰微。厚葬久丧不仅要将大量的财富埋葬于天下,使那些穷人几乎倾家荡产,而且还要守丧三年,不能从事各种生产活动,所以,不可能增加社会财富的数量,使穷人变富,只可能使穷人愈穷。墨子说:"细计厚葬,为多埋赋之财者也。计久丧,为久禁从事者也。财以成者,扶而埋之;后得生者,而久禁之,以此求富,此譬犹禁耕而求获也,富之说无可得焉。是故求以富家,而既已不可矣"(《墨子·节葬下》)。厚葬久丧在将财富埋葬于地下的同时,有些王公大人还要杀殉,也就是要杀人以陪葬,像天子杀殉多的时候竟然达到上百人,而且守丧期间还要忍饥缩食,不准男婚女嫁,必然会导致人口减少,而不可能使人口增多,因此墨子说:"以此求众,譬犹使人负剑而求其寿也。众之说无可得焉。是故求以众人民,而既以不可矣"(《墨子·节葬下》)。如果按照厚葬久丧者的主张,那么,作为国家的统治者们在居丧期间不能主持政务,而老百姓在居丧期间又不能从事生产活动,那么财富就会不足,政务就会混乱,那么国家必然会陷入内忧外患的危机之中,"以此求治,譬犹使人三圜而毋负己也,治之说无可得焉。是故求以治刑政,而既已不可矣"(《墨子·节葬下》)。总括这三点,墨子说:"今唯无以厚葬久丧者为政,国家必贫,人民必寡,刑政必乱。若苟贫,是无以为积委也;若苟寡,是城郭沟渠者寡也;若苟乱,是出战不克,入守不固"(《墨子·节葬下》)。既然,厚葬久丧不能利国利民,就应该加以坚决抛弃,转而实行节葬之法。

中国古人有重视"乐"的传统。譬如据《左传》襄公十一年当中记载,郑国为了同晋国结盟,赠与晋侯各种礼品,这些礼品中不仅包括了兵车武器,而且还包括了:乐师三人、女乐十六人,以及钟、磬等乐器,足见"乐"在当时所具备的重要作用以及时人对于"乐"的重视程度。实际上,在中国古代,"乐"构成了"礼"的一个重要组成部分,因为不同等级对于"乐"的欣赏具有不同的要求,譬如舞蹈奏乐,天子可以用八八六十四人,诸侯可以用六八四十八人,大夫可以用三十二人,如果违反了这一礼制,就有犯上作乱的嫌疑,重则会招来灭门之祸。不管用六十四人,还是用三十二人,都是非常奢华的一个舞蹈奏乐的场面。孔子以为,"乐"废弃不得,因为仁人君子"兴于诗,立于礼,成于乐"(《论语·泰伯》)。后来荀子继承了孔子的思想,非常强调"乐"对于人的重要性,"夫乐者,乐也,人情之所不免也,故人不能无乐"(《荀子·乐论》),而古代的圣王正是适应人类的这一需求,创立了"乐",并强调了"乐"之于治国安民的非同寻常的作用。但墨子以为,"乐"并不符合人的利益需求,应该加以禁止。墨子曾经借晏子之口,对于孔子重视"乐"的做法提出了尖锐的批评,"孔某盛容修饰以蛊世,弦歌鼓舞以聚徒,繁登降之礼以示仪,务趋翔之节以观众,博学不可使议世,劳思不可以补民,絫寿不能尽其学,当年不能行其礼,积财不能赡其乐,繁饰邪术以营世君,盛为声乐以淫遇民,其道不可以期世,其学不可以导众"(《墨子·非儒下》)。从历史上来看,圣王是不作"乐"的,故有"圣王不为乐"之说,这些在历史记载当中都是有案可查的。譬如,商汤制定的官刑就规定,那些经常在家中从事舞乐的君子要罚两捆丝,小人则惩罚加倍;《太誓》则告诫人们,舞蹈翩迁、歌声嘹亮,这都是天帝所不喜欢的,所以,天帝必将降下灾殃。所以圣王为了免遭天帝惩罚,都禁止作乐。

与墨子同时的一个名叫程繁的人当面向墨子提出质疑,他说,过去诸侯们、士大夫们疲于处理政务的时候,农夫们辛勤劳作累了以后,都借助钟鼓、铃缶之类的"乐"来休息、放松自己,那么,你现在说"圣王不为乐",那不是叫人永远得不到休息,永远都处于一种疲劳状态吗?墨子指出,确实在古代社会中,确实有"乐"存在,而且呈现出越来越繁琐的趋势,但这并不意味着社会因此获得了进步,反而出现了某种倒退的现象,"周成王之治天下也,不若武王;武王之治天下也,不若成汤;成汤之治天下也,不若尧舜。故其乐逾繁者,其治逾寡。自此观之,乐非所以治天下也"(《墨子·三辩》)。由此看来,"乐"还是不作为妙。另外,从现实来看,人们最大的祸患是饥不得食、寒不得衣、劳不得息,国家的祸患则是国与国、家与家、人与人之间冲突不断，而依靠演奏乐器是不能解决这些问题的，"故尝厚措敛乎万民，以为大钟、鸣鼓、竽笙之声，以求兴天下之利，除天下之害而无补也"（《墨子·非乐上》）。实际上，作乐不仅不能兴利除害，反而会兴害除利。因为弹奏乐器必须要有一批精壮之人，而且大人们在欣赏音乐的时候为了增加乐趣，必然会与人一同欣赏，所谓"独乐乐，孰如与众乐乐"，那么，就有许多人丢下了自己的本职工作，这必然会对人们的利益造成严重的损害。

> 王公大人蚤朝晏退，听狱治政，此其分事也；士君子竭股肱之力，亶其思虑之智，内治官府，外收敛关市、山林、泽梁之利，以实仓廪府库，此其分事也；农夫蚤出暮入，耕稼树艺，多聚叔粟，此其分事也；妇人夙兴夜寐，纺绩织纴，多治麻丝葛绪綑布縿，此其分事也。今惟毋在乎王公大人说乐而听之，即必不能蚤朝晏退，听狱治政，是故国家乱而社稷危矣。今惟毋在乎士君子说乐而听之，即必不能竭股肱之力，亶其思虑之智，内治官府，外收敛关市、山林、泽梁之利，以实仓廪府库，是故仓廪府库不实。今惟毋在乎农夫说乐而听之，即必不能蚤出暮入，耕稼树艺，多聚叔粟，是故叔粟不足。今惟毋在乎妇人说乐而听之，即必不能夙兴夜寐，纺绩织纴，多治麻丝葛绪綑布縿，是故布縿不兴。（《墨子·非乐上》）

由此观之，"乐"对于人们的利益具有极大的危害，所以，真正要想兴利除害，就必须对于"乐"加以禁止。

从墨子对于攻战、厚葬久丧、音乐的批评可以看出，墨子始终以"利"作为取舍的标准，坚决反对那些对于"他人"无利之物之事。

第三节　天志与鬼神："他人"的护佑

任何一种理论的提出,都必须具有一定的根据,而理论本身就是对于这个根据的效法与模仿,因而这个根据就是理论效法与模仿的对象,也就是所谓的"法""法仪""法度"。

> 天下从事者不可以无法仪,无法仪而其事能成者无有也。虽至士之为将相者,皆有法,虽至百工从事者,亦皆有法。百工为方以矩,为圆以规,直以绳,正以县。无巧工不巧工,皆以此五者为法。巧者能中之,不巧者虽不能中,放依以从事,犹逾己。故百工从事,皆有法所度。今大者治天下,其次治大国,而无法所度,此不若百工,辩也。(《墨子·法仪》)

其意是说,下至从事各种职业的工匠,上至治国平天下的王公大人,莫不要有"法"可度、有"法"可依,唯其如此,才能事有所成,然而,令人遗憾的是,当今时代的王公大人们却无法度可依,所以,常常功败垂成。既然做任何事情都要有法仪,都要有根据,那么,墨子的爱利"他人"的理论同样应该具有根据或法仪,否则就经不起推敲与考验。墨子作为中国历史上最为重要的逻辑学家,自然不会忘记自己理论的逻辑起点,必然会为自己的兼爱理论建构坚实的基础。

理论的根据通常具有形上与形下之分,也就是具有现实与超越之分,因此,墨子可以从现实与超越两方当中的任何一方出发来建构兼爱的理论根据。不过墨子并没有从形下的现实出发,而是从形上的"天志"出发,为爱利"他人"寻找理论基础,"是故子墨子之有天之[志],辟人无以异乎轮人之有规,匠人之有矩也……上将以度天下之王公大人为刑政也,下将以量天下之万民为文学,出言谈也。观其行,顺天之意,谓之善意行;反天之意,谓之不善意行。观其言谈,顺天之意,谓之善言谈;反天之意,谓之不善言谈。观其刑政,顺天之意,谓之善刑政;反天之意,谓之不善刑政。故置此以为法,立此以为仪,将以量度天下之王公大人卿大夫之仁与不仁,譬之犹分黑白也"(《墨子·天志中》)。这固然与中国人重视形而上学的传统有关,但更与墨子对现实的失望有关。在墨子看来,其所生活的时代就是一个没有丝毫爱的气息的时代,其中充满着暴力和混乱。

> 逮至昔三代圣王既没,天下失义,诸侯力正,是以存夫为人君臣上下者之不惠忠也,父子弟兄之不慈孝弟长贞良也,正长之不强于听治,贱人之不强于从事也,民之为淫暴寇乱盗贼,以兵刃毒药水火,退无罪人乎道路率径,夺人车马衣裘以自利者并作,由此始,是以天下乱。(《墨子·明鬼下》)

在这样一个到处充斥着不仁之人及不义之事的乱世当中,人们没有办法为爱利"他人"找到现实的根据,也无法找到应该加以效法模仿的对象。

> 当皆法其父母奚若?天下之为父母者众,而仁者寡,若皆法其父母,此法不仁也。法不仁,不可以为法。当皆法其学奚若?天下之为学者众,而仁者寡,若皆法其学,此法不仁也。法不仁,不可以为法。当皆法其君奚若?天下之为君者众,而仁者寡,若皆法其君,此法不仁也。法不仁不可以为法。故父母、学、君三者,莫可以为治法。(《墨子·法仪》)

既然人们在现实当中,找不到爱利"他人"的形下根据,那么就只能转向具有超越性的形上之域,到那里去寻找一个自己效法模仿

的对象。墨子上下求索,最终得出结论,人们应该加以效法模仿的
对象就是"天志","然则奚以为治法而可? 故曰莫若法天"(《墨子·
法仪》)。为什么要以"天"或"天志"作为效法模仿的对象呢? 这有
两个方面的原因。第一,天摆脱了现实当中的自私自利,施恩仁厚
且能长久不息,并且不居功自傲,"天之行广而无私,其施厚而不德,
其明久而不衰"(《墨子·法仪》)。第二,在先秦时代,人们都有一种
循环论的历史观,以为愈加美好的东西都愈古老,所以,时人都厚古
薄今,推崇"法先王"。既然要"法先王",而先王们恰恰是效法模仿
天志的,那么顺理成章,当代人也应当效法模仿天志,"非独子墨子
以天之志为法也,于先王之书《大夏》之道之然:'帝谓文王,予怀明
德,毋大声以色,毋长夏以革,不识不知,顺帝之则。'此诰文王之以
天志为法也,而顺帝之则也。且今天下之士君子,中实将欲为仁义,
求为上士,上欲中圣王之道,下欲中国家百姓之利者,当天之志,而
不可不察也"(《墨子·天志下》)。

既然人们都以天为法,都根据天志来立身持论,那么人们就要
明白天之所欲所恶,天所欲的就要努力去实行,天所恶的就要竭力
去避免,否则,就是对天志的违逆,就会遭到上天的惩罚。天之志到
底为何? 也就是说,天之所欲所恶的到底是什么呢? 墨子说:

> 天欲义而恶不义。(《墨子·天志上》)

> 天之意不欲大国之攻小国也,大家之乱小家也,强之
> 暴寡,诈之谋愚,贵之傲贱,此天之所不欲也。不止此而
> 已,欲人之有力相营,有道相教,有财相分也。又欲上之强
> 听治也,下之强从事也。(《墨子·天志中》)

透过纷繁复杂的论述,概而言之,就是"天必欲人之相爱相利,而不
欲人之相恶相贼也"(《墨子·法仪》)。然而问题在于,就像孔子所

言,上天在运行过程当中,并没有发出任何言语,并没有清楚地告诉我们其所思所想、所欲所恶,那么,我们如何能够了解天志,如何能够判断爱利"他人"就是上天所欲的,而贼害"他人"就是上天之所恶呢?墨子以一种形下的经验方式为天志的存在提供证明。我们先来看看墨子为上天爱利"他人"提供的证明。墨子说:

> 然则何以知天之爱天下之百姓?以其兼而明之。何以知其兼而明之?以其兼而有之。何以知其兼而有之?以其兼而食焉。何以知其兼而食焉?四海之内,粒食之民,莫不犓牛羊,豢犬彘,洁为粢盛酒醴,以祭祀于上帝鬼神,天有邑人,何用弗爱也?(《墨子·天志上》)

> 吾所以知天之爱民之厚者有矣,曰:以磨为日月星辰,以昭道之;制为四时春秋冬夏,以纪纲之;雷降雪霜雨露,以长遂五谷麻丝,使民得而财利之;列为山川溪谷,播赋百事,以临司民之善否;为王公侯伯,使之赏贤而罚暴;贼金木鸟兽,从事乎五谷麻丝,以为民衣食之财。自古及今,未尝不有此也。(《墨子·天志中》)

放眼天下,无论是大国小国、大人小孩、贫富贵贱,莫不在普天之下,为天所有,上天毫无偏私地生养万物以给养群生,制定规则制度以息暴安民,这些都说明上天兼爱天下群生,上至王公大人,下至平民百姓,无不在上天兼爱的范围之内。

既然上天爱利天下所有的人,那么他同样会希望天下所有人都能"兼相爱,交相利",不去贼害"他人"。所以,我们人类作为天志的效法模仿者,就要顺从天志,行天之所欲,戒天之所恶,就要义无反顾地去爱利"他人"。上天就像人类的父母一样,父母将所有的希望都寄托在孩子身上,并为其耗费了毕生的精力,对孩子进行培养,父

母当然希望能够从孩子身上获得回报,希望孩子能够将自己的愿望
变为现实。如果,希望变成了现实,上天就会对人类更加宠爱,如果
人类不但没有实现上天的希望,反而处处违逆上天的希望,那么,上
天就会对人类进行惩罚。所以墨子说,"当天意而不可不顺,顺天意
者,兼相爱,交相利,必得赏。反天意者,别相恶,交相贼,必得罚"
(《墨子·法仪》)。从历史与现实来看,那些爱利"他人"的人都得到
了上天的垂青。而那些贼害"他人"的人最终都没能落得好的下场,
这也再次证明了上天意欲我们要爱利"他人"。

> 子墨子言曰:"昔三代圣王禹汤文武,此顺天意而得赏
> 也。昔三代之暴王桀纣幽厉,此反天意而得罚者也。"然则
> 禹汤文武其得赏何以也? 子墨子言曰:"其事上尊天,中事
> 鬼神,下爱人,故天意曰:'此之我所爱,兼而爱之;我所利,
> 兼而利之。爱人者此为博焉,利人者此为厚焉。'故使贵为
> 天子,富有天下,业万世子孙,传称其善,方施天下,至今称
> 之,谓之圣王。"然则桀纣幽厉得其罚何以也? 子墨子言
> 曰:"其事上诟天,中诟鬼,下贼人,故天意曰:'此之我所
> 爱,别而恶之,我所利,交而贼之。恶人者此为之博也,贱
> 人者此为之厚也。'故使不得终其寿,不殁其世,至今毁之,
> 谓之暴王。"(《墨子·天志上》)

墨子借助天志以推行兼爱理论,敦促人们去爱利"他人",从而从
形而上学的天道出发,为现实的人道提供超越性的基础。然而,正是
因为形而上的天道原则具有强烈的超越性,所以,就容易造成天道与
人道的悬隔,从而导致人道的根据和基础具有不稳固性,最终会影响
建立在其之上的人道原则的贯彻实施。譬如,在墨子之前,子产就说
过,"天道远,人道迩,非所及也,何以知之"(《左传·昭公十八年》)?
否定天道对人道的基础性和保证作用。因此,为了让天志在现实生

活当中得到有效的贯彻执行,让每个人都能爱利"他人",就需要找到天人沟通的中介。在墨子那里,这个中介与保证不是别的,就是鬼神。在古代的志怪小说和民间传说、风俗习尚当中,鬼神多以猛厉的形象出现,主掌着人间善恶正义,且赏罚分明,所以人们对于鬼神都有一种敬畏之心,孔子就曾说过"敬鬼神而远之"(《论语·雍也》)。在墨子看来,由于鬼神善恶必报的特性,决定了人们对于鬼神的敬畏是不可避免的,所以,孔子的"敬神"思想是值得肯定的,但"远之"则不可。因为鬼神无处不在,善恶必究,人无法摆脱鬼神的监控与赏罚,"鬼神之明,不可为幽间广泽,山林深谷,鬼神之明必知之。鬼神之罚,不可为富贵众强,勇力强武,坚甲利兵,鬼神之罚必胜之"(《墨子·明鬼下》)。像古代的夏桀虽然贵为天子,富有天下,但他由于违反天志,同样被鬼神所诛伐。如果人们都像孔子那样"敬鬼神而远之",并且"不语怪力乱神",那么人们就会遗忘鬼神赏善罚恶的功能,并因此而丧失对于鬼神的敬畏之情,从而恣意地贼害"他人",无所不用其极。相反,如果人们充分地相信鬼神的存在,并明白鬼神的赏罚功能,那么,人们就会顺从天志,自觉地去爱利"他人",一切贼害"他人"的行为就会中止直至消失,从而达到"兼相爱,交相利"的理想状态,"是以吏治官府,不敢不洁廉,见善不敢不赏,见暴不敢不罪。民之为淫暴寇乱盗贼,以兵刃毒药水火,退无罪人乎道路,夺人车马衣裘以自利者,由此止。是以莫放幽间,拟乎鬼神之明显,明有一人畏上诛罚,是以天下治"(《墨子·明鬼下》)。借助鬼神,墨子最终使形上的"天志"落到现实生活中,并且为其有效的贯彻执行找到了有力的保证,从而使打破天人之间的悬隔,并使爱利"他人"不再仅仅依赖于人的内在良心,而且具有了外在的监督。

然而,问题在于,随着社会历史的不断向前推进,鬼神已经开始淡出人们的思想观念之中,孔子的"不语怪力乱神"正是这种社会现实的反映。在墨子看来,鬼神淡出人们的思想观念必然会对社会的安宁造成极为不利的影响,他将当前社会的混乱状态归咎于人们鬼神观念的淡漠。

> 逮至昔三代圣王既没，天下失义，诸侯力正，是以存夫
> 为人君臣上下者之不惠忠也，父子弟兄之不慈孝弟长贞良
> 也，正长之不强于听治，贱人之不强于从事也，民之为淫暴
> 寇乱盗贼，以兵刃毒药水火，退无罪人乎道路率径，夺人车
> 马衣裘以自利者并作，由此始，是以天下乱。此其故何以
> 然也？则皆以疑惑鬼神之有与无之别，不明乎鬼神之能赏
> 贤而罚暴也。今若使天下之人，偕若信鬼神之能赏贤而罚
> 暴也，则夫天下岂乱哉！(《墨子·明鬼下》)

既然社会的一切冲突与混乱都来自于人们对于鬼神之有无、鬼神之
能否赏贤罚暴的疑惑，那么，就必须向世人澄清鬼神存在及其赏善
罚暴的确实性。

如何来证明鬼神的存在及其赏善罚暴的确实性呢？对于普通
百姓来说，最为简单、最为可靠的方式就是借助于自己的感觉器官，
而人们最常用的感觉器官就是耳目，所以，在现实生活中，人们经常
采用耳闻目视的方式来认识了解一个事物，并且以耳目来作为判断
一个事物之有无的标准。有时为了防止耳目出现偏差造成判断错
误，对于一些比较复杂的事物，人们就会采用多人的所闻所见作为
判断的标准，如果大家在耳闻目见之后，得出的结论是相同的，那
么，这个判断就是值得信赖的，就是正确的，否则就是错误的。墨子
作为普通大众的一员，对于人的耳目等感觉器官同样保持着一种坚
定的信念，认为它们告诉我们世界上的一切真理，一切真理都必须
经得起感觉经验的检验，"是与天下之所以察知有与无之道者，必以
众之耳目之实知有与亡为仪者也，请惑闻之见之，则必以为有，莫闻
莫见，则必以为无"(《墨子·明鬼下》)。既然一切事物之有无都必须
以耳闻目见作为检验标准，那么，鬼神是否存在及其能否赏善罚暴，

也就必须经过人们耳目的检验。如果人们曾经耳闻目见过鬼神及其赏善罚暴的事迹,那么鬼神就是存在的且能赏善罚暴;如果人们从来都没有听说和看见过这些,那么这些就是不存在的。墨子考之于《春秋》《诗经》等古代典籍,发现其中都有关于对于鬼神及其赏善罚暴的耳闻目见的记载,而且这些耳闻目见者当中不仅有普通民众,而且还有尧、舜、禹、汤、文王、武王等古代的圣王,所以鬼神确实存在并且能够进行赏善罚暴。既然鬼神确实存在且能赏善罚暴,那么,对于我们来说,明智之举就是就遵从上天的意愿,去爱利"他人",而不是违逆上天的意愿,去贼害"他人","夫知者,必尊天事鬼,爱人节用,合焉为知矣"(《墨子·公孟》)。

众所周知,"命"是与天志、鬼神紧密相连的,一个讲天志、鬼神的人自然也会讲命,一个不讲天志、鬼神的人,自然也就不会去讲命,所以,孔子在"不语怪力乱神"的同时,也"罕言利与命与仁"。但墨子则不然,虽然他大讲特讲天志与鬼神,但他却坚决抵制命运观念,"今天下之士君子,中实将欲求兴天下之利,除天下之害,当若有命者之言,不可不强非也。曰:命者,暴王所作,穷人所术,非仁者之言也"(《墨子·非命下》)。值得我们思考的问题是:墨子为什么会一反常规,在主张天志、鬼神的同时,又去反对命运观念呢?墨子给出了自己的理由:

> 昔上世之穷民,贪于饮食,惰于从事,是以衣食之财不足,而饥寒冻馁之忧至,不知曰"我罢不肖,从事不疾",必曰"我命固且贫。"昔上世暴王,不忍其耳目之淫,心涂之辟,不顺其亲戚,遂以亡失国家,倾覆社稷,不知曰"我罢不肖,为政不善",必曰"吾命固失之"。……今用执有命者之言,则上不听治,下不从事。上不听治,则刑政乱;下不从事,则财用不足,上无以供粢盛酒醴,祭祀上帝鬼神,下无以降绥天下贤可之士,外无以应待诸侯之宾客,内无以食

饥衣寒,将养老弱。故命上不利于天,中不利于鬼,下不利
于人,而强执此者,此特凶言之所自生,而暴人之道也。
(《墨子·非命上》)

从墨子的论述中,我们可以清晰地看出,墨子之所以反对命,其中一
个很重要的原因,就是命的观念对于"他人"是不利的。一旦"我"压
迫与剥削"他人",使"他人"陷入水深火热之中,那么我们就会对于
"他人"的艰难处境漠不关心,因为我们对"他人"之所以如此,是由
于命运使然,即使我们再怎么去爱利"他人",为"他人"付出再多的
艰辛与努力,也不能对于"他人"的命运有一丝一毫的改变,因此,我
们对于"他人"的人生处境唯一能做的就是听之任之,而这恰恰是与
墨子"兼相爱,交相利"的思想主张是相矛盾的,不利于"兼相爱,交
相利"思想观念在现实生活中的践行与推广。因而,墨子非命实际
上也是与爱利"他人"联系在一起,是爱利"他人"思想的自然推论。

虽然墨子与孔子都讲仁爱,都将自我与"他人"联系在一起,主
张要尊重爱护"他人",但二者之间又存在着重要的区别。首先,孔
子由"亲亲有别"而提出"爱有差等"的仁爱理论,但墨子强调"爱无
差等"的兼爱原则,主张要爱天下所有的人,甚至要舍己为人,因而
墨子对于"他人"的爱显得更为博大。其次,孔子的"爱"更加具有超
越性,强调的是"义"而非"利",甚至是以"义"来否定"利"的,而墨子
的"爱"则是"义"与"利"的统一,爱"他人"就要求我们去利"他人",
从而更加具有现实的可行性。然而,在历史的发展中,由于诸多原
因,墨学衰微,墨子的"他人"思想没能被发扬光大,儒家的"他人"思
想成了处理"我"与"他人"关系的指南,这导致人们经常不能平等地
仁爱"他人",即使我们仁爱了"他人",但也停留在口头与理论上,难
以落到实处。因此,深入地反思墨子的"他人"思想,有助于我们去
更好地检讨传统儒家"他人"思想之不足,并为构建现代社会中"我"
与"他人"之间的友好关系提供有益的参照。

第四章　孟子哲学中的"他人"

　　孟子名轲,邹国人,邹国故城位于今山东邹县,与孔子的故乡曲阜相去不远。或许正是因为这种地缘关系,孟子非常推崇孔子及其所创辟的儒家学说。有一次在与公孙丑对谈的时候,孟子就说道,在伯夷、伊尹等世所公认的古代圣人当中,没有人能够与孔子相提并论,他的愿望是以孔子为师,将孔子的学说发扬光大,因此有"乃所愿,则学孔子也"(《孟子·公孙丑上》)之论。然而,由于孟子生时,孔子已经仙逝,孟子无法亲炙于孔子,只能通过孔子的传人进行学习,因而孟子说,"予未得为孔子徒也,予私淑诸人也"(《孟子·离娄下》)。至于这个"人"到底是谁,已经无从考证。不过在《史记·孟子荀卿列传》当中,有孟子"受业子思之门人"的记载。子思相传乃孔子之孙,曾受业于孔子的弟子曾子,因此,孟子所受的教育、所接受的传统主要还是从孔子经曾子、子思传下来的那一套。不过孟子并不是简单地照搬孔子的思想学说,而是进行了加工改作,使孔子的思想学说进一步得到补充完善,从而将其发扬光大。由于孟子已经摆脱了孔子那种"累累尔如丧家之犬"般的窘迫处境,出入于诸侯之门,车辆侍从前呼后拥,说明孟子已经得到了世人的认可,使儒家的思想学说产生了越来越广泛的影响力。或许正是因为孟子在儒家思想学说发展史上所发挥的重要作用、所处的重要地位,所以在后来的封建社会中,特别是唐宋以后,被尊为"亚圣",与"至圣先师"一起在圣庙当中被供奉起来,接受民众的叩拜祭奠。二者之间的这种特殊关系,导致在现实生活中,人们经常孔孟并称,以为二者思想之间是完全一致的,所以人们经常都是从孟子出发来理解孔子。既然孟子与孔子之间的特殊关系以及在中国哲学发展史上的特殊地位,我们在研究先秦时期"他人"思想的时候,就不能忽略孟子这样一个至关重要的人物。

第一节 仁义与"他人"

孟子特殊的生活环境,使得孟子以宣传弘扬儒学为己任。孟子与孔子都出生于今山东省境内,而且两者出生时间也不过相距百年之久,因此,当孟子生时,孔子的遗风余韵想必并未完全散去,还回荡在祠堂宗庙、田间地头,孔子作为同乡先贤想必对于孟子这样的后生小子还具有广泛深远的影响,还是人们推崇效仿的榜样。孟子在幼年时期遭受父亲去世、家道中落的家庭变故,由母亲一人抚养长大。孟子的母亲非常伟大,在孟子培养问题上花费了大量心血。人们经常讲说的孟母三迁、断杼教子的故事,都是描述孟子母亲如何教育孟子的。据刘向的《烈女传》记载,孟子幼时家在坟地附近,由于耳濡目染,孟子小时候经常学做丧葬方面的游戏。孟母害怕这会对孟子成长不利,就将家迁到了集市上。由于集市上到处都充斥着商贩们的叫卖声,于是孟子又开始学起小商小贩来。孟母不得不再次搬家,不过孟母这次吸取了前次的教训,将家搬到了学校附近,让孟子经受学校里面知书识礼氛围的影响。当孟子正式跨入学堂之后,由于天性顽劣,不愿用功读书。一次孟母当着孟子的面剪断了织布机上正在纺织的一匹布,并告诫孟子,如果他不认真学习,他就会和这匹被剪断的布一样,变得百无一用,从而促成孟子专心于诗书礼义。因此,孟子是非常幸运的,他并未因为家庭的变故而导致学业停滞,反而由于母亲的坚持,从小就受到了良好的教育。再加上孟子师从子思门人进行学习,为子思之再传弟子。这些都决定了孟子必然会对孔子思想推崇备至,孟子把孔子在中国历史上的地位提到了至高无上的程度。虽然在中国历史上也出现了诸多圣贤之士,但是在孟子心目中,没有一个人能与孔子相提并论,"自有生民以来,未有盛于孔子也",所以,孟子的宏心大愿乃是师法孔子,"乃所愿,则学孔子也"(《孟子·公孙丑上》)。

孟子对于孔子思想的推崇主要表现在政治与学术两个方面。在政治上,当时各诸侯国都推崇利益至上原则,为了争权夺利而实行王霸之治,所以诸侯之间、臣民之间相互为战。

> 今夫天下之人牧,未有不嗜杀人者也。(《孟子·梁惠王上》)

> 今也制民之产,仰不足以事父母,俯不足以畜妻子;乐岁终身苦,凶年不免于死亡。此惟救死而恐不赡,奚暇治礼义哉?(《孟子·梁惠王上》)

> 尧舜既没,圣人之道衰,暴君代作,坏宫室以为汙池,民无所安息;弃田以为园囿,使民不得衣食。邪说暴行又作,园囿、汙池、沛泽多而禽兽至。……世衰道微,邪说暴行有作,臣弑其君者有之,子弑其父者有之。(《孟子·滕文公下》)

与政治上的霸道相对应,学术上也出现了各种各样的派别,使孔子的学说被淹没其中,从而使得圣人之道不得其传。

> 圣王不作,诸侯放恣,处士横议,杨朱、墨翟之言盈天下。天下之言不归杨,则归墨。杨氏为我,是无君也;墨氏兼爱,是无父也。无父无君,是禽兽也。……杨墨之道不息,孔子之道不著,是邪说诬民,充塞仁义也。仁义充塞,

则率兽食人,人将相食。(《孟子·滕文公下》)

对于当时普遍奉行的政治主张和学说观念,孟子都坚持以孔子所开创的儒家学说为标准对其进行了严厉地批判,进而提出了"仁治"的政治主张,并在学说上对于非儒家学说进行了全面地回击,"闲先圣之道,距杨墨,放淫辞,邪说者不得作",试图达到"正人心、息邪说,距诐行,放淫辞,以承三圣者"的目的。可见,孟子以继承和弘扬孔子所奉行的圣人之道为目的,使孔子的学说能在形势非常恶劣的时势当中得以发扬光大,成为世人立身行事所奉行的圭臬。

在前文当中我们已经说过,孔子思想的核心就是"仁"。既然孟子以继承弘扬孔子学说思想为己任,那么,孟子就必然也非常重视"仁"。不过需要提醒的是,孟子与孔子讲"仁"又有所不同,孟子不像孔子那样,经常将"仁"与"智"联系在一起,而是经常将"仁"与"义"放在一起,"仁""义"并举,"仁,人心也;义,人路也"(《孟子·告子上》),"仁,人之安宅也;义,人之正路也"(《孟子·离娄上》)。这也就是说,"仁"是内在的根据,而"义"则是"仁"外在的表现形式,或者说,"义"是"仁"现实化、具体化的结果,"义"构成了人们立身行事的具体的行为规范。正是因为"仁"与"义"之间的这样一种特殊关系,决定了"义"是从属于"仁"的,所以徐复观说:"孟子虽仁义并称,或仁义礼智并列,但仁仍是居于统摄的地位"①。下面让我们来看看孟子对于"仁"或"仁义"重视到了何种程度。

至于《孟子》一书的作者究竟是孟子自己,还是其弟子,历来就有争论,但不管到底作者为谁,但他对孟子的思想必定是极为熟悉的,能够准确地把握孟子思想的精髓。当我们打开《孟子》一书的时候,我们就会发现,《孟子》开篇即有关"仁义"与"利"孰轻孰重、孰先孰后的争论:

---

① 徐复观:《中国人性论史》,上海三联书店2001年版,第159页。

孟子见梁惠王。王曰:"叟! 不远千里而来,亦将有以利吾国乎?"

孟子对曰:"王! 何必曰利? 亦有仁义而已矣。王曰, '何以利吾国?'大夫曰,'何以利吾家?'士庶人曰,'何以利吾身?'上下交征利而国危矣。万乘之国,弑其君者,必千乘之家;千乘之国,弑其君者,必百乘之家。万取千焉,千取百焉,不为不多矣。苟为后义而先利,不夺不厌。未有仁而遗其亲者,未有义而后其君者也。王亦曰仁义而已矣,何必曰利?"(《孟子·梁惠王上》)

在现实当中,礼崩乐坏,人们不再热衷于仁义,而是唯利是图,以至有古人所描绘的"天下熙熙,皆为利来;天下攘攘,皆为利往"的如蝇逐臭般的逐利场景,而贵为一国之君的梁惠王也不能免俗,同样是见利忘义,对于"利"具有特殊的偏好。所以,梁惠王与孟子一见面,便迫不及待地追问"亦将有以利吾国乎",但孟子马上打断了有关"利"的讨论,而是将谈话的重点由"利"而转移到"仁义"上,"王! 何必曰利? 亦有仁义而已矣"。这也就是说,我们何必要谈论"利"呢? 我们何不来谈论"仁义"呢? 这是《孟子》一书中,孟子所说的第一句话,而这第一句话也就为《孟子》一书定下了一个基调,就是孟子所有的论述都是围绕着"仁义"而展开的。

从最为现实的层面上,也就是从功利的角度来看,"仁义"能够使统治者兴国安邦,做到无敌于天下,从而有效地防止内忧外患的发生,避免国破家亡的危险。过去夏商周三代之所以得天下、之所以失天下,都与"仁"有关,前者以"仁",后者以"不仁"。如果统治者们不能以"仁"来立身处事,就不免有国破家亡的风险,"天子不仁,不保四海;诸侯不仁,不保社稷;卿大夫不仁,不保宗庙;士庶人不仁,不保四体。今恶死亡而乐不仁,是犹恶醉而强酒"(《孟子·离娄上》)。相反,统治者如果能够抛弃"不仁"而行"仁",那么,国家就会繁荣昌盛,四民咸伏、八方归附,就会无敌于天下,从而就能够有效地遏制一切祸患的发生,"今王发政施仁,使天下仕者皆欲立于王之朝,耕者皆欲耕于王之野,商贾皆欲藏于王之市,行旅皆欲出于王之塗,天下之欲疾其君者皆欲赴愬于王。其若是,孰能御之?""然而不王者,未之有也"(《孟子·梁惠王上》)。如果我们超越到形而上学的层面,那么,"仁义"就不仅具有现实的功用,更为重要的是,它构成了人之为人的本质规定性,它不仅构成了圣人与众庶之间的差别,而且也构成了人与动物之间的区别。孟子说:"人之所以异于禽兽者几希,庶民去之,君子存之。舜明于庶物,察于人伦,由仁义行,非行仁义也。"(《孟子·离娄下》)从这段引文当中,我们可以看出,人类之于禽兽,在身体构造上、饮食之欲上的差别并不是特别大,而其间的差别只是在于仁义这一点上。圣人与众庶之间的差别则在于,众庶将仁义丢在一边而弃之不顾,或者将仁义当作一种工具来使用,而圣人则顺着仁义之路去立身行事。因此,仁义对于人来说,具有至关重要的意义。一旦我们脱离了仁义,我们就有降身为禽兽,与禽兽为伍,甚至是禽兽不如的危险,所以,我们要始终牢记"仁义"对于人来说,不是外在的强加,不是一种外在的装饰,而是一种内在的本质规定性,"仁也者,人也。合而言之,道也"(《孟子·尽心下》),"夫仁,天之尊爵也,人之安宅也。莫之御而不仁,是不智也。不仁、不智,无礼、无义,人役也"(《孟子·公孙丑上》)。既然仁义对于修身、治国、平天下都具有如此的重要性,那么,我们就不应该全神贯注地盯着眼前的蝇头小利,而应该将目光转移到更为根本的仁义上,去践行仁义,做一个有仁有义的人。正是因为认识到仁义之于人的极端重要性,所以,当王子垫问及士的志向为何的时候,孟子对之以"仁义","仁义而已矣。杀一无罪非仁也,非其有而取之非义也。居恶在? 仁是也;路恶在? 义是也。居仁由义,大人之事备矣"(《孟子·尽心上》)。

正如前文所言，"仁"必然会涉及"我"与"他人"之间的关系，所以，孟子对于仁义的高度推崇，就决定了他必然要将目光投到"我"与"他人"之间的关系以及"我"如何对待"他人"的问题上。在前面所引的有关孟子与梁惠王之间有关"仁义"与"利"的讨论中，孟子实际上就是从"我"与"他人"之间关系的角度说明了要先义而后利。因为梁惠王作为一个具有特别影响力的"我"，其所思所想、所作所为都必然会成为"他人"学习模仿的榜样，这也就是我们常说的上行下效。如果"我"时时刻刻都去思考"何以利吾国""何以利吾家"这样的问题，并为了一己之"利"、一国之"利"而出兵于国外、逼掊于国内，那么，"他人"同样也会高度关注自己的利益，利益就会成为"他人"唯一追求的目标，对于国君之位以及一切尚隶属别人旗下的名与利必然是先夺之而后快，这就必然会危及"我"与"他人"的关系，"我"与"他人"之间就会陷入到相互仇视、相互为战的敌对状态之中。如果"我"对"他人"施行仁义，那么"他人"反过来也会以仁义来对待"我"，"我"与"他人"就会友好相处，君臣、父子之间就不会因为一些蝇头小利而相互争夺、反目成仇，因为"未有仁而遗其亲者，未有义而后其君者也"（《孟子·梁惠王上》）。

孟子之所以对于仁义在协调"我"与"他人"关系、促进"我"与"他人"友好相处的问题上，具有如此高度的自信，这与他对于仁义的理解有关。孟子说：

> 仁之实，事亲是也；义之实，从兄是也。（《孟子·离娄上》）

> 亲亲，仁也；敬长，义也。（《孟子·尽心上》）

孟子完全从家庭内部入手来谈论仁义，仁的内容是侍奉父母，义的内容是顺从兄长，简而言之，就是要事兄敬长。当然，这并不是说一个仁义的人只爱护敬重自己的亲人，对于别人无动于衷，甚至是加

害于"他人",而是说,一个仁义的人首先要仁义地对待亲人。譬如孟子曾经以尧舜为例,说明了人为什么首先要仁义地对待亲人,

> 知者无不知也,当务之为急;仁者无不爱也,急亲贤之
> 为务。尧舜之知而不偏物,急先务也;尧舜之仁不偏爱人,
> 急亲贤也。(《孟子·尽心上》)

像尧舜这样的圣贤虽然要仁爱所有的人,但有时也不能遍爱所有的人,而是要首先仁爱自己的亲人,因为这是每个人的当务之急,是每个人的首要任务。至于为什么仁爱自己的亲人是每个人的当务之急,是每个人的首要任务,孟子在这里并没有交代清楚,我们在本章第二部分当中再作进一步的说明。在我们做好"急亲贤"这个首要任务之后,再推扩自己的仁义之心于家庭之外的"他人",这也就是"仁者以其所爱及其所不爱"(《孟子·尽心下》),"老吾老,以及人之老;幼吾幼,以及人之幼"(《孟子·梁惠王上》),最终达到"亲亲而仁民,仁民而爱物"(《孟子·尽心上》)这样一个博大之爱的层次,世间一切人和物无不在自己仁爱的范围之内。这也就是说,孟子所追求的目标不是偏爱自己的亲人,而是要遍爱世间一切"他人",所以孟子说"仁者爱人"(《孟子·离娄下》),这个"人"不仅仅是"我"的亲人,而是一切"他人",甚至就连那些对"我"蛮横无理、加害于"我"的人也要被包括其中。

正是因为遍爱世间一切"他人",孟子反对统治者为了自己个人的利益、为了个人的享受而不惜剥削"他人",牺牲"他人",以致发动战争,推行霸道。在孟子所生活的时代,诸侯割据,群雄纷争,战争不断,人民在战争中遭受了国破家亡、亲人离散的痛苦,所以孟子对于战争具有强烈的抵触情绪,诅咒那些战争的发动者们不得善终,希望他们能够得到严厉的惩罚,"争地以战,杀人盈野;争城以战,杀人盈城,此所谓率土地而食人肉,罪不容于死。故善战者服上刑,连诸侯者次之,辟草莱、任土地者次之"(《孟子·离娄上》)。在孟子看来,一

个君主要想无敌于天下,并不是要置百姓的死活于不顾,去发动惨绝人寰的战争,而是要对"他人"施行仁爱。在历史上,舜与文王都是非常成功的统治者,可以说是富甲八方,无敌于天下,但这并不是因为他们在行军打仗方面具有什么过人之处,而是因为他们都对"他人"施行仁政。舜是东方人,而文王则是西方人,东西之间相隔千里,而且两人生活的年代间距也有千年之久,但二者都受到了"他人"的拥戴,获得了巨大的成功。因此,统治者只有发政施仁,才能与作为被统治者的"他人"之间友好协调,受到"他人"的爱戴,国家才能长治久安,而战争只能导致"他人"对于自我的厌恶、憎恨甚至是反抗。

在孟子看来,统治者们首先要做的,不是去征战,而是修养自己的德行,去施行仁政,这样自然就会国力强盛,四方归附。但是万章提出了另外一个问题,譬如当时弱小的宋国虽然想施行仁政,但是齐楚两个大国却因此想攻击它,那么宋国是应该施行仁政,还是要奋起反击呢? 从而对孟子的仁政理论提出挑战。孟子并没有正面回答万章所提出的问题,而是给他讲了一个故事。在古代,有一个叫葛伯的国君不进行祭祀鬼神,其理由是因为国家贫穷,没有祭祀所需的牛羊。汤就派人给葛伯送去了牛羊,结果葛伯就将牛羊宰杀吃了,还是不祭祀祖先,而又借口没有祭祀所需的谷米。汤就又派人帮他去耕种,结果葛伯又带领百姓抢夺人们为耕种者所送的饭菜。有一个小孩为耕者送饭和肉,葛伯竟然将小孩杀死了,抢去了饭和肉。后来汤出兵讨伐葛国,受到了葛国百姓的热烈欢迎,向东方出征,西方的百姓就不高兴,说为什么不先攻打我们这里呢? 反之亦然。虽然这也是战争,但是老百姓并不认为是战争,虽然也会因此而得到一定的财富,但老百姓并不认为汤是为了争夺财富,而是认为汤是在为百姓复仇。所以,汤先后出征十一次,没有人能够与之相匹敌。像这样的例子在《孟子》一书中还有很多。孟子由此得出结论,"不行王政云尔;苟行王政,四海之内皆举首而望之,欲以为君;齐楚虽大,何畏焉"(《孟子·滕文公下》)? 所谓"王政"就是与"霸道"相对的"仁道"或"仁政",因为孟子讲"以力假仁者霸……以德行仁者王"(《孟子·公孙丑上》)。如果作为统治者能行王道、仁政,那么"他人"就会像水之就下一样,都来投奔于"我",没有人能够加以阻挡,人民、土地自然就会增多,国家自然就会繁荣昌盛,何劳与他国刀兵相见呢?

对于统治者来说,对"他人"行仁义,最为重要的就是要放弃自我的享乐,做到与"他人"同乐。有一次孟子谒见齐王,由于孟子听说齐王爱好音乐,就告诉齐王,"独乐乐"不若"与人乐乐","与少乐乐"不若"与众乐乐"。孟子以对比的方式对此作了解释:

> 臣请为王言乐。今王鼓乐于此,百姓闻王钟鼓之声,管籥之音,举疾首蹙頞而相告曰:"吾王之好鼓乐,夫何使我至于此极也? 父子不相见,兄弟妻子离散。"今王田猎于此,百姓闻王车马之音,见羽旄之美,举疾首蹙頞而相告曰:"吾王之好田猎,夫何使我至于此极也? 父子不相见,兄弟妻子离散。"此无他,不与民同乐也。
>
> 今王鼓乐于此,百姓闻王钟鼓之声,管籥之音,举欣欣然有喜色而相告曰:"吾王庶几无疾病与,何以能鼓乐也?"今王田猎于此,百姓闻王车马之音,见羽旄之美,举欣欣然有喜色而相告曰:"吾王庶几无疾病与,何以能田猎也?"此无他,与民同乐也。今王与百姓同乐,则王矣。(《孟子·梁惠王下》)

鼓乐、田猎之类的享乐活动会耗费一定的社会财富,如果一个国君进行鼓乐、田猎之类的娱乐活动,就会在一定程度上造成"他人"所占有财富份额的减少,所以,也就会招致"他人"的反对。但是孟子指出,如果一个国王不是独自享乐,而是与"他人"一起享乐,国王在满足自己享乐欲望的同时,也能让"他人"享乐欲望得到满足,那么,国王的享乐活动不但不会招致"他人"的厌恶、抵触,反而会受到"他人"的欢迎、拥护,"他人"也会以国王享乐为乐。这样一来,君与臣、统治者与被统治者、"我"与"他人"之间就能够和谐相处、其乐融融。所以在古代,周文王曾经役使百姓修筑高台,但是由于他愿意和百姓同乐,百姓并没有因为出勤出力而感到不满,反而感觉很高兴,故将此高台起名为"灵台"。像夏桀是古代的一个暴君,不能与"他人"同乐,残酷地剥削压迫"他人",但他却自比为太阳,希望自己能够与日月同寿,老百姓却诅咒他赶快灭亡,所以"《汤誓》曰:'时日害丧,予及女偕亡。'民欲与之偕亡,虽有台池鸟兽,岂能独乐哉"(《孟子·梁惠王上》)?因此,对于一个国君来说,关键的问题不是要不要享乐的问题,而是与不与"他人"同乐的问题。如果国君能够与"他人"同乐,这个"乐"就是有价值的、值得提倡的;如果国君独自享乐,将自己的快乐建立在"他人"痛苦的基础之上,那么,这个"乐"就应该被反对,就应该被废止。所以,孟子说:"为民上而不与民同乐者,亦非也。乐民之乐者,民亦乐其乐;忧民之忧者,民亦忧其忧。乐以天下,忧以天下,然而不王者,未之有也"(《孟子·梁惠王下》)。

如何才能做到与"他人"同乐,从而达到与"他人"和乐相处,从而赢得"他人"的拥护爱戴呢?孟子说:

> 仁言不如仁声之入人深也,善政不如善教之得民也。善政,民畏之;善教,民爱之。善政得民财,善教得民心。(《孟子·尽心上》)

这里的"仁声"具体指什么,历来有不同的见解,赵歧将其解为"声乐雅颂也",也就是古代高雅的音乐,而朱熹则将"仁声"解释为"仁闻,谓有仁之实而为众所称道者也"①。不管具体解释如何,行仁主要有两条:善政和善教,而且善教居于更为重要的地位,因为善教更加易

---

① 杨伯峻:《孟子译注》,中华书局1960年版,第306页。

于"得民""得民心"。在孟子看来,教育启发后知后觉者是上天赋予先知先觉者的一种责任,所以,统治者作为先知先觉者,应该主动地承担起这个责任来,对"他人"进行教育。实际上,在孟子所生活的时代之前,学校教育系统就已经达到了非常完备的程度,"设为庠序学校以教之。庠者,养也;校者,教也;序者,射也。夏曰校,殷曰序,周曰庠;学则三代共之,皆所以明人伦也"(《孟子·滕文公上》)。既然我们要对百姓进行教育,而古代又有了一套非常成型的教育体系,我们就应该加以取法。正是看到了教育的重要性,孟子指出,所有道德高尚的人都要承担起教化"他人"的责任,甚至要将教育"他人"看成人生的乐趣,所以,孟子说君子有"三乐",而"得天下英才而教育之"为其中之一。当然教育的方式既可以是有形的教育,像学校教育,也可以是无形的教育,譬如像孟母那样为"他人"创造一个良好环境、氛围,从而使"他人"受到潜移默化的影响。大概正是受到自己母亲的影响,孟子特别强调统治者要首先端正自己的德行,使自己的言行举止符合道德规范起来,在全社会营造出一个良好的道德氛围,从而达到化民成俗的效果,所以孟子重述了孔子的教诲,"君子之德,风也;小人之德,草也。草尚之风,必偃"(《孟子·滕文公上》),告诫统治者们要注意提高自己的道德修养,对"他人"进行身教。

　　为了与"他人"和谐相处,一方面要善教,另一方面要善政,也就是说要行仁政。至于仁政的具体内容有很多,孟子在不同的地方有不同的表述,不过在《公孙丑上》中,孟子将其概括为五点。孟子说:

　　　　尊贤使能,俊杰在位,则天下之士皆悦,而愿立于其朝矣;市,廛而不征,法而不廛,则天下之商皆悦,而愿藏于其市矣;关,讥而不征,则天下之旅皆悦,而愿出于其路矣;耕者,助而不税,则天下之农皆悦,而愿耕于其野矣;廛,无夫里之布,则天下之民皆悦,而愿为之氓矣。信能行此五者,则邻国之民仰之若父母矣。

行此五点,那么一个国家内部的统治者与被统治者之间能够友好相处,就连邻国的百姓也希望能够前来归附,希望能够接受"我"的统治者,那么,也就不再会有任何"他人"与"我"敌对,"他人"都希望"我"能够身体健康,长久地为他们造福。不过需要注意的是,虽然孟子仍然坚持德性主义,反对功利主义,但是他已经开始受到墨家与法家的影响,不再像孔子那样"罕言利",而是经常将"利"挂在嘴边,并将仁政与利益结合起来,认为仁政就应该为"他人"带来利益,甚至为"他人"谋利就应该是仁政的题中应有之义。像刚才所讲的五点,只是从消极的方面涉及不侵害、剥夺"他人"的利益,但是孟子有时还要求统治者们要主动地为"他人"谋利益。所以,孟子一方面教育梁惠王"何必曰利,亦有仁义而已矣",另一方面又主动地向梁惠王传授为"他人"谋利的途径。

> 不违农时,谷不可胜食也;数罟不入洿池,鱼鳖不可胜食也;斧斤以时入山林,材木不可胜用也。谷与鱼鳖不可胜食,材木不可胜用,是使民养生丧死无憾也。养生丧死无憾,王道之始也。(《孟子·梁惠王上》)

> 五亩之宅,树之以桑,五十者可以衣帛矣。鸡豚狗彘之畜,无失其时,七十者可以食肉矣。百亩之田,勿夺其时,八口之家可以无饥矣。(《孟子·梁惠王上》)

为什么孟子会如此强调"他人"的利益呢?因为在孟子看来,只有少数的"士"才能够做到"无恒产而有恒心",而对于广大的民众来说,"无恒产"就必然会导致无恒心,就会影响国家的长治久安。对于普通民众来说,没有一定的财产,也就没有一定的道德观念和行为准则,试想一个上不能赡养父母、下不能抚养妻儿甚至连自己的生命都不能维持的人,他怎么可能去遵守礼义呢?他为了养家活口,就必然会违法乱纪、胡作非为。而这或许是受到了管子的"仓廪实则知礼节，衣食足则知荣辱"思想的影响。

第二节　"不忍人之心"：仁爱"他人"的根基

人首先是一个物质性的存在，人有眼耳鼻舌身这些感觉器官，有身体发肤这些物质性的内容，这就决定了人们需要利用物质性的利益来满足这些物质性的需求，需要利用各种物质来满足这些感觉器官的欲求，因而人都有物质利益方面的需求，这也就是说：求利乃是人的自然本性。虽然孔子重义轻利，但孔子也说过"富与贵，是人之所欲也"，"贫与贱，是人之所恶也"（《论语·里仁》），强调人们追求物质利益的合法性。孟子同样也注意到人有天然追求物质利益的倾向，可以说追求声色物质欲望的满足构成了人们的共同特征，所以孟子说："口之与味也，有同耆焉；耳之于声也，有同听焉；目之于色也，有同美焉"，"欲贵者，人之同心也"（《孟子·告子上》），只有极少数道德高尚的人才能做到"无恒产而有恒心"。也正是有见于物质欲望之于人类的合理性，所以当齐宣王向孟子抱怨"寡人好勇""寡人好货""寡人好色"这一系列问题的时候，孟子并没有因此而表现出大惊小怪，也并没有因此对齐宣王加以彻底否定，反而指出这是非常正常、非常自然的事情，它不过是一个正常人所表现出来的正常反应而已。然而问题在于，一旦肯定了人们追求物质欲望的合理性，那么，唯利是图就有可能成为社会现实的常态，人们就有可能在做任何事情之前都会思考是否有利可图的问题。如果有利可图，哪怕是违法乱纪的事情，也会不惜以身试法，铤而走险；如果无利可图，哪怕是流芳百世的善举人们恐怕也不会伸手去做。因而，当人们遭受如下问题拷问的时候："枉尺而直寻者，以利言。如以利，则枉寻直尺而利，亦可为与？"（《孟子·滕文公下》）可能也会做出肯定的回答。既然承认了利益追求的合法性，那么"仁义"的根据何在呢？像齐宣王这样"好勇、好货、好色"之人还能成为一个仁义之人吗？所以，为了在一个"天下熙熙，皆为利来；天下攘攘，皆为利往"的时代里，让人们能够自觉自愿地以仁义的方式对待"他人"，那么，孟子就有必要为"仁义"树立起一个强有力的根据，让人们感到确实应该仁义地对待"他人"，否则就会心有愧疚，就会陷入不仁不义地自责之中。

在西方，人们主要是目光向外，喜欢从人类自身之外去寻找道德的根据，这体现在西方的古希腊传统和基督教传统当中。在古希腊时代的柏拉图那里，人们之所以做一个讲道德的人的根据在于理念，这个理念分有了、模仿了宇宙的创造主在创造宇宙时安放在宇宙中的世界理念，因此，做一个道德的人的根据实际上存在于创造主那里，而不是在人类自身，那么人类在做道德之事的时候，就会感到一种外在的强迫感。如果说古希腊时代的这种强迫感还需要经过推论才能得出的话，那么，基督教就已经将这种强迫性清晰地展示在人们的面前。基督教的伦理规范主要体现在摩西十诫当中，而摩西十诫是上帝与人之间所缔之约。这也就是说人之所以行道德之事，做道德之人，是因为人与上帝之间订立了契约。如果人类遵守了契约，就会得到上帝的赏赐，不但能够进入应许之地，而且在死后能够进入天堂；如果违反了与上帝当初所缔之约，就会受到上帝的严厉惩罚，所以世界上才有了洪水淹没大地之类的人类灾难。可以说，正是出于一种外在的威逼与利诱，人类才不得不放弃自己的贪欲而去做一个道德之人、行道德之事。然而，在中国缺乏像西方那样的外在性的天和上帝的观念，天与人之间是相互会通的，天人之间本来不二、相融为一的，这也就是"天人合一"之谓也。中国的天人合一的观念，就决定了孟子不可能像西方人那样从一个外在的事物出发，来寻找人们应该仁义地对待"他人"的根据，而只能从人类自身出发。

孟子经过上下求索，得出结论：我们之所以能够在现实生活中仁义地对待"他人"，是由于我们的内在之"心"使然。

> 仁义礼智根于心,其生色也睟然,见于面,盎于背,施于四体,四体不言而喻。(《孟子·尽心上》)

> 仁,人心也;义,人路也。舍其路而弗由,放其心而不知求,哀哉! 人有鸡犬放,则知求之;有放心而不知求。学问之道无他,求其放心而已矣。(《孟子·告子上》)

从上所引两段文字可以看出,孟子将仁义紧紧地与人心联系在一起,认为仁义植根于"心"这个基础之上,没有这个"心",人们就不可能去践履仁义,成为仁义之人。然而问题在于,"心"可以包含多种内涵,它既可以是追名逐利之心,也可以是好善恶恶之心,那么作为仁义之根基的"心"到底是指何种意义上的"心"呢? 综观《孟子》一书,这个"心"应当是"不忍人之心"。孟子说:

> 人皆有不忍人之心。先王有不忍人之心,斯有不忍人之政矣。以不忍人之心,行不忍人之政,治天下可运之掌上。(《孟子·公孙丑上》)

> 人皆有所不忍,达之于其所忍,仁也;人皆有所不为,达之于其所为,义也。人能充无欲害人之心,而仁不可胜用也;人能充无穿踰之心,而义不可胜用也;人能充无受尔汝之实,无所往而不为义也。(《孟子·尽心下》)

按照孟子的观点,人人都有"不忍人之心",人们只要从"不忍人之心"出发去对待"他人",那么,人们的行为就时时处处都符合仁义,就能够成为道德高尚之人。所以,当面对齐宣王这样一个就连自己都觉得自己不能行仁政的国君时,孟子仍然信心十足,认为齐宣王仍然具有行仁政、成为仁义之君的可能性,因为他在齐宣王的日常行为中看到了"不忍人之心",只要这个"不忍人之心"没有灭绝,人们就具备了成为仁义之人的内在根据。所以,孟子向齐宣王指出,既然在其身上仍然存在着"见其生,不忍见其死;闻其声,不忍食其肉"的"不忍人之心",而这个心恰恰"合于王者",那么齐宣王就能够成为一个仁义之君。如果齐宣王没有行仁政,没有成为一个仁义之君,那么,这不是因为他不能够,而是因为他不愿意。对于一个具有"不忍人之心"的人来说,行仁义不过是再简单不过的一件事情,能够轻而易举的做到,甚至简单到"为长者折枝"的程度,只要你愿意,你就能够做到。

在一个"天下熙熙,皆为利来;天下攘攘,皆为利往"的时代里,讲人先天就有物质欲望,就有逐利的天然倾向,这是人们比较容易理解的,因为人们在现实生活中对此都感同身受,但是说一个人天生就有"不忍人之心",天生就有善性,天生就有仁义地对待"他人"的内在根据,这不免会让人感到迷惑:既然人天生就有"不忍人之心",那么现实生活中怎么会有偷盗、抢劫、攻城略地等各种各样的残酷暴行呢? 在孟子看来,这种情况的存在并不是由于人天生没有"不忍人之心",更不能由此而推出"不忍人之心"不存在,"不忍人之心"确实是存在的。孟子说:

> 口之于味也,有同耆焉;耳之于声也,有同听焉;目之于色也,有同美焉。至于心,独无所同然乎? 心之所同然者何也? 谓理也,义也。圣人先得我心之所同然耳。故理义之悦我心,犹刍豢之悦我口。(《孟子·告子上》)

孟子采用类比的方式,既然口好美味、耳好美声、目好美色,那么心自然也会爱好仁义这样美好的东西。而且圣人作为人类当中"出于其类,拔乎其萃"者,已经充分地体现了人有"不忍人之心",已经"先得我心之所同然"。譬如在历史上的那些往圣先贤,他们在现实生活中看到有些人没有过上幸福的生活,实际上这些人的生活处境并不是由他们的过错造成的,但他们却依然感到非常愧疚,仿佛就是自己的过错所造成了"他人"的不幸,"禹思天下有溺者,由己溺之也;稷思天下有饥者,由己饥之也"(《孟子·离娄下》),伊尹"思天下之民匹夫匹妇有不被尧舜之泽者,若己推而纳之沟中"(《孟子·万章上》)。实际上,就是在现实当中我们这些普通人的身上也能够清晰地看出,人天生就有"不忍人之心"。孟子举了一个现实的我们在日常生活中都能碰到的例子对此加以说明。

> 所以谓人皆有不忍人之心者,今人乍见孺子将入于井,皆有怵惕恻隐之心——非所以内交于孺子之父母也,非所以要誉于乡党朋友也,非恶其声而然也。由是观之,无恻隐之心,非人也;无羞恶之心,非人也;无辞让之心,非人也;无是非之心,非人也。恻隐之心,仁之端也;羞恶之心,义之端也;辞让之心,礼之端也;是非之心,智之端也。人之有是四端也,犹其有四体也。(《孟子·公孙丑上》)

当我看见一个孩子即将坠入井中的时候,即使我与这个孩子之间在此之前没有任何关系,在此之后这个孩子也不会给我带来任何利益,但我们都会有"怵惕恻隐之心",都会情不自禁地伸手去救,这就说明:我们去救孩子并不是因为我们有什么外在的考虑,而不过是自己的"不忍人之心"催促我们去救一个与自己毫不相干的孩子。当然,前面所举的成人世界当中的例子,大家可能会觉得这是后天教育和环境影响的结果,但实际上对于儿童来说,也莫不如此,"孩提之童无不知爱其亲者,及其长也,无不知敬其兄也。亲亲,仁也,敬长,义也"(《孟子·尽心上》)。既然如此,那么每个人都具有先天的善性,都有"不学而能""不虑而知"的良知良能,都有成长为仁义之人的内在根据。仁义不像西方人所理解的那样,是一种外在的强加,而是人的"不忍人之心"的自然发挥,"仁义礼智,非有外铄我也,我固有之矣,弗思耳矣"(《孟子·告子上》)。

既然人天生就有"不忍人之心",就有"良知良能",就具备了仁义地对待"他人"的内在根据,那么为什么在现实生活中还存在着大量严重背离仁义的社会现象呢?为什么尔虞我诈甚至是屠戮"他人"的事情还时有发生呢?在孟子看来,这不是因为人本身材质上有什么问题,这并不说明人天生就没有"不忍人之心",这不过说明了:人们在自身修养上还存在着严重的缺陷。虽然人天生就有"不忍人之心",但这并不意味着人天生就是一个仁人义士,人天生就会仁义地对待"他人",因为"不忍人之心"所彰显出来的不是"仁义礼智"的完成形态,而是"仁义礼智"之"四端"。"端"本为"耑",《说文解字》说:"耑,物初生之题也,上象生形,下象其根也。""题"即"端"。从这里可以看出,"端"为事物后来的进一步发展提供了端绪,而事物的完整形态不过是"端"的展开。所以,对于人们来说,要想"仁义礼智"之"四端"变成"仁义礼智",还需要进一步的修养功夫,对"四端"加以培养扶植。孟子对此作了一个非常形象地说明。仁义的养成,就像种麦子一样,如果在条件大致相同的环境下进行种植,就会收获到大致相同的成果,如果我们不加以存养,那么收获自然就会减少。这就像牛山上的树木一样,其天性当中就有长成参天大树的内在根据,只要我们适时地施肥灌溉,细心地加以呵护,它就一定能够苗壮成长;如果我们不这样做,而是放任牛羊在山上肆意地啃啮幼苗,任人在山上肆意地砍伐,那么牛山就必然会变成一座荒山。如果人们不对"仁义礼智"的"四端"加以存养,那么人有可能丧失成圣成贤、成为仁人义士的可能性,甚至有可能去做残害"他人"之类有违仁义的事情。这就是人虽然都具备"不忍人之心",但世界上又存在着大量不仁不义之人、存在着大量罪恶的原因之所在。正是意识到了修养之于成为仁义之人的极端重要性,孟子特别强调人们要加强修养功夫,并且自己也积极修炼，"尚志""善养吾浩然之气"。

正如前文所指出的，人心不但包含了"不忍人之心"，而且也包含了功名利禄之心，那么，为什么"不忍人之心"就决定了人"由仁义行"的内在根据，人就应该扶植"不忍人之心"成为一个仁义之人，而不是顺着功名利禄之心去做一个追名逐利之人呢？在孟子看来，人应该成为什么样的人，这是由人内在的根据决定的，而这个根据不是别的，就是人性。在中国历史上，有各种各样的人性论，像告子主张性无善无恶论，孔子与孟子主张性善论，荀子主张性恶论。告子与孟子生活于同一时代，因此二人之间就曾经展开过一场有关人性问题的争论。告子主张"生之谓性"，也就是人类与生俱来的东西就是人之本性，而食色就是人与生俱来的禀赋，所以说"食色，性也"。由于人性是与生俱来的，所以本身也就无所谓善恶的问题。告子作了一个形象的比喻，人性就像湍急的流水一样，在东边开个口子，水就会向东边奔流；在西边开个口子，水就会向西边奔流，"人性之无分于善不善也，犹水之无分于东西也"（《孟子·告子上》）。如果说人有善与不善、仁义与不仁义之分，那都是将后天的人为混同于先天本性的结果，从而否定了人有"不忍人之心"，从而也就否定了人能仁义对待"他人"的内在根据。针对告子的诘难，孟子指出，水流虽然没有东西方向上的差别，但是水流方向却会有上下的差别，水往低处流则是水的天然本性。虽然我们也可以借助于外力，使水向高处流，所谓"搏而跃之，可使过颡；激而行之，可使在山"，但那都是对于本性改变的结果，不能算作水的天然本性。就像水天然地就要往低处流一样，人也天然地向善，天然地趋向仁义，如果没有成为仁义之人，那不过是对于人性破坏的结果，不能因此而否定人天生就有"不忍人之心"、人天生就有良知良能。另外，如果我们以食色之类的天然需求作为人类本性，那么人与动物就没有区别，因为动物天生也有食色方面的需求，而人性之为人性就应该成为人之为人、将人与其他一切事物区别开来的内在根据，所以，"食色"之类的追名逐利之心根本就不能算作人性,否则人就有与动物为伍的危险。为了将人与动物区分开来,孟子认为只有与生俱来的"不忍人之心"才是人性,虽然食色之欲也是与生俱来的,但它们不能被看成人之性,不能成为处理我们与"他人"之间关系的根据,而应该被称作"命"。

> 口之于味也,目之于色也,耳之于声也,鼻之于臭也,四肢之于安佚也,性也,有命焉,君子不谓性也。仁之于父子也,义之于君臣也,礼之于宾主也,知之于贤者也,圣人之于天道也,命也,有性焉,君子不谓命也。(《孟子·尽心下》)

为什么食色之欲应该被看作命而仁义就不应该被看成命运呢?朱熹在《四书集注》中指出,眼耳鼻舌身这五欲,虽然与生俱来,但是它们的满足程度不是个人所能决定的,所以说它们能否得到满足只能取决于命运,而仁义礼智天道虽然在先天的禀赋上也可能有厚薄之别,但是它们都可以通过后天的努力而穷尽,所以,它们不能完全归之于命运。由于仁义是可以通过后天的努力来完成的,那么,人们在与"他人"相处、与"他人"交往的时候,完全可以做到仁义地对待"他人",如果没有做到这一点,只是说明他不愿去做而已。因此,我们从这里可以看出,孟子之所以去区分"命"与"性",他是在为我们仁义地对待"他人"提供人性根据的同时,反对人们以天命为借口泯灭"不忍人之心",对"他人"不仁不义。

第三节 "见":联系自我与"他人"的纽带

虽然"我"有"不忍人之心","我"愿意仁义地对待"他人",但这并不意味着"我"就一定会仁义地对待"他人","我"就一定会成为一个仁义之人,因为"我"有可能与"他人"之间处于一种彼此悬隔的状态,"我"与"他人"之间的关系永远不能建立起来。正如前文所言,"仁"

处于"我"与"他人"之间，"仁"实现的前提条件是"我"与"他人"之间存在着联系，如果"我"与"他人"之间彼此悬隔，无法建立起来联系，那么"我"与"他人"之间也就没有仁义可言，也就没有道德与不道德的问题。因此，为了推行仁义，就首先要在"我"与"他人"之间建立起联系，孟子联系"我"与"他人"的途径是"见"。

根据杨伯峻的统计，"见"是儒家经典的主要词汇之一，在《论语》中就出现了 67 次①，而在《孟子》一书中更是出现了 114 次之多②。这些统计数字就足以表明"见"对于儒家学说的重要性。实际上，对于孔子和孟子来说，"见"不是仅仅停留于理论的讲述当中，而在现实当中得到了非常广泛的践行，孔子周游列国、孟子到处出游，都是去"见"一些人和被一些人"见"。然而令人遗憾的是，"见"的重要性在长期的儒学研究中，一直被忽略了，更无从谈起对于"见"中所蕴含的道德本性进行发掘分析了。

在《孟子》对于"见"的如此广泛的使用当中，以《梁惠王章句上》最具有代表性。根据该章的记述，我们可以了解到，齐宣王是一个"好勇""好货""好色"之徒，他有一次问政于孟子，说像"我"这样的人也能够成为德性高尚的君主，做到"保民而王"吗？孟子给予了肯定地回答。理由是什么呢？围绕这个问题，孟子与齐宣王展开了如下的对话：

> 曰："臣闻之胡龁曰，王坐于堂上，有牵牛而过堂下者，王见之，曰：'牛何之？'对曰：'将以衅钟。'王曰：'舍之！吾不忍其觳觫，若无罪而就死地。'对曰：'然则废衅钟与？'曰：'何可废也？以羊易之！'——不识有诸？"曰："有之。"曰："是心足以王矣。百姓皆以王为爱也，臣故知王之不忍也。"王曰："然；诚有百姓者。齐国虽褊小，吾何爱一牛？

① 杨伯峻：《论语译注》，中华书局 1980 年版，第 245 页。
② 杨伯峻：《孟子译注》，中华书局 1960 年版，第 384 页。

即不忍其觳觫,若无罪而就死地,故以羊易之也。"曰:"王无异于百姓之以王为爱也。以小易大,彼恶知之?王若隐其无罪而就死地,则牛羊何择焉?"王笑曰:"是诚何心哉?我非爱其财而易之以羊也。宜乎百姓之谓我爱也。"曰:"无伤也,是乃仁术也,见牛未见羊也。君子之于禽兽也,见其生,不忍见其死;闻其声,不忍食其肉。是以君子远庖厨也。"王说曰:"《诗》云:'他人有心,予忖度之。'夫子之谓也。夫我乃行之,反而求之,不得吾心。夫子言之,于我心有戚戚焉。此心之所以合于王者,何也?"曰:"有复于王者曰:'吾力足以举百钧,而不足以举一羽;明足以察秋毫之末,而不见舆薪,则王许之乎?"曰:"否。""今恩足以及禽兽,而功不至于百姓者,独何与?然则一羽之不举,为不用力焉;舆薪之不见,为不用明焉;百姓之不见保,为不用恩焉。故王之不王,不为也,非不能也。"

在这短短的一段文字中,"见"就出现了8次,除了"百姓之不见保"中的"见"是用来表示被动意味的之外,其余都是"看到""看见"的意思。如果再加上"察""闻"等一些包含有"见"的意味的词("察"与"闻"就分别有"看见"和"听见"的意味),那么,"见"出现的次数更多、频率更高。孟子在这短短的一段文字中,如此频繁地使用"见"字,似乎并没有引起人们太多的关注。现在人们在理解、阐释这段文字的时候,似乎更加关注"以羊易牛"这件事,而对于导致"以羊易牛"的深层原因——"见牛未见羊也"中"见"与"未见"之间的差别——则基本上被一笔带过了,就更谈不上对于"见"进行道德地分析了。

譬如,在历史上,朱熹在论及这个典故的时候,就指出,孟子之所以肯定齐宣王"以羊易牛"的做法,这是为仁之术。因为在这个典故当中,齐宣王面临着一个两难的处境:一方面牛哆嗦可怜,使人不忍加害于它,但另一方面又由于杀生祭钟乃是祖宗留下的规矩,废弃不得,所以"以羊易之"是一种为仁之术,使这样一个尴尬的处境得以巧妙地化解了。因而,在朱熹的解释当中,这段文字的核心不在"见"与"不见"的区别上,而在于"仁术"上,所以,他不是将诠释的重心放在对于"见"的道德本性上,而是费尽口舌去解释什么是仁术。

> 术,谓法之巧者。盖杀牛既所不忍,衅钟又不可废。于此无以处之,则此心虽发而终不得施矣。然见牛则此心已发而不可遏,未见羊则其理未形而无所妨。故以羊易牛,则二者得以两全而无害,此所以为仁之术也。[1]

> "术"本非不好底事。只缘后来把做变诈看了,便道是不好。却不知天下事有难处处,须著有个巧底道理始得。当齐王见牛之时,恻隐之心已发乎中。又见衅钟事大似住不得,只得以所不见者而易之,乃是它既用旋得那事,又不抑过了这不忍之心,此心乃得流行。若当时无个措置,便抑过了这不忍之心,遂不得而流行矣。此乃所谓术也。[2]

一旦我们将"以羊易牛"作为一种"巧计"来理解,那么这也就意味着在儒家的伦理道德上附加上了算计的本性,而这与中国传统的儒家伦理道德是根本相违的。新儒家的代表人物梁漱溟先生就曾经明确将"仁"与算计之"术"对立起来,"最与仁相违的生活就是算账的生活。所谓不仁的人,不是别的,就是算账的人。仁只是生趣盎然,才一算账则生趣丧矣!即此生趣,是爱人敬人种种美行所油然而发者;生趣丧,情绪恶,则贪诈、暴戾种种劣行由此其

---

[1] 朱熹:《四书章句集注》,中华书局1983年版,第208页。
[2] 黎靖德编:《朱子语类》,岳麓书社1997年版,第1092页。

兴"①。这也就无怪乎以牟宗三为首的港台新儒家，批评朱熹在儒家的发展史上是"别子为宗"。如果我们将此理解为一种"巧计"或"仁术"，那么我们就没有办法理解《公孙丑上》中的"今人乍见孺子将入于井，皆有怵惕恻隐之心"，因为这里明确地排斥了一切"巧底道理"——"非所以内交于孺子之父母也，非所以要誉于乡党朋友也，非恶其声而然也"。据此，我们必须将关注的重心重新调整到孟子所强调的核心——"见牛未见羊也"——上来，看看为什么在"见牛"以后，齐宣王这个暴君也会做出"以羊易牛"这样一个仁义之举，从"见牛未见羊也"中寻找"以羊易牛"的根据。如果我们忽视了对这个问题的考察，我们就有可能忽略了孟子伦理思想当中的一个重要问题——"见"并不是一个简单的生理活动，而是被赋予了道德的本性。实际上，从朱熹的论述中我们可以看出，朱熹已经朦胧地意识到"见"对于仁义的重要性，因为他已经说到"然见牛则此心已发而不可遏，未见羊则其理未形而无妨"，可惜他对此缺乏清醒地意识，没有去追问：为什么"见牛"会导致"此心已发而不可遏"，而"未见羊"则会导致"其理未形而无妨"？反而转到不着边际的"术"上去了，结果与孟子的创见失之交臂。所以，我们要沿着"见"出发，去探讨其对于"我"仁义地对待"他人"的重要性。

在中文当中，"见"通常与"看""听"连在一起使用，"看"与"听"主要强调的是人的动作，而"见"则强调的是通过"看"与"听"的动作所得到的内容——看到的和听到的东西，所以"见"所强调的是"有所见"。譬如中文当中的成语"视而不见"，就非常清楚地表现了"看视"与"见"二者意义中心的不同。或许用常人的目光看来，这种区别并没有太大的实际意义，但它对于道德理论却至关重要。

虽然我们经常将道德看作是一些调节人们行为的规范，但是我们更要注意到，这些规范的制定和形成最终都要用来调节"我"与

---

① 梁漱溟：《东西文化及其哲学》，商务印书馆1999年版，第139页。

"他人"乃至世间万物之间的关系的,所以,道德是要指向关系的,只有在关系之内,才有道德可言,如果一个"他人"、一个外物与"我"之间根本就没有任何关系,那么我们之间也就谈不上道德与不道德的问题。对于我们来说,"见"恰恰是一个将"我"与"他人"联系在一起的桥梁和纽带,而这也是中国传统哲学高度重视"见"的原因之所在。在中国哲学史上,王阳明一直被看作孔孟心性之学在宋明时期重要的传承者,其所著《传习录》当中就有关于"见"与"未见"之间存在着天壤之别的重要文字。

> 先生游南镇,一友指岩中花树问曰:"天下无心外之物,如此花树,在深山中自开自落,于我心亦何相关?"先生曰:"你未看此花时,此花与汝心同归于寂。你来看此花时,则此花颜色一时明白起来。便知此花不在你的心外。"①

这里的"看"不是单纯的"看"的动作,而且也包含了看到的内容,等同于"看见"。这段文字的大致意思是说,如果你没有来到南镇,未曾看到这棵花树,那么你与它之间的关系就没有建立起来,即使有关系,也是处于一种隐而未显的状态,所以"此花与汝心同归于寂";只有当你真正看见这棵花树的时候,你就真正地和它发生了关系,欣赏者与被欣赏者的关系就真实地建立起来了,此花就真正地印入到你的心中,对你产生了意义。这也就是说,"我"与"他人"、"我"与外物之间的关系,有时是通过"见"建立起来的,当"我"与"他人"没有相见的时候,这种实实在在的关系就没有建立起来,一旦"我"与"他人"相见了,那么,"我"与"他人"之间就发生了实实在在的联系,关系就随之真正建立起来了,"他人"对于"我"就不是一个可有可无之物,而是一个关系之物。有见于此,杨国荣教授说:"当王阳明说

---

① 《王阳明全集》,上海古籍出版社1992年版,第107-108页。

'此花不在你的心外'时,似乎更多地是就以上的意义关系而言。"①
正是因为齐宣王看见了牛,他就和牛之间发生了非常实在的关联,
落入到由"见"所创构的关系网络当中,道德问题也就随着这种相互
之间关系的建立而开始产生。

这里需要追问的是,为什么"见牛"居然会导致一种道德的行为
——"易牛"呢? 为什么我们"乍见孺子将入井"就会伸手去救呢? 这
是因为,"见"所建立起来的是一种"我"与"他人"之间的关系。在这
种看见活动当中,只有"我"才是积极主动的,正是我看见了对方,而
"他人"则是被"我"看见的,"他人"对于"我""看见"他以后将采取何
种行动,显得茫然无知,无能为力,所以,"他人"则是消极被动的,是
作为一个弱者从属、依赖于"我"的。所以,现实当中的牛虽然具有高
大伟岸的身躯,强健的体魄,但是当齐宣王见到牛的时候,牛却脆弱
得让人怜惜:浑身哆嗦不停("觳觫")。这也就是说,在由"见"所建立
起来的"我"与"他人"的关系当中,"我"是一个强者,"他人"则是一个
需要"我"加以怜悯与保护的弱者,"我"对于"他人"是负有保护之责
的。如果我们放弃了对于"他人"的责任,那么,"他人"就会失去依
靠,在孤独无助中走向死亡,这就像牛将会被杀死用来祭钟,小孩将
会落入井中被淹死一样。但是人们可能会说,牛被杀死和小孩被淹
死都是与"我"无关的,"我"对于他们的死亡是没有任何责任的,因为
他们的死亡并不是"我"造成的。问题在于,如果我们对他们不加以
救助,他们就可能真的因为我们冷漠而走向了死亡,毕竟生命只有一
次,死后就不能复生,这样一种后果将会使我们遭受良心的折磨。因
为本来我们是有机会使他们免于一死的,但我们放弃了这个拯救他
们的绝佳时机,坐视他们走向死亡。所以,虽然他们的死亡不是由
"我"直接造成的,但是"我"确实犯下了不可饶恕的过错,正是"我"的
冷漠与自私,使他们丧失了获救的良机。因而从某种意义上讲,我们

————————
① 杨国荣:《心学之思——王阳明哲学的阐释》,生活·读书·新知三联书店1997年
版,第101页。

就是凶手,我们对于他们的死亡负有不可推卸的罪责,我们必将永远地遭受良心的谴责,所以孟子说,历史上的贤人君子虽然不曾谋害过"他人",但他们都主动地承担起"他人"受害的罪责,"禹思天下有溺者,由己溺之也;稷思天下有饥者,由己饥之也,是以如是其急也"(《孟子·离娄下》),伊尹"思天下之民匹夫匹妇有不被尧舜之泽者,若己推而纳之沟中。其自任以天下之重如此,故就汤而说之以伐夏救民"(《孟子·万章上》)。正是为了防止自己变成谋害"他人"的凶手,一旦"我"见到"他人",就应主动地承担起对"他人"的责任,更不用说去加害于"他人"了。也正因如此,孟子才会说:"君子之于禽兽也,见其生,不忍见其死;闻其声,不忍食其肉。是以君子远庖厨也。"

当然,有人也可能会说,我们是有选择的自由的,面临着牛被用来祭钟和小孩子将要落入井中这些情况,我们既可以选择伸手去救,也可以选择袖手旁观、见死不救,我们为什么必须伸手去救呢? 这一方面是由于上面提到的"见"所建立起来的"我"与"他人"关系所赋予"我"的强者地位,另一方面则是由于为"他人"乃至世间万物负责乃是我们不可推卸的天命,是我们的本性使然,我们的善良本性先天地决定了我们必将以充满仁爱的眼光去看待"他人"乃至世间万物。按照儒家的学说,人性是本善的,孔子就说过"天生德于予",将道德本性看成是上天的馈赠。而孟子继承了儒家性善论的思想,并加以发扬光大,所以,他在与告子有关性善性恶的争论中,就提出:"恻隐之心,人皆有之;羞恶之心,人皆有之;恭敬之心,人皆有之;是非之心,人皆有之。恻隐之心,仁也;羞恶之心,义也;恭敬之心,礼也;是非之心,智也。仁义礼智,非由外铄我也,我固有之也"(《孟子·告子上》),从而肯定了人性是先天本善的。既然人性本善,那么我们就应该自觉地去做道德之事,主动地对"他人"乃至世间万物承担起责任,否则我们就是对于人性的违逆、"戕贼"。所以,我们一旦见到"他人"以及世间万物,我们内在的仁爱之心就会引导我们去行仁爱之事、去做仁爱之人,这种对于世间万物所承担的责任就仿佛是我们与生俱来的债务，我们必须用尽毕生的精力去偿还。有意思的是，在汉字当中，"债"就是由"人"和"责"构成的，这也在一定程度上暗示出，在中国人的心目中，为"他人"负责就是我们与生俱来、永远无法偿清的债务，我们没有办法从为"他人"的责任当中逃脱出来。

既然人性本善，人类先天就要为"他人"乃至世间万物负责，那么这就必然会引出这样一个问题："王若隐其无罪而就死地，则牛羊何择焉？"也就是说，如果齐宣王是由于仁爱之心而可怜牛无罪而被杀死，那牛羊又有什么差别呢？为什么还要"以羊易牛"呢？孟子对于这个问题的回答是："是乃仁术也，见牛未见羊也。"可惜孟子在这里只是一笔带过，没有对"见牛"之于仁爱之心的重要作用进行系统论述，从而使人们忽视了前者对于后者的触发作用。按照儒家的说法，天下一家、万物一体，然而这种"一体性"是针对真实的生命、具体的存在而言的，只有针对这些真实的生命、具体的存在，才有所谓仁爱的问题可言，对于一个抽象的形式、空洞的符号，也就谈不上仁爱问题。对于"我"而言，只有那些被"我"以各种方式所"见到"的"他人"或事物才是真实存在的，那些没有被我"见到"的"他人"或事物对于"我"而言，只不过是一个概念、名词而已，根本就无所谓真实性可言。譬如在前面所讲的故事当中的"羊"，对于齐宣王来说，只是一个抽象的名词，而不是一个真实的生命，因为这个羊对于齐宣王来说，缺乏具体的规定性，它可以是各种各样的羊，大小、胖瘦、颜色等都可以有巨大的差别，齐宣王也无从得知它在被送往祭钟的路上会有什么样的真实表现。但牛对于齐宣王来说则是完全不同的情形，因为齐宣王已经见到了牛，这头牛就不再仅仅停留在符号的层面上，而是一个真实的生命存在，它浑身发抖、发出阵阵哀鸣，它能让我们真实地体会到它与我们是"一体"的，我们应该对它施加仁爱，而不忍心去加害于它。所以，"见"触动了我们的"不忍"之心，为我们"不忍"之心的使用和发挥提供了契机，如果没有这个契机、触动，我们的"不忍"之心可能永远都会处于隐而未发的状态。孟子在

《滕文公章句上》里面曾经讲过这样一个故事：

> 盖上世尝有不葬其亲者，其亲死，则举而委之于壑。
> 他日过之，狐狸食之，蝇蚋姑嘬之。其颡有泚，睨而不视。
> 夫泚也，非为人泚，中心达于面目，盖归反虆梩而掩之。

其大致意思是说，古代有个不孝的人，亲人死了以后也不埋葬，就把尸体抛到山沟里。有一天他路过这里，看到狐狸在撕咬、蚊蝇在叮食，就感到非常不忍，回头就将尸体埋葬了。这就高度强调了"见"对于仁爱之心的触发具有非常重要的作用。如果他没有亲眼见此情景，尽管有人用抽象的语言告诉他埋葬亲人的重要性，估计很难激发出他的"不忍"之心。所以，尽管我们先天就具有仁义之心，但它始终处在一种隐藏的状态，需要我们通过"见"去将它激发出来。实际上，在孟子看来，不但真实的生命对于仁义之心具有激发作用，人类的道德行为同样也有激发作用，譬如舜住在深山里面的时候，与树木石头为伴、与猪鹿为友，与野人相比没有什么不同，但是一旦"见到"道德行为，就会将他内在的先天善性激发出来，"及其闻一善言，见一善行，若决江河，沛然莫之能御也"（《孟子·尽心章句上》）。所以，"见"对于激发我们的良心善性是有重要作用的，就是因为这个原因，人们都会去爱护他所见到的东西，尽量不去残害它，"君子之于禽兽也，见其生，不忍见其死；闻其声，不忍食其肉"。

　　需要注意的是，只有对一个具有道德判断力的人来说，才有所谓道德与不道德，才会因为"见"而牵扯出一个"忍"与"不忍"的问题，而对于一个道德水平低下、麻木不仁的人来说，这些问题根本就是不存在的。马克思曾经说过，"对于没有音乐感的耳朵来说，最美的音乐毫无意义"[1]，同样我们完全也可以说：对于没有道德感的心

---

① 马克思：《1844年经济学哲学手稿》，见《马克思恩格斯全集》第3卷，人民出版社2002年版，第305页。

灵来说,最高尚的道德也毫无意义,他永远也不会去关心道德的问题,更不会戴上道德的有色眼镜去观察、认识、评判这个世界,根本就不能理解世界上还有道德与不道德的区别存在,也就更谈不上用道德的准绳来规约自己了。试想对于一个视金钱为上帝、视仁义如粪土的人来说,他脑子里想的、眼睛里看的无非都是金钱,他又如何能够透过遮在眼睛上的这片树叶而看见道德的森林呢? 他又如何能够为了道德而放弃金钱呢? 所以,孟子一再强调"不忍之心"、仁义礼智"四端"的重要性,唯其如此,"见"才真正具有了道德性,我们才有可能避免"视而不见"乃至"见死不救"之类不道德现象的发生。所以,对于"我"能否仁义地对待"他人"这个问题的关键,还是在于"我"的道德修养的问题,只有道德修养水平提高了,我们才能更好地去"见",否则就会"视而不见",因此在孟子那里,"不忍"与"见"之间并不是一个单向的决定与被决定关系,而是一个循环往复、交互影响的关系。正是有了"不忍"的道德之心,我们才能看见"他人",感受"他人"的凄惨,认识到自己所犯的过错以及所应承担的责任;但另外一个方面,我们的"见"本身对于道德之心又具有一种激发作用,它能够使我们由于长期"不见"而变得有点麻木不仁的"不忍"之心变得生动活泼起来,从而主动地去为"他人"承担责任,去做一个道德高尚的人。

第五章　庄子哲学中的"他人"

　　根据《汉志》《史记》等书记载,庄子为宋国蒙人,但"蒙"具体是指何地,历来都有争论,有人说"蒙"属今河南商丘境内,有人说在今山东曹县,也有人说在今安徽蒙城。整体而言,庄子生活的区域当在安徽、山东、河南三省交界之地。《史记》说庄子"梁惠王、齐宣王同时",而《孟子》一书中也有孟子见梁惠王、齐宣王的记录,说明庄子与孟子大概生活年代相去不远。不过遗憾的是,两人书中并未出现关于对方的记载,从而使这种说法缺少有力的佐证。与孟子出游时前呼后拥的风光场面相比,庄子生活相对就要清贫得多。庄子虽然也曾做过"蒙漆园吏",也就是管理漆园的小官,但长期身居穷闾陋巷,退隐家中,以编织草鞋艰难度日。有时甚至困难得无法维持生活,不得不靠向人借贷以勉强度日,所以,《庄子》书中还有庄子"贷粟于监河侯"这个令人叹惋的故事,可见,庄子生活之穷困潦倒。不过值得注意的是,虽然庄子家贫,但他却能在穷愁潦倒之际做到视利禄如粪土,视功名如浮云,不为权势所动。纵然有人看中了庄子的才能,高官厚禄以聘庄子,但都被庄子拒绝了,宁愿自由自在地游戏于污泥浊水之中,也不愿为了功名利禄而受到别人的驱驰。因此,庄子与孟子及过去的老子、孔子在社会地位上有所不同,这导致他与其他人在"我"与"他人"之间的理解视角上存在着一定的差异。可以说老子、孔子、孟子都是站在统治者的立场上,居高临下地来讨论如何对待平民百姓的问题,而庄子则直接站在平民百姓的立场上,思考平民百姓如何在与统治者相处交往的过程中保全自身的问题。虽然墨子出身卑微,但他也是站在统治者的立场上,为统治者出谋划策,指导统治者应该如何对待平民百姓。所以,老子、孔子、墨子、孟子都是从自我出发,思考自我应该如何对待"他人"的问题,而庄子则站在"他人"的立场上,来思考"他人"作为"他人"在与自我交往相处的过程中,应如何保全自身的问题,并提醒自我应该如何正确地对待"他人"。

第一节 "无待":独立于自我的"他人"

按照西方哲学,"他人"之所以从属于自我,在很大程度上是因为"他人"缺乏自性或独立性,所以"他人"才依赖于自我,只有通过自我,"他人"才能获得自身的规定性,才能成其为"他人"。譬如早在古希腊时期,柏拉图就已经作出了二重世界的划分,认为我们利用肉眼等感觉器官所认识的围绕在自我周围的世界是一个虚幻不实的世界,这实际上就否定了"他人"的真实性,使"他人"处于一个尚付阙如的状态,因为"他人"也是处于在"我"之外、在"我"周围的世界之中的。虽然由于现代西方重新肯定了现实世界的真实性,所以也就重新肯定了"他人"的真实性,但"他人"并未因此获得独立的自性,"他人"仍然不过是自我建构的产物,仍然从属依赖于自我。众所周知,笛卡尔乃是现代哲学的始祖,现代哲学当中的许多思想观念都是以笛卡尔作为起点的,而在"我"与"他人"关系的问题上也不例外。笛卡尔哲学具有强烈的自我中心论的色彩,因为其哲学基点"我思故我在"就是将世界建立在自我的基础之上,世界上的一切都是以自我及自我的理性为根据的,一切都依赖于自我以及自我理性的建构,过去被认为是"实在的再现现在必须被构造出来。随着'观念'概念从其实体性意义转到应用于内部心理内容,应用于'心灵中'的事情,观念的秩序就不再是某种我们发现的东西,而成为我们建构的东西。而且,对其建构的约束包含却超越它所正确匹配的外部实在"①。"他人"作为世界的一个重要的组成部分,作为"一切"当中的一员,自然也是以自我及自我的理性为根据的,必然也依赖于自我的建构。既然"他人"依赖于自我的建构,以自我及自我的理性为根据,那么"他人"就必然缺乏自性,无法自立,就必然生活在自我的阴影之下,任由自我奴役与压迫。然而在庄子哲学中,"他人"则是"无待"的,自足的,所以"他人"摆脱了对于自我的依赖,自我没有理由奴役与压迫"他人"。

《庄子》第一篇即为《逍遥游》,所谓逍遥游,就是人们由于摆脱了对于外部世界当中一切(包括功、名、利、禄、权、势、尊、位等等)的依赖,而达到的一种精神高度自由、毫无挂碍的境界。《庄子》开篇即为我们描绘了一个展翅高飞于碧海蓝天的鲲鹏的形象。

> 北冥有鱼,其名为鲲。鲲之大,不知其几千里也。化而为鸟,其名为鹏。鹏之背,不知其几千里也;怒而飞,其翼若垂天之云。是鸟也,海运则将徙于南冥。南冥者,天池也。
>
> 《齐谐》者,志怪者也。《谐》之言曰:"鹏之徙于南冥也,水击三千里,抟扶摇而上者九万里。去以六月息者也。"野马也,尘埃也,生物之以息相吹也。天之苍苍,其正色邪?其远而无所至极邪?其视下也,亦若是则已矣。(《庄子·逍遥游》)

鲲鹏"水击三千里,抟扶摇而上者九万里",能够飞越千山万水,由北海徙于南海,给人一种高度逍遥自在的形象。虽然在常人看来,鲲鹏似乎可以算得上是世界上最自由的生物了,但是庄子马上就破坏了这样一种高度自由的形象,指出鲲鹏的自由只不过是一种表面

---

① 查尔斯·泰勒:《自我的根源:现代认同的形成》,韩震等译,译林出版社2001年版,第214页。

的、虚假的自由,而不是真正的自由。庄子说:

> 且夫水之积也不厚,则其负大舟也无力。覆杯水于坳
> 堂之上,则芥为之舟;置杯焉则胶,水浅而舟大也。风之积
> 也不厚,则其负大翼也无力。故九万里,则风斯在下矣,而
> 后乃今培风;背负青天而莫之夭阏者,而后乃今将图南。
> (《庄子·逍遥游》)

就像船要乘风破浪、扬帆远航需要水为支撑一样,鲲鹏要想腾飞,要想实现由北海徙于南海的愿望,也需要风云作为支撑。只有等到风起云涌之时,鲲鹏才能一飞冲天,俯视大地,由北海徙于南海,但如果天气一直晴好,风消云散,那么鲲鹏恐怕只能永远栖居于北海,直至终老也不识南海之真容。所以,鲲鹏并不是真正自由的,只有在风起云涌之时,鲲鹏才能奋起而飞,给人以自由的形象。

鲲鹏这样一个庞然大物,其给人的形象是如此自由自在,但它为什么还只是拥有表面的、虚假的自由,而没有真正地达到庄子所谓"逍遥游"的境界呢?这在庄子看来,不是因为别的,就是因为鲲鹏是"有所待"的,它需要等待飞翔所需的条件,也就是"海运""风斯在下""背负青天而莫之夭阏",等等,只有这些条件都具备了,它才能飞往南海。而这些东西都是外在于鲲鹏的,何时"海运"?何时刮风?这些都不是鲲鹏所能决定的,如果鲲鹏以由北海徙于南海为自由,那么鲲鹏就会被这些外在的条件所牵制,为这些外在的条件所搅扰,从而永远不得自由。在《庄子》一书中还有很多这样依赖于外在事物的实例,列子就是其中之一。列子能够"御风而行",千里的路程能够数日往返,几乎摆脱了空间的阻碍,能够在宇宙之间自由往来,但是庄子认为,这种自由仍然是有限的自由、虚假的自由,而没有无拘无束的逍遥而游,因为"此虽免乎行,犹有所待者也"(《庄子·逍遥游》)。既然有所待,就意味着他缺乏自性,根基不在自身之

内,那么他就还摆脱不了对于外物的依赖,他就没有独特的个性和特立独行的操行,从属依赖于其他事物,只能跟在其他事物的后面亦步亦趋,无法达到真正自由的状态。

庄子不仅是思想大家,而且是语言大家,善于以各种各样的生动有趣、轻松幽默的表述方式来阐明自己的思想观念,而寓言就是其所倚重的表述方式之一,《庄子•寓言》就总结庄子的辩事说理当中,"寓言十九",也就是说,寓言要占有十分之九,可见寓言对于庄子言说的重要性。所以,庄子同样要借助其最倚重的寓言来说明"有待"对于自由的遏抑作用。为了批评"有待",庄子讲了一个寓言故事。

> 罔两问景曰:'曩子行,今子止;曩子坐,今子起;何其
> 无特操与?'景曰:'吾有待而然者邪?吾所待又有待而然
> 者邪?吾待蛇蚹蜩翼邪?恶识所以然!恶识所以不然!"
> (《庄子•齐物论》)

本来在中文当中,如影随形、形影不离是用来形容两个人关系之亲密的,但是在庄子看来,这种亲密当中实际上是以牺牲自性为代价的,影因为"有待"于形,所以影始终被形牵着鼻子走,从而丧失了自身的独立性,是"无特操"的。从庄子的论述当中,我们可以清晰地看出,对于人类自由来说,最大的挂碍就是这个"有待",一旦"有待""有所待",人就从此坠入万劫不复的牢笼之中,始终受制于外,不再有自由可言。所以,现代新儒家的重要代表人物徐复观先生对于"待"的理解,可谓得庄子思想之精髓,"庄子认为人生之所以受压迫,不自由,乃由于自己不能支配自己,而须受外力的牵连。受外力的牵连,即会受到外力的限制甚至是支配。这种牵连,在庄子称之为'待'"[①]。这就像西方哲学中的"他人","他人"之所以不自由,之

---

① 徐复观:《中国人性论史•先秦篇》,上海三联书店2001年版,第347页。

所以受到外在于"他人"的自我的奴役与压迫,就是因为他们认为:"他人"有待于自我,"他人"是依赖于自我的。

实际上,在庄子看来,包括人在内的世间万物本来都是无待的,都不受外力支配而处于绝对自由的状态,因为世界万物都有自性,都是按照自性运行发展变化的。所以,庄子在论述了世间当中我们经常以为绝对自由的人和物都有所待之后,马上就接着指出:

> 若夫乘天地之正,而御六气之辩,以游无穷者,彼且恶乎待哉!(《庄子·逍遥游》)

如果要破除有待,使人从有待变成无待,从而达到真正自由的状态,就要"乘天地之正""御六气之辩"。但是需要注意的是,所谓"天地之正""六气之辩"并不是外在于人的另外的某个东西,否则就又造成人有所待的状况,它们其实就是人的本性。所谓"乘天地之正,而御六气之辩",就是指世间万物都要顺从自己的自然本性,而不为外物所扰,而人也概莫能外。徐复观在总结前人的基础上,对于这段话作了如下的解释与说明,"乘天地之正,郭象以为'即是顺万物之性',即前面所提到的'观化'。御六气之辩,郭象以为'即是游变化之途',即前面所提到的'物化'。人所以不能顺万物之性,主要是来自物我之对立;在物我对立中,人情总是以自己作为衡量万物的标准,因而发生是非好恶之情,给万物以有形无形的干扰。自己也会同时感到处处受到外物的牵挂、滞碍"[1],如果我们能够认识到,"我以外之物的活动,都是顺其性之自然,都是天地之正,而毋庸我有是非好恶于其间,这便是能乘天地之正了"[2]。

既然事物都应该"乘天地之正",都应该各顺其性,那么世间万物都应该有其自然之性,而这种自然之性作为其生存发展、行为动

① 徐复观:《中国人性论史·先秦篇》,上海三联书店2001年版,第351页。
② 徐复观:《中国人性论史·先秦篇》,上海三联书店2001年版,第351页。

作的根据,是内在于事物自身的,而不是外物使然。在庄子之前,关于事物生成发展、运动变化的原因已经有了"或使"与"莫为"两种观念,而前者以季真、后者以接子为代表。所谓"或使",就是指在世间万物之外有一个超越性的实体,它构成了世间万物的外在根据,推动着事物生成发展、运动变化。譬如,管子也是主张"或使"说的,他就认为天地人乃至世间万物都是有所依赖,都依靠超越于世间万物的精气作为维系、运转的根据,"天或维之,地或载之。天莫之维,则天以坠矣;地莫之载,则地以沉矣。夫天不坠,地不沉,夫或维而载之夫! 又况于人? 人有治之,辟之若夫雷鼓之动也。夫不能自摇者,夫或摇之。……故口为声也,耳为听也,目有视也,手有指也,足有履也,事物有所比也"(《管子·白心》)。莫为说与或使说之间有所差别,"或使则实,莫为则虚。有名有实,是物之居;无名无实,在物之虚","或使"说强调事物及其根据的实在性,而"莫为"说则强调事物及其根据的虚无性,但是在庄子看来,这两种观点都是错误的,因为这两种观点都将事物与事物的根据对立起来,从而最终还是"未免于物",使人为外物所累,所以不能真正使人把握事物的根据,从而做到"乘天地之正,而御六气之辩"。因此庄子说,"或使莫为,在物一曲,夫胡为于大方"(《庄子·则阳》)。

面对或使莫为说强调事物的根据外在于事物本身的说法,庄子在《天运》当中以一系列的诘问予以否认,"天其运乎? 地其处乎? 日月其争于所乎? 孰主张是? 孰维纲是? 孰居无事而推行是? 意者其有机缄而不得已邪? 意者其运转而不能自止邪?"如果天地万物是一张大网的话,那么,其运转与关闭都是按照自然的规律自然而然地进行着,并不存在着张网、维纲的外力。所以,庄子认为,世间万物的生成发展、运动变化都是自己的本性使然。

　　夫天籁者,吹万不同,而使其自己也,咸其自取,怒者
其谁邪!(《齐物论》)

就像大块噫气,万窍怒号,而又自己中止,都是自己的本性使然一样,哪有什么所谓使之而然的"怒者"呢? 既然世间万物都有自己的本性,那么世间万物就应该顺应自己的本性发展变化,按照自己的本性立身行事,而不应该受外力的支配,所以,郭象在《齐物论注》中就说,"生生者谁哉? 块然而自生耳。自生耳,非我生也","造物者无主,而物各自造。物各自造而无所待焉,此天地之正也"[①]。正是在"块然自生""物各自造"的思想指导下,庄子对列子等有所待者进行了严厉地批评,并指出,"若夫乘天地之正,而御六气之辩,以游无穷者,彼且恶乎待哉!"这是要告诉人们,如果世间万物都能顺应自己的本性,真正做到"自适其性",那么它们无需依待外力,自己就能达到逍遥而游的自由境界。这种自由境界由于其无待的特性,庄子称其为"独",后来郭象则称其为"独化"。

何谓独或独化? 著名中国哲学史家冯契先生就说:"万物都是自然而然的,自己产生,自己变化,自己运动,并没有一个力量使它们这样做。这就叫'独化'","所谓'独化'、'无待',便是指事物的运动变化不依存于某一个根源,所以用不着到现象之后或之先去追问原因。事物的运动都是'无故而自尔'"[②]。从对"独化"的解释中,我们就可以看出,"独"就是超越于逻辑规律之外,不受外在因素影响的状态或境界。像老子就用"独"来形容"道",说"道""独立而不改"(《老子•二十五章》),意谓"道"是独立自存而不依赖于外物的。庄子对于"独"同样偏爱有加,在自己的著作中反复使用。譬如在《大宗师》当中,庄子以"独"喻"道","朝彻,而后能见独;见独,而后能无古今";而庄子在更多的时候,是以"独"来喻指人的独立无待的自由境界,像"出入六合,游乎九州,独往独来,是谓独有。独有之人,是谓至贵"(《庄子•在宥》),"独与道游于大莫之国"(《庄子•山木》),"明乎人,明乎鬼者,然后能独行"(《庄子•庚桑楚》)等,都是如此。

[①] 冯契:《中国古代哲学的逻辑发展》中册,上海人民出版社1984年版,第548—549页。
[②] 冯契:《中国古代哲学的逻辑发展》中册,上海人民出版社1984年版,第548页。

在汉语当中,"独"本身就是单个、无依无靠的意思。所以,庄子讲"独往独来""独与道游""独行",实际上也就是强调人们已经摆脱了一切依靠,达到了无待的境界。由于世界万物本来都具有独特的本性,都是独一无二的,而我们追求的目的又是这种独特本性的实现,所以,"独"或"无待"既构成了人们追求的起点,又构成了追求的终点,甚至可以说,人类的生与死就是独来独往。

既然世间万物都是独立无待的,那么,他们就不受任何外在的束缚,可以顺应自己的本性自由自在地行动,我们无权对他们进行干涉,将我们自己的喜怒爱恶强加到他们的头上,否则,就是对于他们独立性、自由性的破坏。伯乐作为善于识马的人才,为世人所称道,人们认为,马匹只有通过伯乐的慧眼识英,并经过进行培育与改造,才能真正成为宝马良驹。但是,在庄子看来,伯乐的所作所为恰恰是对于马的本性的破坏,使马由无待变为有待,从而使马饱受橛饰鞭䇲之苦。

> 马,蹄可以践霜雪,毛可以御风寒,龁草饮水,翘足而陆,此马之真性也。虽有义台路寝,无所用之。及至伯乐,曰:"我善治马。"烧之,剔之,刻之,雒之,连之以羁馽,编之以皁栈,马之死者十二三矣;饥之,渴之,驰之,骤之,整之,齐之,前有橛饰之患,而后有鞭䇲之威,而马之死者已过半矣。……此亦治天下者之过也。(《庄子·马蹄》)

马本来凭借自己的本性,驰骋在大地之上,何等自由自在,但是由于伯乐人为地制定了一套背离马之本性的宝马良驹的标准,从而使人们都以外在于马的本性的标准来"治马",使马从此不得自由。实际上,不但身材高大、自由驰骋的奔马具有自由的本性,实际上每个事物不论其大与小,美与丑都有自由的本性,都是独立无待的,只要顺应其本性,就能自由地生长、生活。就像鲲鹏能"抟扶摇而上者九万里",而蜩与学鸠决起而飞,不过及于树梢而已,但是它们同样也可以达到自由境界,因为这就是它们的本性使然,而不为外物所累。虽然庄子书中讲物的比较多,但他是在以物喻人,通过他所讲的寓言故事,我们可以看出,只要我们认识到了每一个"他人"都具有其自性,都是独立无待的,并不依赖于"我",那么,我们就应该放弃对于自我的执著,放弃自我的特权,不再将自己的主观构想强加于"他人"的身上,不再奴役与压迫"他人",从而让"他人"自由自在地成长、生活。

第二节 "万物一齐":与自我平等的"他人"

在西方,"他人"之所以会遭受自我的奴役与压迫,在现代西方甚至会被自我所屠杀,不仅是因为"他人"缺乏必要的独立性,更为重要的原因则在于"他人"与自我之间在本性上就存在着严重的不平等关系,"他人"在本性上是低于自我、后于自我、从属于自我的。著名的犹太哲学家,也是西方著名的他者哲学的倡导者和奠基者的马丁·布伯说:"原初词'我—你'可被消解成'我'与'你',然则'我'与'你'之机械组合并不能构成'我—你',因为'我—你'本质上先在于'我'。而'我—它'却发端于'我'与'它'之组合,因为'它'本性上后在于'我'"[1]。这里的"先"与"后"并非时间上的先后,而是本性上的先后,也就是本性上的高低。本性作为现实的根据,"'它'本性上后在于'我'"就决定了:在现实中,自我与"他人"相交,自我高于"他人",自我享有支配与奴役"他人"、甚至是屠杀"他人"的特权。然而在庄子看来,自我与"他人"之间并不存在这种本性上的先后高低关系,世间万物在本性上都是绝对平等的,因此自我与"他人"之间也是一种绝对的平等关系,自我并不享有奴役支配"他人"乃至屠杀"他人"的特权。

---

[1] 马丁·布伯:《我与你》,陈维纲译,生活·读书·新知三联书店1986年版,第38页。

　　既然,自我之所以奴役与压迫"他人",乃是因为自我认为自己在本性上高于"他人",所以,庄子要想将"他人"从自我的奴役与压迫下解放出来,使"他人"达到一种逍遥而游的自由状态,那么,庄子就必须去说明,自我在本性上并不高于"他人","他人"在本性上也并不低于、从属于自我。什么是性呢? 庄子说:

　　　　道者,德之钦也;生者,德之光也;性者,生之质也。
　　(《庄子·庚桑楚》)

所谓"性"乃是"生之质",也就是生命的本质,也就是某事物之成为某事物的本质的规定性。从庄子的表达上看,"性"作为事物的本质规定性,与德、与道之间具有不可分割的联系。这里讲的比较简略,为了便于看清其间的联系,我们看看庄子说过的另外一段话:

　　　　泰初有无,无有无名;一之所起,有一而未形。物得以
　　生,谓之德;未形者有分,且然无间,谓之命;留动而生物,
　　物成生理,谓之形;形体保神,各有仪则,谓之性。性修反
　　德,德至同于初。(《庄子·天地》)

在这段文字当中,庄子描绘了宇宙生成变化的过程。这里的"一"就是"道",因为庄子继承了老子"道生一,一生二,二生三,三生万物"的观念,而在老子那里,"道生一"并不是"道"另外创生出"一",而是指"道"就是"一"。在宇宙的原初阶段,道处于混而未分的状态,然后世间万物得道("德","德者,得也",德就是得道。)以生,从而有形有性,而形与性的差别在于,"性"通过修养能够复返于所得之"道",而"形"则不能。从这里我们可以看出,所谓"性"就是事物所得之"道",而这个"道"也就构成了生命的本质,构成了事物的本性、事物的根据。所以,在庄子那里,"道"是至大无外的,没有事物能够摆脱

"道",都必须以"道"为根据,出于"道"而入于"道"。

> 道者,万物之所由也。(《庄子·渔父》)

> 夫道,有情有信,无为无形;可传而不可受,可得而不可见;自本自根,未有天地,自古以固存;神鬼神帝,生天生地;在太极之上而不为高,在六极之下而不为深,先天地生而不为久,长于上古而不为老。(《庄子·大宗师》)

虽然庄子也讲"道"构成了事物的本性、事物的根据,但这种根据不是一种外在的根据,而是一种内在的根据,因为"道"就在事物之中,就与事物本身混而为一,世间万物当中,不论是人们所公认的高贵之物,还是人们所鄙视的低贱之物,实际上都与"道"混而为一,都生于"道",最后又复归于"道","今计物之数,不止于万,而期曰万物者,以数之多者号而读之也。是故天地者,形之大者也;阴阳者,气之大者也;道为之公"(《庄子·则阳》)。"道为之公"也就是庄子所谓的"物物者与物无际"(《庄子·知北游》)。因此,当东郭子询问庄子"道"存于何处的时候,庄子就回答以"无所不在",世间万物当中都蕴含着"道";当东郭子希望庄子说得更详细一点的时候,庄子就作了一个"每下愈况"的回答,告诉他"道"不仅存在于"人"这种大家认为高贵的高等生物身上,就连蝼蚁、稊稗、瓦甓、屎溺这些世俗认为最低贱的事物当中,同样也存在着"道",而其他事物就更不用说了。

既然世间万物都为"道"所生,而且都与"道"混而为一,都以所得之"道"作为自身的本质规定性,那么世间万物都是自足其性,不存在着世俗所谓高低、美丑、贵贱、是非、彼此等之分,这些人为的区分最终都要通而为一。

> 故为是举莛与楹,厉与西施,恢恑憰怪,道通为一。其

分也成也，其成也毁也。凡物无成与毁，复通为一。(《庄子·齐物论》)

既然世间万物都通而为一，那么，从"道"的高度来看，世间万物都是高度齐一的，没有所谓高低贵贱、长短彼此方面的差别，"以道观之，物无贵贱"，"万物一齐，孰短孰长"(《庄子·秋水》)? 对于世间万物而言，蕴含在自身当中的"道"才是它们的本性，虽然它们在具体的"形"上会存在着千差万别，但从自足于其性的角度来看，事物与事物之间在本性上又是没有高低贵贱、长短彼此等方面的差别的。这就像世间上有长短的差别，但这并不意味着世界上所有的事物都要削长为短或接短为长，而是要适应其本性，长者自长，短者自短，都有存在的合理性，并不会因为人长己短或人短己长，就削弱了自身存在的合理性。庄子巧妙地以野鸭与仙鹤小腿地长短说明了这一点。

　　彼至正者，不失其性命之情。故合者不为骈，而枝者不为岐；长者不为有余，短者不为不足。是故凫胫虽短，续之则忧；鹤胫虽长，断之则悲。故性长非所断，性短非所续，无所去忧也(《庄子·骈拇》)。

按照世俗的观念，人们都会觉得仙鹤的小腿修长而美丽，而野鸭的小腿由于短于仙鹤而要逊色得多，但是它们都是自适其性的，如果人为地去接续野鸭的小腿，去削短仙鹤的小腿，那么，都会令它们痛苦不堪，因为这是对于天道、本性的违逆与破坏。既然尽管世间万物千差万别，但它们都蕴含着"道"，且都是自适其性的，那么世间万物之间就都是齐一的，没有高低贵贱、是非彼此的差别，"我"与"他人"之间也是绝对平等的，自我根本就没有理由去奴役与压迫"他人"。当然，有人会对庄子的说法提出批评，认为庄子人为地抹杀了人与人之间的差异,譬如在现实生活中,有些人对于社会的贡献、作用要明显地大于另外一些人,我们没有理由说他们之间是平等的。庄子对此作了形象地说明。在宋国,有一家人会制造一种防止手龟裂的药物,他们家始终都用它来漂洗丝絮。后来有人购买了这个药方献给吴王,结果这个药方在吴国战胜越国的战争中发挥了巨大的作用,从而获得了吴王的重赏,"能不龟手,一也;或以封,或不免于洴澼絖,则所用之异也"(《庄子·逍遥游》)。同样的一种药物,有人用它来漂洗丝絮以养家糊口,有人却能用它来博得国君的封赏,其间的差别并不在于药物本身,而是在于我们如何发挥药物的作用,而人也同样如此。一个人对于社会作用、贡献的大小,并不在于个人自身,关键在于对于人的使用上,天生我材必有用,如果将其放在合适的位置上,他就会发挥出巨大的作用,如果将其放在一个无法发挥其特长的位置,他的作用、贡献必然就很小,所以,我们不能按照人们对于社会的贡献、作用,对于社会上的人做出三六九等的区分,所有的人在本性上都应该是平等的,没有高低贵贱、是非彼此上的差别。

虽然在理论上,由于自我与"他人"都是自足其性的,所以,自我与"他人"之间绝对平等,没有所谓高低贵贱、是非彼此的分别,我们不能去奴役与压迫"他人"。但是现实往往会偏离理论,理论经常会与现实之间存在着一定的脱节现象,在庄子呼吁"我"与"他人"之间绝对平等的时候,现实当中,人们之间却在进行是非彼此的分别,"自是而相非",从自我出发,自以为是,以自己为标准,将自己的是非好恶强加到"他人"头上,也就是说,人们都将自己视为真理的绝对握有者,从而凌驾于"他人"之上,对"他人"进行评头论足,肆意地进行是非彼此的评判。但庄子认为,这种自以为是、以"他人"为非的做法显然是荒谬的,因为我们根本就没有办法证明自己握有绝对真理,没有充足的理由去"自是而相非"。譬如,两个人在一起进行辩论,而辩论就是要争个是非彼此,就是要"自是而相非",但是我们却无法证明自己为是、别人为非。

> 既使我与若辩矣，若胜我，我不若胜，若果是也，我果
> 非也邪？我胜若，若不吾胜，我果是也，而果非也邪？其或
> 是也，其或非也邪？其俱是也，其俱非也邪？我与若不能
> 相知也，则人固受黮闇，吾谁使正之？使同乎若者正之？
> 既与若同矣，恶能正之！使同乎我者正之？既同乎我矣，
> 恶能正之！使异乎我与若者正之？既异乎我与若矣，恶能
> 正之！使同乎我与若者正之？既同乎我与若矣，恶能正
> 之！然则我与若与人俱不能相知也，而待彼也邪？（《庄子·
> 齐物论》）

按照墨家的说法，辩论就是要互相争胜，就是要辩出一个是非彼此来，
"夫辩者，将以明是非之分，审治乱之纪，明同异之处，察名实之理，处
利害，决嫌疑"（《墨经·小取》），所以说，辩论没有胜负之分、彼此之别
是错误的。墨家的观念可以说代表了普遍的世俗性的观念，但是庄子
认为，这种观点是经不起推敲的。当自我与"他人"之间观念相左的时
候，我们通常的做法是寻找一个第三者，让他来对"我"与"他人"之间
的是与非作出一个客观公正的评判。但在庄子看来，这实际上是一个
永远也无法实现的美好梦想，第三者永远都没有办法在"我"与"他人"
之间作出客观公正的评判。因为，如果这个第三者与"我"和"他人"中
的某一方的观点相同，那么，他就不能对于"我"与"他人"之间的是非
做出公正的评判；如果他与"我"和"他人"的是非观念都相同和都不
同，那么，他就没有能力对于"我"与"他人"之间的是非做出评判。因
此，"我"与"他人"之间的是是非非永远都没有一个确定的答案。如果
我们非要坚持自己把握了绝对真理，自己迥超于"他人"之上，那么，我
们只能像诸子百家之间那样，陷入无休无止的争论之中。譬如，毛嫱
和丽姬是世所公认的美人，而鸟儿见到她们则吓得飞上高空，鱼儿见

到她们则吓得潜入水底,那么,到底谁的判断、结论是正确的呢? 我们永远也无法做出令世俗和鸟儿、鱼儿都信服的评判。

因此,我们与其和"他人"进行永远没有结果的是非争论,还不如放弃自以为是的自我中心论立场,悬搁有关是非的判断,"不遣是非,以与世俗处"(《庄子·天下》)。这不仅是息止纷争的一种绝佳方式,也是对于"他人"之自性的一种尊重。因为有些在"我"看来为"非"的东西,对于"他人"来说,实际上是以他的自性为基础的,是符合他的自性的,因而"我"的"非"有时恰恰就是他的"是"。

> 民湿寝则腰疾偏死,鳅然乎哉? 木处则惴慄恂惧,猨猴然乎哉? 三者孰知正处? 民食刍豢,麋鹿食荐,蝍蛆甘带,鸱鸦嗜鼠,四者孰知正味?(《庄子·齐物论》)

人睡在潮湿的地方就会腰酸背痛,甚至半身不遂,人爬上高树就会惊惧不安,人类不喜欢吃草、蛇、老鼠之类的食物,所以,人们都以这些生活方式为"非",不以这些方式来生活,人要吃肉,要睡在干燥、平整的地方,这是人的本性使然。但是,不符合人类本性的东西未必就是"非",因为有些东西虽然不符合人类本性,但并不意味着它就不符合其他事物的本性,喜欢睡在泥水之中符合泥鳅的本性,喜欢登上高枝就符合猿猴的本性,喜欢吃草就符合麋鹿的本性,而吃蛇就符合蜈蚣的本性,而吃老鼠则符合猫头鹰和乌鸦的本性,我们没有理由要求其他生物都像我们人类一样,这样做,就是对于其他生物本性的伤害。同样道理,我们也没有理由要求"他人"完全接受"我"的是非观念,以"我"之所是为是,以"我"之所非为非,而应该尊重"他人"的本性,尊重"他人"以其本性为是。如果做到了这一点,我们就会发现,世间上没有一无是处的事物,也没有一无是处的人,"我"与"他人"之间是非彼此的分别也必将随之烟消云散,世间万物一齐。

既然世间万物都有自性,"我"与"他人"之间本来就不存在所谓是非彼此的分别,"物无非彼,物无非是"(《庄子·齐物论》),那么,人们在现实中为什么非要作是非彼此的评判,并以此去"自是而相非",去相互攻击呢? 在庄子看来,那是因为人们在日积月累当中形成了一套固定的标准,也即所谓"成心",并在现实生活中到处都以此"成心"来作为评判世间一切人和事的标准,由于每个人的标准又都有所区别,所以,是非的冲突也应运而生。

> 夫随其成心而师之,谁独且无师乎? 奚必知代而心自取者有之? 愚者与有焉。未成乎心而有是非,是今日适越而昔至也。是以无有为有。无有为有,虽有神禹,且不能知,吾独且奈何哉!
> 夫言非吹也,言者有言,其所言者特未定也。果有言邪? 其未尝有言邪? 其以为异于鷇音,亦有辩乎,其无辩乎?
> 道恶乎隐而有真伪? 言恶乎隐而有是非? 道恶乎往而不存? 言恶乎存而不可? 道隐于小成,言隐于荣华。故有儒墨之是非,以是其所非而非其所是。(《庄子·齐物论》)

由于事物本身就是复杂多面的,就是各种矛盾性的辩证统一,就像老子说的,有无相生,难易相成,长短相形,高下相盈,前后相随,相反的属性都被总合进了同一个事物之中,我们不论是从哪个方面入手,来说其为是,或说其为非,都具有片面的真理性,但是也必然会以偏概全,从而抹杀了事物的其他方面。所以庄子说,"物固有所然,物固有所可。无物不然,无物不可","物无非彼,物无非是。自彼则不见,自是则知之。故曰彼出于是,是亦因彼","是亦彼也,彼亦是也。彼亦一是非,此亦一是非"(《庄子·齐物论》)。

这种有关"我"与"他人"是非之"成心"的形成,原因是多方面的,而主要与个人所受的教育、生活成长的特定环境,如物质条件、风土人情等有关。因为每个人都生活在特定的环境当中,其间的物质条件、人情风俗等都会对人们的思想观念产生深刻影响。这种特定的生活环境以及在其影响下所形成的思想观念,虽然不一定就是坏的,肯定也会具有积极的影响,譬如正是这些构成了我们理解认识的前提条件,没有这些前提条件,我们的理解认识活动就无法顺利地进行,但毋庸否认的是,它们同时也构成了我们理解认识"他人"的障碍。因为"他人"那些不符合"我"的认识框架的内容无法被纳入到我们的理解认识之中,有些会被我们所忽视,有些会引起的我们的强烈反对,"井蛙不可以语于海者,拘于虚也;夏虫不可以语于冰者,笃于时也;曲士不可以语于道者,束于教也"(《庄子·秋水》)。正是从这些特定的生活环境以及由此而形成的"成心"出发,我们开始在世间万物之中作出严格的是非彼此、高低贵贱的区分,"以物观之,自贵而相贱。以俗观之,贵贱不在己"(《庄子·秋水》)。一旦我们"自贵而相贱",那么,我们就犯了自以为是的错误,强迫"他人"接受"我"的思想观念,变成"我"的附庸,因而"他人"就成了自我奴役与压迫的对象,如果"他人"对"我"稍有不从,就变成了"我"消灭的对象,先秦时期因此才有了诸侯争霸与儒墨各家互相非议的现象。

实际上,虽然从由"物"与"俗"所形成的"成心"出发,确实也能把握一定的真理,但出发点的局限性,就决定了这种真理必然是"片面的"。这就像耳目鼻口、诸子百家一样,虽然他们"皆有所明""皆有所长,时有所用",都具有片面的真理性,但由于他们都执著于自己的"成心",就决定了他们仍然是"不该不遍,一曲之士也"(《庄子·天下》),无法把握整体全面的真理。只有等到有一天,我们从特定的生活环境以及由此而形成的"成心"当中摆脱出来,将自己放置到一个更为广阔的环境当中,我们才能看出,过去的自以为是、对"他人"的贬低是多么荒谬可笑,才有可能摆脱"自贵而相贱"这种处理"我"与"他人"之间关系的模式。

秋水时至,百川灌河,泾流之大,两涘渚崖之间不辩牛
马。于是焉河伯欣然自喜,以天下之美为尽在己。顺流而
东行,至于北海,东面而视,不见水端,于是焉河伯始旋其
面目,望洋向若而叹曰:"野语有之曰:'闻道百以为莫己若
者',我之谓也。且夫我尝闻少仲尼之闻而轻伯夷之义者,
始吾弗信;今我睹子之难穷也,吾非至于子之门,则殆矣,
吾长见笑于大方之家。(《庄子·秋水》)

当河伯长期居住在一个地方的时候,特定的生活环境就培养出一种
骄傲自大的心理,面对浩瀚的河水,"欣然自喜,以天下之美为尽在
己"。到了东海之后,才发现泾流与东海相比,不过是沧海一粟,慨
叹自己过去不过是井底之蛙,并为自己的骄傲自大而羞愧不已,"吾
非至于子之门,则殆矣,吾长见笑于大方之家"。河伯如此,那些自
以为把握了天下之真理,从而导致"自贵而相贱""自是而相非"的人
们又何莫不然呢? 儒墨法家等诸子百家之间,又何莫不然呢? 其最
终结局必然是"见笑于大方之家"。

与由于"师其成心"而决定的"以物观之"和"以俗观之"的做法
不同的看视方法是"以道观之"。"以道观之"得出的结论是万物一
齐,事物之间没有高低贵贱之分。"以物观之"与"以俗观之"这种世
俗的看视法,由于受到"成心"的影响,总是从自我的特定视角出发
看待世间万物和"他人",这样由于受到自我"成心"的遮蔽,所以总
是无法达到事物的本来面目,"夫自细视大者不尽,自大视细者不
明"(《庄子·秋水》)。而"以道观之"则不同,"我"不再是从自我的
"成心"出发去看视世间万物和"他人",而是顺着世间万物和"他人"
之自性出发去看视他们,因为按照前文的解释,"道"内在于世间万
物之中而构成了世间万物之自性。一旦我们突破了"物"与"俗"而
进入"道",那么,一切"我"与"他人"之间是非彼此、高低大小等的差
别无不土崩瓦解,因为这些差别本身缺乏"道"这样坚实的基础,从

151

而使得一切现实的区分都只具有相对的意义,而无法达于绝对,所以,庄子说:

> 以差观之,因其所大而大之,则万物莫不大;因其所小而小之,则万物莫不小;知天地之为稊米也,知毫末之为丘山也,则差数睹矣。以功观之,因其所有而有之,则万物莫不有;因其所无而无之,则万物莫不无;知东西之相反而不可以相无,则功分定矣。以趣观之,因其所然而然之,则万物莫不然;因其所非而非之,则万物莫不非;知尧桀之自然而相非,则趣操睹矣。(《庄子·秋水》)

正是因为庄子是从"道"出发而不是从与"我"联系的"物"与"俗"出发,来看待世间万物和"他人",所以庄子并不认为自我高于"他人",也并不以自己为是而以"他人"为非,而是认为每个人的思想观念都有自身的真理性,因为都有其自身的根据。因此,我们并不能轻视乃至嘲笑"他人",如果我们这样做了,那只能说明我们自己的浅薄与无知,相反,我们应该充分地尊重"他人"。因为"他人"作为"他人",是一个具有自身本质规定性的"他人",而不是作为自我的从属者而存在于世的,所以,"他人"是独立于自我、与自我平等的"他人",不容被我们所忽视,更不允许我们压迫乃至奴役"他人"。

第三节　"至人无己":虚位以待"他人"

在现实生活中,相对于自我而言,"他人"之所以缺乏独立自主性,之所以不能获得与自我平等的地位,从而遭受自我的奴役与压迫,并不是因为"他人"自身存在着不足,而主要是因为每个人的内心都被自我所占据,没有足够的空间去接纳"他人"。所以,人们只能以自我为标准去同化与裁剪"他人",对于那些甘心从属于自我,自觉接受自我同化与裁剪的"他人"进行优待,对于不愿意服从于自我并接受自我裁剪的"他人"进行打压直至从肉体上进行消灭。如何将"他人"从自我的奴役与压迫下解放出来,不仅是现代社会的问题,同样也是先秦时期各家各派所关心的一个重要问题,他们都为解决这个问题而殚精竭虑。儒家与墨家思考的结果,都是希望通过仁义这个手段和途径来解放"他人",所以孔子贵仁,墨子贵兼,而兼即仁也,最后二人殊途而同归,都回到了仁义上。但是仁义真能解决"我"与"他人"之间的冲突,消弭"我"与"他人"之间的纷争吗? 在庄子看来,答案是否定的。有一次,孔子问学于老子,二人之间有一段关于仁义问题的对话。

> 老聃曰:"请问,仁义,人之性邪?"
> 孔子曰:"然。君子不仁则不成,不义则不生。仁义,真人之性也,又将奚为矣?"
> 老聃曰:"请问,何谓仁义?"
> 孔子曰:"中心物恺,兼爱无私,此仁义之情也。"
> 老聃曰:"意,几乎后言! 夫兼爱,不亦迂乎! 无私焉,乃私也。夫子若欲使天下无失其牧乎? 则天地固有常矣,日月固有明矣,星辰固有列矣,禽兽固有群矣,树木固有立矣。夫子亦放德而行,循道而趋,已至矣;又何偈偈乎揭仁义,若击鼓而求亡子焉? 意,夫子乱人之性也!
> (《庄子·天道》)

在儒家看来,仁义是完全从"他人"出发,是为"他人"的,所以孔子说仁义之人"兼爱无私",但是庄子借助老子之口,指出这种无私的表面之下所掩盖的恰恰就是"私"。在这里庄子并没有说明为什么"无私"即是"私"。但是如果我们从后文当中有关仁义扰乱"人之性"出发,我们就能够领悟到,庄子实际上是将仁义看作一种"人为",是对人之自然本性的破坏,而人为本身恰恰是从自我以及自我之成心出发的。所以,庄子之所以反对仁义,反对以仁义作为自我与"他人"相处交往的准则,是因为在庄子看来,仁义当中包含着强烈的自我因素,自我构成了"我"与"他人"关系的中心。

当然,可能有些人对于庄子的批判并不感到心悦诚服,觉得庄子有些强词夺理之嫌,因为儒家已经表明仁义是要人们秉持善良意志去友爱地对待"他人",在与"他人"交往的过程中,努力做到"己欲立而立人,己欲达而达人"(《论语·雍也》),"己所不欲,勿施于人"(《论语·卫灵公》),并没有要将自己强加于"他人"之上的意思。不过在庄子看来,恰恰是这种推己及人的仁义之举,伤害了"他人"的自足性,使"他人"沦落为自我的附庸,成为自我奴役与压迫的对象,因为这种"我"与"他人"交往的方式仍然是以自我为标准,仍然是从自我出发,而不是从"他人"的自然本性出发的,尽管其间确实包含着我们的善良意志。只要我们不破除对于自我的执著,只要我们坚持一切从自我出发,一切以自我为标准,即使我们对于"他人"充满着仁爱之心,结果仍然只有一个,那就是对于"他人"无尽的伤害。庄子曾经讲过一个鲁侯养鸟的故事,很好地说明了这一点。

> 昔者海鸟止于鲁郊,鲁侯御而觞之于庙,奏《九韶》以为乐,具太牢以为膳。鸟乃眩视忧悲,不敢食一脔,不敢饮一杯,三日而死。此以己养养鸟也,非以鸟养养鸟也。夫以鸟养养鸟者,宜栖之深林,游之壇陆,浮之江湖,食之鳅鲦,随行列而止,委蛇而处。彼唯人言之恶闻,奚以夫譊譊为乎!《咸池》《九韶》之乐,张之洞庭之野,鸟闻之而飞,兽闻之而走,鱼闻之而下入,人卒闻之,相与还而观之。鱼处水而生,人处水而死,彼必相与异,其好恶故异也。(《庄子·至乐》)

鲁侯对海鸟可谓充满着仁爱之心,对于鸟的照顾也可谓无微不至,应该来说,鲁侯完全是以接待贵宾的方式来接待这只海鸟。然而问题在于,海鸟对于鲁侯的仁爱之心、盛情款待,似乎并无好感,结果也是适得其反,鸟不但没有感到丝毫地快乐,反而是充满着惊恐忧惧,既不敢享用美食,也不敢品尝美酒,不出三日便郁郁而终。为什么仁义之举不能得到人们所期待的结果呢? 这是因为,鲁侯完全是按照的人的喜乐好恶来养鸟,而不是按照鸟本身的生活习性来奉养鸟,虽然鲁侯对于海鸟仁爱有加,但却是对于鸟类本性的违逆,从而造成了对于海鸟无可挽回的伤害。所以,庄子由这个寓言故事总结出一个道理,"故先圣不一其能,不同其事。名止于实,义设于适"(《庄子·至乐》)。庄子就是要告诉人们,我们不能从自我出发来对待"他人",即使是对别人行仁义,做好事,也要从"他人"的本性出发。因此,"他人"最终要从自我的阴影当中解放出来,不再遭受自我的奴役与压迫,我们就必须要彻底地克服自我中心论,放弃对于自我的执着,做到"丧我""无己",从而为接纳"他人"保留充足的心灵空间。如果要想真正做到这一点,就必须经过长期的坚持不懈的精神修养,也就是要"心斋"与"坐忘"。

何谓心斋? 庄子借助孔子与颜回的对话阐述了"心斋"的具体内涵。有一次,颜回向孔子询问什么是心斋,孔子回答说:

> 若一志,无听之以耳而听之以心,无听之以心而听之
> 以气! 耳止于听,心止于符。气也者,虚而待物者也。唯
> 道集虚。虚者,心斋也。(《庄子·人间世》)

常人之所以执著于自我,内心之所以被自我所占据,在很大程度上是因为我们对于自己耳闻目睹、亲身经历的一切都信以为真,并经常会以自己的亲身经历、所见所闻作为标准与框架去对待一切,即使是那些与我们过去所曾经见识过的都有所不同的事物和"他人"也概莫能外。这也就是说,对于常人来说,过去的所见所闻在自我

内心的积淀,形成了先入之见或者说"成心","我"对于世间万物乃至"他人"的认识、评价和对待方式都会从这个"成心"出发,从而使"我"对于世间万物乃至"他人"的认识都受到了"成心"的污染。为了防止形成"成心"及其对于我们的心灵所造成的污染,老子要求人们闭门塞听,阻断一切认识途径,从而保持心灵的空明。虽然庄子同样要求人们保持心灵的空明,但庄子不像老子那样极端,并不反对人们进行视听言动,而是要求人们"无听之以耳而听之以心,无听之以心而听之以气"。既然我们要去倾听外物和"他人",我们总会听到什么,而这个所听到的什么又总是与在听的"我"联系在一起,那么我们如何能够保证,自我所听到的内容没有受到自我的污染呢?解决这个问题的关键,在"听之以气"中"气"字的理解上。按照徐复观的解释,所谓"听之以气"中的"气""实际只是心的某种状态的比拟之词,与老子所说的纯生理之气不同"①。这个"气"所比拟的心灵状态到底是什么呢?陈鼓应作了进一步的解释,这里的状态就是"虚",就是心灵的虚空,"在这里'气'当指心灵活动到达极纯精的境地。换言之,'气'即是高度修养境界的空灵明觉之心"②。因此,"听之以气"就是指,我们在与世间万物和"他人"接触的过程中,"我"不掺杂任何主观成见于其间,让他们如其所是地在"我"的内心当中自行呈现,这也就是庄子所说的"耳止于听,心止于符",耳目心思仅仅是外物与"他人"进入自我的通道,我们所能做的就是要让通道畅通无阻,而不是去在通道里设置各种障碍。所以,庄子说,"气也者,虚而待物者也",就是强调心灵的虚空化,而此也就是"心斋","虚者,心斋也"。"心斋"的终极状态不仅是"成心"的泯灭,而且是自我的消失,所以,当颜回以"未始有回也"来回应孔子有关心斋的教诲的时候,孔子回答说"尽矣"。徐复观对于此的解释可谓深得庄子思想之精髓,"听之以气,即下文之所谓'徇(顺)耳目内通,而外于心

---

① 徐复观:《中国人性论史·先秦篇》,上海三联书店2001年版,第340页。
② 陈鼓应:《庄子今注今译》,中华书局1983年版,第117页。

知,即是让外物纯客观地进来,纯客观地出去,而不加一点主观上心知的判断","虚是没有以自我为中心的成见"[1]。

在《庄子》书中,庄子为我们生动地讲述了一个心斋的范例。

> 梓庆削木为鐻,鐻成,见者惊犹鬼神。鲁侯见而问焉,曰:"子何术以为焉?"
>
> 对曰:"臣工人,何术之有! 虽然,有一焉。臣将为鐻,未尝敢以耗气也,必斋以静心。斋三日,而不敢怀庆赏爵禄;斋五日,不敢怀非誉巧拙;斋七日,辄然忘吾有四枝形体也。当是时也,无公朝,其巧专而外滑消;然后入山林,观天性;形躯至矣,然后成见鐻,然后加手焉;不然则已。则以天合天,器之所以疑神者,其由是与!(《庄子·达生》)

梓庆削木为鐻,具有鬼斧神工之妙,毫无人工造作之痕。为什么他能够有如此高超的水平呢? 这其中很重要的一个原因就是"心斋"功夫,也就是梓庆所说"臣将为鐻,未尝敢以耗气也,必斋以静心"。所谓"静心",就是让躁动的心灵静止下来,"静是不为物欲感情所扰动;止是心不受引诱而向外奔驰"[2]。现代人无疑是浮躁万分的,而现代人之所以如此浮躁,就是因为庆赏爵禄、非誉巧拙、四肢形体这些外在的因素无时不在撞击、影响着人们的心灵,人们无时无刻不受到这些东西的搅扰,为它们所驱驰,而心灵始终难以平服。一旦心灵为这些东西所搅扰,那么,就会以它们为标准来认识世间万物和"他人",处理与他们之间的关系,那么我们就很难达到对于他们如其所是的认识,我们总是将这些先入之见情不自禁地偷偷地应用对于他们的认识和评价。而心斋恰恰帮助我们忘记了这些外在的影响,而完全进入到世间万物和"他人"的本性之中,"观天性","以

---

① 徐复观:《中国人性论史·先秦篇》,上海三联书店2001年版,第340—341页。
② 徐复观:《中国人性论史·先秦篇》,上海三联书店2001年版,第341页。

天合天",达到对于世间万物和"他人"的如其所是的认识。梓庆正是从树木的自然本性出发来削木为鐻,所以才能做到"见者惊犹鬼神"。如果我们对待"他人",同样从其本性出发,那么我们就可以看到,"他人"同样具有其精妙之处,值得我们惊叹与敬畏。

对于庄子来说,心斋仅仅是修养功夫的起点,在心斋过程中不断地有所忘,直到最后忘无所忘的时候,最终与道融而为一,才真正达到了修养的最高最后阶段——坐忘。有意思的是,尽管道家与儒家之间在思想观念上时有冲突,但庄子往往在表达一些重要思想时,总是借用孔子之口,在表述"坐忘"这个概念时,庄子也不例外,依然请出了儒家的孔子与颜回。

> 颜回曰:"回益矣。"仲尼曰:"何谓也?"曰:"回忘礼乐矣。"曰:"可矣,犹未也。"他日,复见,曰:"回益矣。"曰:"何谓也?"曰:"回忘仁义矣。"曰:"可矣,犹未也。"他日,复见,曰:"回益矣。"曰"何谓也?"曰:"回坐忘矣。"仲尼蹴然曰:"何谓坐忘?"颜回曰:"堕肢体,黜聪明,离形去知,同于大通,此谓坐忘。"仲尼曰:"同则无好也,化则无常也。而果其贤乎! 丘也请从而后也。"(《庄子·大宗师》)

通过孔子与颜回之间的问答,我们就可以看出,"坐忘"的核心在于"忘",要忘"仁义礼乐",要忘肢体、聪明、形与知。但是"忘"并不是要忘掉一切,而在忘的同时也要有所不忘者存,也就是要"忘其所忘",而不能"忘其所不忘",也就是说人们应该忘记他所应该忘记的,而不应该忘记他所不应该忘记的,而这个不应该忘记的就是人们所得之"道"(德),就是"大通"。正是因为庄子的坐忘有所忘,又有所不忘,使得它与世俗的遗忘之间有着严格的区别,所以庄子的坐忘是"德有所长,而形有所忘",而世俗的遗忘则是"人不忘其所忘(指形——引者注),而忘其所不忘(指德——引者注),此谓诚忘"(《庄子·德充符》)。之后,最终与道合而为一,就达到了"坐忘"。所以,如果说"肢体"与"形"属于生理欲望方面,而"聪明"与"知"属于知识方面,那么,"坐忘"就是指人摆脱了生理欲望和知识方面的限制,从而做到与自然之道("大通")合而为一。而庄子借助孔子之口所说的"同则无好也,化则无常也",则为我们更加深入地揭示了"坐忘"的重要意义:一旦人们达到了坐忘的状态,就与道合而为一,不再有所偏好,不再有所执著。这种偏好与执著不是别的,恰恰就是对于自我的偏好与执著,而通过"坐忘"我们就达到了"丧我""无己"的状态。

要而言之,"心斋"与"坐忘"之间虽然在具体内涵上存在着这样那样的不同,但其核心都在于"忘",什么功名利禄、仁义礼乐、成心,等等,甚至连自己的四肢形体都被遗忘了。由于这些东西都是依赖于自我而存在的,如果没有了自我,这一切也就随之烟消云散,所以,离形去知等都不过是"丧我""忘我""无己"而已。正因如此,庄子才将这些"忘"综合起来,统称为"忘己","忘乎物,忘乎天,其名为忘己"(《庄子·天地》)。

一旦人们真正忘却了自我以及缘此而生的是非彼此之别,那么他就不可能再执著于自己的一偏之见、一己之私,去奴役与压迫"他人",强迫"他人"屈从于自己,而会充分地敬畏尊重"他人",从"他人"自身的本性出发去认识与对待"他人",为"他人"创造一个广阔的舞台,让"他人"在自我面前自由地毫无保留地展现自身,就能像梓庆削鐻那样,在与"他人"相处的过程中做到"以天合天"。所以,庄子反对自我对于"他人"的强作妄为,要求人们在与"他人"相处的过程中,放弃对于自我的执著,通过"忘"而与自然之道合而为一,"鱼相忘乎江湖,人相忘乎道术","与其誉尧而非桀也,不如两忘而化其道"(《庄子·大宗师》)。正如前文所言,由于道无处不在的,每个"他人"都有其自身之道、自身之性,所以,我们通过"忘"所化之道,乃是"他人"之道,是跟随"他人"的变化而变化,而不是强迫"他人"顺从自己的意愿而变化。法国哲学家于连在诠释《庄子》中"物固有所然,物固有所可"这句话时,真正体现了庄子的这种处理"我"与"他人"之间关系的智慧,"智慧的巧妙之处就在于从表示固执的'son'(指"物固有所然,物固有所刻"中的"固"——引者注)过渡到表示内在性的'son',就在于把视角颠倒过来:从以自我的'我'为观点看到的'son'('他/它的'),过渡到以对方——以每个人——的'自我'为观点而看到的'son'。让自己的视角与每存在物所特有的视角(也就是该存在物'然于然'的视角)吻合起来"①。这也就是说,"我"与"他人"在相处交往的过程中,自我已经丧失了主导性,与"他人"居于完全平等的地位,"他人"已经从"我"的奴役与压迫下解放出来,达到了一种自由无待的逍遥境界。

庄子对于"他人"独立性、平等性的强调,为"他人"摆脱了自我的奴役与压迫提供了充分的理论依据,对于先秦时期儒家"爱有差等"的思想观念以及当时等级制度都具有强烈的批判作用。但是,由于庄子对于"他人"地位的重新确立是以"忘己"的方式或者说消灭自我的方式来实现的,这虽然有助于"他人"摆脱自我的奴役与压迫,但也容易造成"我"从对"他人"的责任中逃脱出来,从而变成对"他人"的冷淡、漠不关心。

---

① 弗朗索瓦·于连:《圣人无意——或哲学的他者》,闫素伟译,商务印书馆2004年版,第143页。

第六章　荀子哲学中的"他人"

荀子名况,时人尊号为卿。根据胡文仪《郇卿别传》所载,荀子乃周郇伯公孙之后,故又氏孙,称作孙卿子。荀子具体生卒年代已经不可考证,由于其书中有批评庄子、孟子的文字,且《史记》记载其尝为李斯的老师,可以推知荀子但生于孟子之后的战国末期。荀子长期游学于齐国的稷下学宫,并于齐襄王时"三为祭酒"。后来由于谗言影响,被迫离开齐国到了楚国,并于春申君手下出任兰陵令,从此一直生活、终老于兰陵。

由于荀子生当战国末年,而这恰恰是中国历史上一个大动荡、大变革的年代,各个阶层派别、各种思想观念在历史舞台上"你方唱罢我登场","诸侯异政""百家异说"可为其生活年代政治与学术思想的生动写照。正是面对这种复杂多变的社会形势,荀子扬弃各家学说,构筑了自己的学说体系,"荀卿嫉浊世之政,亡国乱君相属,又遂大道而营于巫祝,信机祥,鄙儒小拘,如庄周等又滑稽乱俗,于是排儒、墨、道德之行事兴坏,序列著数万言而卒"[①]。

在儒学发展史上乃至中国学术发展史上,荀子都是一个极富争议的人物。譬如,荀子以继承孔子学说为己任,对于儒家学说的发展起到了至关重要的作用,但他过去一直被排除在儒家学派之外,更没能在孔庙当中获得理应属于自己的配享,为学者们所忽视。荀子这种饱受争议与其学说的驳杂有关,郭沫若就曾经这样论及

---

① 夏松凉、李敏主编:《史记今注》,南京大学出版社1994年版,第968页。

荀子：

> 他既是一位儒家的大师，……但公正地说来，他实在可以称为杂家的祖宗，他是把百家的学说差不多都融汇贯通了。先秦诸子几乎没有一家没有经过他的批判。……在他的思想里面，我们很明显地可以看得出百家的影响。或者是正面的接受与发展，或者是反面的攻击与对立，或者是综合的统一与衍变。①

不过毋庸置疑，荀子又是一个非常重要的人物，因为他综合百家，吞吐道法，对于先秦时期的学说思想进行了全面系统地总结，创立了自己的学说体系。正是因为荀子作为轴心时代文化的总结者，其对于后世思想文化的发展具有起承转合的重要作用，所以，认识荀子的"他人"思想，对于理解先秦乃至整个传统当中的"他人"思想都具有非常重要的意义。

第一节 "人生不能无群"：不可或缺的"他人"

在人类文明的初期，由于生产力和科学技术发展水平还相当落后，人们无法对自然界和人类社会当中许多现象进行解释，因而赋予"天"一种神秘的力量，认为尘世的一切变动都受制于天命。虽然在先秦时期，生产力和人们的认识能力都有了大幅度的提高，但人们仍然高度崇拜"天"。道家就专门讲"天道"，并将天道与人道对立起来。虽然儒家与墨家是讲人道的，但"天"至高无上的地位仍然不可动摇。孔子虽然不讲"怪力乱神"，但仍然强调君子有"三畏"，而"天命"居首，并且以"知天命"作为自己人生奋斗的一个重要目标和

---

① 郭沫若：《十批判书》，东方出版社1996年版，第218页。

阶段。墨子更是将"天志"与鬼神作为推行兼爱的根据和保证。问题在于,对于上天的过度关注,必将降低人们关注尘世以及生活在尘世中的人类的热情,导致"错人而思天,则失万物之情"(《荀子·天论》)的不利局面。为了克服这个困境,荀子提出了"明于天人之分"的著名思想。在荀子看来,"天"按照自身的规律运行和发展,与人世截然殊途,"天"并不会因为人们的思慕而做出任何改变,"天行有常,不为尧存,不为桀亡","天不为人之恶寒也辍冬,地不为人之恶辽远也辍广"(《荀子·天论》)。因而人们要做的,并不是去思慕上天,而是要关注人世本身,做到"人有其治"。从而将人类的目光由上天转向人世、人类社会本身。由于社会是由自我与"他人"构成的,因而,对社会的关注,就必然离不开"他人"以及自我与"他人"之间的关系。

不过需要注意的是,在现代社会中,人们都承认人要生活在社会之中,自我与"他人"之间可能存在这样那样的关系,但是,这种关系的必要性则是值得怀疑的,是可有可无的,而且这种关系既可以是友好关系,也可以是敌对关系。譬如在现代西方,就盛行个人主义。在个人主义者看来,每个人都是一个孤立的单子,与"他人"彻底绝缘,"个人不受任何社会的约束,他自己的目标——不仅是权力,而且是荣誉和名声——是他的行为的唯一标准,这个标准把管理国家事务的技术标准排除在外"[①]。与自我完全绝缘的"他人",不仅不是自我生存发展必备的前提条件,反而可能构成自我生存发展的巨大威胁,"人对人像狼"(霍布斯语)、"他人即地狱"(萨特语),就是对于这种威胁的精确表述。所以,现代人要做的不是去接近"他人",而是远离"他人",将自己封闭孤立起来。而在中国先秦时期,老子也曾主张,人类应该回到"邻国相望,鸡犬之声相闻,民至老死,不相往来"的人与人相互隔绝的社会状态。因此,仅仅关注人类社

① 麦金太尔:《伦理学简史》,龚群译,商务印书馆2003年版,第179页。

会还不够,而且必须要在现实社会中将"我"与"他人"紧密地联系在一起。所以,荀子不仅要我们关注社会,而且,要我们关注社会中的"他人"以及自我与"他人"之间的紧密关联。

要唤起自我对于"他人"的关注,其前提条件是要唤醒人们对于"他人"不可或缺性的认识,也就是说,只有让自我意识到"他人"是不可或缺的,我们才有可能真正关注"他人",尊重"他人",爱护"他人",为"他人"的健康成长创造有利的条件。荀子是如何做到这一点的呢?

荀子有一段名言,内容如下:

> 水火有气而无生,草木有生而无知,禽兽有知而无义,人有气、有生、有知,亦且有义,故最为天下贵也。力不若牛,走不若马,而牛马为用,何也? 曰:人能群,彼不能群也。人何以能群? 曰:分。分何以能行? 曰:义。故义以分则和,和则一,一则多力,多力则强,强则胜物,故宫室可得而居也。故序四时,裁万物,兼利天下,无它故焉,得之分义也。故人生不能无群,群而无分则争,争则乱,乱则离,离则弱,弱则不能胜物,故宫室不可得而居也。(《荀子·王制》)

这段文字当中最为核心的当数"群""义""分",而这三者之中又以"群"最为重要。所谓"分"是指人与人之间具有等级名分的差异,而遵循这种名分差异就是"义",这也就是说,正是依靠"义"的作用,使具有不同名分等级的人们构成了一个整体,达到了差异性的统一。在荀子那里,"分"与"义"之间是一种相互依赖、内在统一的关系,因为荀子是孔子学说的继承者,我们在说到孔子学说的时候,我们就已经说过,孔子哲学中的"仁"就是"我"与"他人"的统一,而"义"又是"仁"联系在一起的,是"仁"的外在表现形式,也就是"仁内义外"之谓也。所以，王先谦在言及"故义以分则和"一句时，就说"言分义相须也"①，实际上就肯定了"分"与"义"之间的相互依赖、内在统一的关系。为什么要有"分"与"义"呢？这是保持群体的前提条件，如果没有"义"与"分"，那么群体当中就会出现争乱，从而最终导致群体走向分崩离析，所以，"义"与"分"最终都是服务于"群"的，正是为了保持群体的稳定性，要有"义"有"分"，这也就是王先谦所说的，"无分则争，争则不能群也"②。一旦我们将"群"确立为本段文字的核心，"群"的重要性或者说强调"群"的重要意义就豁然凸显出来了。

按照恩格斯的研究，由于劳动和语言的推动作用，人的头脑和各身体器官都获得高度的完善化，从而使人的身体与动物相比具有无可比拟的优越性，"鹰比人看得远得多，但是人的眼睛识别东西远胜于鹰。狗比人具有锐敏得多的嗅觉，但是它连被人当作各种物的特定标志的不同气味的百分之一也辨别不出来"③。我们不能以后人的认识水平去苛求于古人，由于时代和科学发展水平的限制，荀子对于人类的认识无法与恩格斯相提并论。所以，尽管恩格斯给予了人类身体以高度评价，但在荀子看来，单纯从身体角度来看，人类非但不比动物优越，而且还要拙劣得多，甚至可以说一无是处，"力不若牛，走不若马"就是人类身体拙劣于动物身体的真实写照。然而问题在于，既然人类"力不若牛，走不若马"，人类就需要取牛马等世间万物为人类自身服务，服牛乘马，使牛马为人所用，让牛为人耕田，让马为人代步。人类拙劣的身体条件决定了，如果人类单纯依靠自己的身体，不但不能服牛乘马，而且就连维护自己的生存都非常困难，既无法防御野兽的攻击，也无法完成建造房屋等繁重的体力劳动，"故人生不能无群，群而无分则争，争则乱，乱则离，离则弱，

---

① 王先谦：《荀子集解》，中华书局1988年版，第164页。
② 王先谦：《荀子集解》，中华书局1988年版，第164页。
③ 恩格斯：《自然辩证法》，《马克思恩格斯选集》第四卷，人民出版社1995年版，第378页。

弱则不能胜物,故宫室不可得而居也",所以人必须结合成一个群体。在群体当中,由于人们利用群体的力量弥补了自身的不足,使自身的力量得到强化,役使世间万物为人类的生存发展服务,从而使人类迥超于世间万物之上。正因为如此,荀子才说,人类虽然"力不若牛,走不若马",但是能够做到服牛乘马,就是因为"人能群,彼不能群也"。

同时按照唯物史观的社会分工理论,随着社会生产力的发展,社会的分工越来越细化,人类不同的需求无法通过自身的劳动来满足,甚至是加工同一个事物也需要不同的人来完成不同的工序,从而使劳动、需要的满足只有依赖于群体才能得以实现。当然,中国古人还没有树立起这种现代的唯物史观,但是他们已经模糊地意识到了,社会就像一个生命有机体,每个人都处于这个生命有机体的某个特殊位置,对于这个社会有机体的正常运行都发挥着至关重要的作用。荀子就曾作过形象的比喻:"人之百事,如耳目鼻口之不可以相借官也"(《荀子·君道》)。这实际上就是将每个人在社会现实当中比喻为耳目鼻口等身体器官,言其作用、位置虽然有所不同,但都是维持社会的正常运转所必需的,而且这些作用、位置本身又是无可替代的,就像耳目鼻口之间不能"相借"一样。既然社会是一个有机体,每个人作为这个有机体的一个组成部分,都是为这个有机体所必需的,那么"我"作为这个有机体的一个组成部分,同样也会对于构成这个有机体的其他组成部分具有一种依赖关系,正是它们的存在,才能使"我"仍然居于这个有机体之中,才能享受这个有机体为"我"所提供的营养,如果这个有机体中的其他部分都消失了,我们必然会有"唇亡齿寒"之痛。这实际上也就是荀子所说的,"能不能兼技,人不能兼官,离居不相待则穷"(《荀子·富国》)。正是为了防止这种疼痛的出现,为了防止这种可能变为现实,我们就必须与"他人"组建成一个群体,维护群体的稳定性,从而使自己生活于群体之中,"故人生不能无群","群道当,则万物皆得其宜,六畜皆得其长,群生皆得其命"(《荀子·王制》)。

在现代社会中,人们将世界当中的人与人之间的相互斗争归结为人类自私自利的本性,所以,现代社会的构造理论是建立在人性本恶的基础之上,而在中国古代,社会构造的理论建立在以儒家为代表的人性本善的基础之上。儒家主张人天生就有善性,像孔子讲"天生德于予",孟子讲"人有四端",都是主张人性本善,所以,后来儒家思想的世俗读本《三字经》开篇就讲"人之初,性本善。性相近,习相远"。荀子却反其道而行之,认为人性本恶,而所谓仁义礼智之类都不过是"化性起伪"的结果,从而使荀子在思想上似乎偏离了儒家正统而更加接近于法家思想,而这也恰恰是荀子在几千年的儒学发展史上始终不能获得应有尊重的一个重要原因。但是有意思的是,荀子又肯定了人类先天就有爱亲人、爱"他人"等群居的自然倾向。荀子说:

> 草木畴生,禽兽群焉,物各从其类也。(《荀子·劝学》)

> 凡生乎天地之间者,有血气之属必有知,有知之属莫不爱其类。今夫大鸟兽则失亡其群匹,越月逾时则必反铅,过故乡,则必徘徊焉,鸣号焉,踯躅焉,踟蹰焉,然后能去之也。小者是燕爵犹有啁噍之顷焉,然后能去之。故有血气之属莫知于人,故人之于其亲也,至死无穷。将由夫愚陋淫邪之人与?则彼朝死而夕忘之,然而纵之,则是曾鸟兽之不若也,彼安能相与群居而无乱乎?(《荀子·礼论》)

其意是说,在这个世界凡是具有"血气心知"的事物没有不爱护同类的,就连鸟兽在脱离群类的时候都有一种恋恋不舍之情,更何况作为"有血气之属莫若于人"和"最为天下贵"的人类。所以,人类对于群体和群体之中的"他人"更加具有一种仁爱的自然情感,否则的话,人类就连鸟兽也不如了,"我"与"他人"之间也就不能友好相处,而处于一日百战的混乱状态之中,而群体自然也会由于混乱而走向解体。因此,对于荀子来说,"我"与"他人"结成群体,不仅是出于实用性的需要,同样也是出于先天自然情感的需要。

既然人类对于群体具有天然的依赖性,那么人类就不可能从群体当中脱离出来,群体是由自我与"他人"共同构成的,所以,我们与群体之间的紧密联系,就决定了"我"与"他人"之间无法割断的联系,与"他人"共处乃是人类不可避免的宿命。对于荀子来说,其整个思想的核心和最后归宿,就是"群",他所有的议论无非都是劝导统治者要与"他人"和谐相处,要合"群",从而构建起一个井然有序的群体,"古之所谓士仕者,厚敦者也,合群者也,乐富贵者也,乐分施者也,……羞独富者也"(《荀子·非十二子》)。因此,"能群"不是别的,就是要善于处理好与"他人"之间的关系,达到"我"与"他人"和谐共处的状态,所以,荀子说:

> 能群也者,何也?曰:善生养人者也,善班治人者也,善
> 显设人者也,善藩饰人者也。善生养人者人亲之,善班治人
> 者人安之,善显设人者人乐之,善藩饰人者人荣之。四统者
> 俱,而天下归之,夫是之谓能群。(《荀子·君道》)

当然,由于荀子是站在统治者的立场上,来讨论"我"应该如何与"他人"相处,如何对待"他人"的问题,所以,在荀子那里,"我"是作为统治者而出现的,尤其是作为最高统治者——君王而出现的。荀子说,"君者,善群也",这个"君"就是统治者,而这其中当然也包括作为最高统治者的君王,因为荀子强调只有那些"能以使下谓之君"(《荀子·王制》),而对于被统治者则没有"使下"的机会,而只能"事上""顺上"。

为什么荀子特别强调君王要善群呢？因为按照古代人的思想观念，"普天之下，莫非王土；率土之滨，莫非王臣"，强调国家作为一个整体是属于一家一姓之私的，而君王就是一家之主，所以国家作为一个群体能否健康地运行下去，君王具有决定性的作用。当然，强调君王的决定性的作用，并不是说君王能够承担起国家构成中各个环节的职能，而是指他能够将所有的"他人"都团结在自己周围，并按照国家正常运转的需要，去调配"他人"，让"他人"去做自己应该做的事情，从而为国家整体的正常运转贡献自己的力量。这也就是荀子所说的，"人主者，以官人为能者也；匹夫者，以自能为能也。人主得使人为之，匹夫则无所移之。百亩一守，事业穷，无所移之也。今以一人兼听天下，日有余而治不足者，使人为之也"（《荀子·王霸》）。如果一个君王不善于或不能去支配"他人"、使用"他人"，而事必躬亲的话，那么，必然是用力多而事功少，即使他竭尽心力，也无法维持社会国家的正常运行，"大有天下，小有一国，必自为之然后可，则劳苦秏顇莫甚焉，如是，则虽臧获不肯与天子易势业"（《荀子·王霸》）。所以，君王所要做的事情，不是去应付细枝末节的小事，而是考虑如何维持社会国家整体的正常运行，使得社会中的各个行业、各个人都能承担起自己相应的责任和功能。荀子引用古书之言证明自己的观点。

> 为之者，役夫之道也，墨子之说也。论德使能而官施之者，圣王之道也，儒之所谨守也。传曰："农分田而耕，贾分货而贩，百工分事而劝，士大夫分职而听，建国诸侯之君分土而守，三公总方而议，则天子共己而已。"（《荀子·王霸》）

当荀子强调统治者要合理地调配"他人"、维护社会国家整体正常运行的时候，他实际上就已经强调了"他人"对于自我的重要性，自我作为国家这个整体当中的一员，其命运是与"他人"紧密地联系在一起的，如果"他人"服从自我的调配，自我与自我赖以生存的国家这个整体就能够存续下去；如果作为统治者的"我"不能够处理好与"他人"的关系，导致"他人"不服从自我的调配，那么，国家这个自我赖以生存的整体就会消亡，自我也就无法存续下去，"用国者，得百姓之力者富，得百姓之死者强，得百姓之誉者荣。三得者具而天下归之，三得者亡而天下去之"（《荀子·王霸》）。所以荀子说，自我对于"他人"的依赖，就像舟对于水的依赖一样，"传曰'君者，舟也；庶人者，水也。水则载舟，水则覆舟。'此之谓也。故君人者欲安则莫若平政爱民矣，欲荣则莫而隆礼敬士矣，欲立功名则莫若尚贤使能矣"（《荀子·王制》）。

虽然荀子强调统治者特别是君王要"善群""能群"，但这并不意味着被统治者、平民百姓就可以脱离"他人"而存在。在荀子看来，平民百姓同样离不开"他人"，人要存身于"他人"之中，与"他人"共在。对于中国人来说，人总是群体当中的个人，这诚如有些学者所言，"在中国传统的实际生活里，在思想文化里，'人'指的几乎全是、或主要是由人伦（核心是亲属血缘人伦关系）来形成的家族、民族、国家这类整体，和在这种人伦关系之网中被分别规定下来的一切个人。中国人及其文化，极少把人视作'原子'状的孤立个人。在中国人普遍的观念里，孤独个人绝不是什么正常的情况，只是一种不幸或偶尔发生的状况，如家国离乱、天灾人祸造成的人的潦倒和飘零"[①]。而作为被统治者的平民百姓虽然不是国家这个群体的核心，但是他同样也要生活在国家、民族、家族这类由自我与"他人"构成的群体之中，这些群体构成了其生存发展的基本环境，他需要从这些环境当中获得生存发展所需的营养。一旦脱离了这些群体，他就像一株从土壤中被拔出的植物，被切断了与大地之间的关联，其结果只能是枯萎与死亡。当然，我们从群体当中获得的营养，既有物质方面的，也有精神

----

① 杨适：《中西人论的冲突——文化比较的一种新探求》，中国人民大学出版社1991年版，第13-14页。

方面的。像我们前面所说的社会分工与合作,主要是属于物质方面的,像我们通常所说的国与家是我们精神的家园以及前文所说的人有爱群的天然情感倾向等,都是属于精神方面的。在这些方面之外,荀子又从学习修身的角度论及了"他人"对于自我的重要性。

孔子曾经讲自己非"生而知之者",而是"学而知之者",并告诉人们自己可以从一切"他人"那里都能有所学习,有所收获,所谓"三人行,必有我师焉",就是强调"他人"对于自我修养的重要作用。荀子同样非常重视学习修身对于自我生存发展的重要性,学习本身就是接受规范的矫正,从而"化性起伪",最终使人向善的过程,"木直中绳,𫐐以为轮,其曲中规,虽有槁暴,不复挺者,𫐐使之然也。故木受绳则直,金就砺则利,君子博学而日参省乎己,则知明而行无过矣"(《荀子·劝学》)。但是这个学习修身不是一个凭借自己的一己之力就可以完成的过程,需要一个良好的外部环境和"他人"的帮助。"蓬生麻中,不扶而直"(《荀子·劝学》),是强调良好的外部环境对于自我成长所产生的积极影响;而"假舆马者,非利足也,而致千里;假舟楫者,非能水也,而绝江河"(《荀子·劝学》),则强调的是"他人"帮助对于自我成长的重要作用。外部环境和"他人"的帮助都离不开"他人","他人"乃是"我"学习修身的良师益友,所以,"我"学习修养之捷径就是向"他人"靠拢,以"他人"为师,"学莫便乎近其人"(《荀子·劝学》)。当然,这里的"其人"是指那些道德高尚的人。实际上,对于一个善于学习修养的人来说,不管是道德高尚的人,还是道德低下的人,都可以成为"我"学习修养的借鉴,因为"他人"就像是一面镜子,通过这面镜子,我们就能比较全面客观地认识评价自己,知道自己的优胜与不足,所以荀子说:

> 见善,修然必以自存也;见不善,愀然必以自省也;善在身,介然必以自好也;不善在身,菑然必以自恶也。故非我而当者,吾师也;是我而当者,吾友也;谄谀我者,吾贼

也。故君子隆师而亲友,以致恶其贼,好善无厌。受谏而
能诚,虽欲无进,得乎哉。(《荀子 修身》)

既然,"他人"构成了自我学习修养的重要条件,我们就不能将自我
与"他人"隔离开来,而要主动自觉地维护"他人"的存在,从而做到
与"他人"共在。

第二节 "制礼义以分之":"我"与"他人"相处的准绳

既然人必须生活于由自我与"他人"共同构成的群体之中,那
么,我们就必须要想方设法来维护群体的稳定,从而为自我与"他
人"共同的生存与发展提供必要的前提条件。对于缺乏宗教传统的
中国人而言,人们在提供这个方法的时候,并不是目光向外,去寻找
上帝或某种神秘之物作为这些方法的基础,而是习惯于将目光转向
自身,去寻找人性的根基。所以,在中国历史上,人性论非常丰富,
哲人们都好言"性"。在荀子之前,孔子与孟子是性善论的代表;与
孟子展开激辩的告子则为性无善恶论的代表;以老庄为代表的道
家,情况比较复杂,按照张岱年的说法,可以算作性超善恶论的代
表,"道家的性论,在一意谓上,可以说是性无善恶论;在另一意谓
上,也可以说是性至善论。然道家是唾弃所谓善的,是不赞成作善
恶的分别的,所以如将道家之说名为性善论,实不切当。究竟言之,
当说是性超善恶论"①。荀子同样也从人性出发去寻找维护群体、自
我与"他人"友好相处的根基,但是,荀子的人性论既不同于道家与
告子的性无善恶论和性超善恶论,而且也不是孔、孟所主张的性善
论,而是提出了与孔、孟截然相反的性恶论。

孔子讲"天生德于予",就肯定人具有先天德性,孟子继承了孔

---

① 张岱年:《中国哲学大纲》,中国社会科学出版社1982年版,第196页。

子的这一思想主张,并曾经和告子进行过有关性善性恶的著名辩论。但荀子对于孟子的辩论持否定态度,"孟子曰:'人之学者,其性善。'曰:是不然,是不及知人之性,而不察乎人之性、伪之分者也"(《荀子·性恶》)。在荀子看来,孟子最重要的失误在于混淆了"性"与"伪",没有在二者之间作出明确的区分。所以,要搞清楚"我"与"他人"应该如何才能做到友好相处的问题,就必须首先要"明于天人之分",也就是要搞清楚"性伪之分"的问题。那么,"性"与"伪"之间的区别到底存在于何处呢? 荀子说:

> 凡性者,天之就也,不可学,不可事;礼义者,圣人之所生也,人之所学而能,所事而成者也。不可学、不可事而在人者谓之性,可学而能、可事而成之在人者谓之伪,是性、伪之分也。(《荀子·性恶》)

> 生之所以然者谓之性。性之和所生,精合感应,不事而自然,谓之性。(《荀子·正名》)

在荀子看来,"性"是人类天生的自然禀赋,是人类的自然禀赋,是不待学习、不待改造而自然存在于人类自身的,而诸如礼义之类等孟子所讲的所谓道德善性恰恰是人类经过后天的学习、修养等人事活动而获得的,所以,善是出于人为加工造作的结果,是"伪",不是出于人类的天性、本性。正因如此,"性"与"伪"之间正反相对,不过二者之间又是相互联系的,因为"伪"是出于人为加工造作的结果,那么,加工造作就必须要有一个可供加工造作的对象或材料,而这个对象或材料不是别的,恰恰就是"性",所以,"性"与"伪"之间就构成了"材料"与"加工"或"成品"的关系,而后者是依赖有待于前者的。所以荀子说:

> 性者,本始材朴也;伪者,文理隆盛也。无性则伪之无
> 所加,无伪则性不能自美。性伪合,然后成圣人之名,一天
> 下之功于是就也。故曰:天地合而万物生,阴阳接而变化
> 起,性伪合而天下治。(《荀子·礼论》)

既然"性"构成礼义等道德善性之"伪"的原始材料,那么,我们
要想实现自我与"他人"之间的友好相处,要想"化性起伪",就要对
于我们的自然之性进行加工改造。这个"性"与"伪"就是告子与孟
子辩论的"杞柳"与"桮棬","化性起伪"就是要将"杞柳"制作为"桮
棬"。为了使我们制作出来的"桮棬"能够达到巧夺天工的地步,为
了能够与"天工"相媲美,我们首先就得去研究"天工",就得去研究
杞柳的先天本性。也就是说,我们要想对人们进行"化性起伪",将
人们变成能够仁爱"他人"、能够与"他人"友好相处的道德高尚之
人,那么我们就必须首先去研究人的本性,对于人的本性有一个清
醒的认识了解。

如果人性不像孟子所说那样是善的,那么人类的先天本性到底
为何呢?荀子的回答是:如果按照"生之所以然者谓之性"这个标准
来衡量人性,那么,人性本恶。

> 今人之性,生而有好利焉,顺是,故争夺生而辞让亡
> 焉;生而有疾恶焉,顺是,故残贼生而忠信亡焉;生而有耳
> 目之欲,有好声色焉,顺是,故淫乱生而礼义文理亡焉。然
> 则从人之性,顺人之情,必出于争夺,合于犯分乱理而归于
> 暴。……
> 今人之性,饥而欲饱,寒而欲暖,劳而欲休,此人之情
> 性也。……故顺情性则不辞让矣,辞让则悖于情性矣。用
> 此观之,然则人之性恶明矣。(《荀子·性恶》)

如果人们完全顺从自己的自然本性去立身行事,去与"他人"相处交往,那么,人们就会用争夺代替辞让,就会用残贼代替忠信,就会用淫乐代替礼义文理,世界上根本就不会再存在某种我们称之为善的事物和行为。然而问题在于:为什么人们顺从自然本性就会产生恶而不会产生善呢? 这是"性"的特质使然。按照荀子的解释,"性者,天之就也;情者,性之质也;欲者,情之应也"(《荀子·正名》)。在荀子那里,构成了人类自然的本性的实质内容不是别的,而是人类的情感,而情感的自然反应或表现就是"欲"。既然情感构成了性的实质内容,那么,"欲"或欲望对于人类来说,就是不可避免的,人们都会努力使自己的欲望得以实现,所以,荀子说,"以欲为可得而求之,情之所必不免也;以为可而道之,知所必出也。故虽为守门,欲不可去,性之具也。虽为天子,欲不可尽"(《荀子·正名》)。对于人类来讲,都有一些基本欲望需求,也就是维持生存所必需的一些基本条件,如饥则欲食、寒则欲暖、劳而欲息、好利恶害等。然而人的欲望是无穷无尽的,当那些基本的欲望得到满足之后,人类又会产生出一些新的更高的欲望要求,并且最终会达到极端状态,"夫人之情,目欲綦色,口欲綦味,鼻欲綦臭,心欲綦佚。此五綦者,人情之所不免也"(《荀子·王霸》),"綦"就是"极",也就是最好的意思,所以人的情性当中都有追求最好的食色等欲望。如果顺从人的本性,那么就必须对于这些欲望进行满足,然而问题在于,人的欲望是无限的,而用以满足欲望的条件却是有限的,这就必然会产生有限的条件与无限的欲望之间的尖锐矛盾,从而导致人与人相争,"欲多而物寡,寡则必争矣"(《荀子·富国》)。有限与无限之间的矛盾就决定了,顺着人性必然会走向"恶",导致自我与"他人"的冲突,自我为了满足自己的欲望必然会毫不迟疑地去奴役伤害"他人","我"与"他人"所构成的群体也会因此而走向分崩离析。

正是为了防止人性的自由发展会导致"我"与"他人"走向激烈的冲突,导致群体由和谐走向混乱,由统一走向破裂,圣人制定礼法以解决有限的条件与无限的欲望之间的矛盾。

> 礼起于何也？曰：人生而有欲，欲而不得，则不能无求，求而无度量分界，则不能不争；争则乱，乱则穷。先王恶其乱也，故制礼义以分之，以养人之欲，给人之求，使欲必不穷乎物，物必不屈于欲，两者相持而长，是礼之所起也。（《荀子·礼论》）

在这段文字当中，荀子并没有像孔子和孟子那样一味地否定人的自然欲望，而是肯定了人的自然欲求，认为人们追求自然欲望的满足是一种正常的行为，所以首先强调人们应该满足人的基本的自然欲求，"养人之欲，给人之求"。如何来满足人的自然欲求呢？在先秦时期，人们更多的是将希望寄托在天上，认为年成的好坏完全是天意使然，这也就是说，人们将自己欲望满足与否完全归结为天意。但是荀子认为，自然界的运行是有其固有规律的，"不为尧存，不为桀亡"，关键是人要做出正确的应对，如果措施得当，即使是大灾之年也能做到丰衣足食。所以，荀子强调人们应该正确地利用自然规律发展生产，创造能够充分满足人类自然欲求的有利条件，做到"天有其时，地有其财，人有其治"（《荀子·天论》）。

> 大天而思之，孰与物畜而制之？从天而颂之，孰与制天命而用之？望时而待之，孰与应时而使之？因物而多之，孰与骋能而化之？思物而物之，孰与理物而勿失之也？愿于物之所以生，孰与有物之所以成？故错人而思天，则失万物之情。（《荀子·天论》）

但是问题的关键正如前文所言，人的欲望是无限的，所以发展物质生产并不能完全解决"欲穷于物""物屈于欲"的问题。

　　为了进一步地解决物与欲之间的矛盾以及由此而引起的"我"与"他人"之间的冲突,还必须在发展生产之外来做好分配工作。所以,"制定礼义以分之"中的"分"首先指向的是财富。在我国现代社会中,由于我们每个人都是国家的主人,人与人之间都是一种平等关系,所以,我们国家实行按劳分配原则,但是问题在于,在荀子及其之前的社会中,实行的是等级制度,构成国家社会成员的人与人之间具有严格的等级秩序,那么,这种分配不是与人们所提供的劳动相对应,而是人们所处的社会等级相适应。礼法制度一方面就是要保持社会的等级秩序,确认人们在这个等级秩序当中所处的位置,以保证社会成员能够承担起相应的责任,真正做到"人有其治";另一方面保证严格地按照等级秩序在社会成员之间进行财富分配,避免由于原则混乱而产生争夺与冲突。所以荀子说,"故先王案为之制礼义以分之,使有贵贱之等,长幼之差,知贤愚、能不能之分。皆使人载其事而各得其宜,然后使悫禄多少厚薄之称,是夫群居和一之道也"(《荀子·荣辱》)。这样一来,在荀子那里,先王通过制定礼义来规定人与人之间的"度量分界",既使人的欲望不超过物质的生产,也使物质生产不至于无法满足人们的欲望,从而二者互为条件、相互促进,达到有机的统一,最终使人们的欲求得到适当的满足,"礼者,贵贱有等,长幼有差,贫富轻重皆有称者也。故天子袾裷衣冕,诸侯玄裷衣冕,大夫裨冕,士皮弁服。德必称位,位必称禄,禄必称用。……量地而立国,计利而畜民,度人力而授事。使民必胜事,事出必利,利足以生民"(《荀子·富国》)。正是有见于此,李泽厚对荀子礼义法制之缘起的思想观念作了一个非常精辟的概括:"把作为社会等级秩序,统治法规的'礼'溯源和归结为人群维持生存所必需。在荀子看来,'礼'起于人群之间的分享(首要当然是食物的分享),只有这样才能免于无秩序的争夺"。[①]

---

　　① 李泽厚:《中国思想史论》(上),安徽文艺出版社1999年版,第114页。

既然群体对于人的生存与发展具有极端的重要性,而礼义法制又是维护群体稳定的根本保证,那么,礼义对于群体与个人都具有极端的重要性,是修身齐家治国平天下的基石,所谓"礼义之谓治,非礼义之谓乱"(《荀子·不苟》),说的就是这个道理。

> 礼者,人之所履也,失所履,必颠蹶陷溺。所失微而其为乱大者,礼也。礼之于正国家也,如权衡之于轻重也,如绳墨之于曲直也。故人无礼不生,事无礼不成,国家无礼不宁。(《荀子·大略》)

因此可以说,礼义是为人与治国所必须依照的准绳。对于一个人来说,只有遵守了礼义,他才能与"他人"友好相处,才能在现实世界中安身立命,"人莫贵乎生,莫乐乎安,所以养生乐安者,莫大乎礼义。人之贵生乐安而弃礼义,辟之是犹欲寿而殇颈也,愚莫大焉"(《荀子·强国》)。对于一个国家来说,礼义也是长治久安的保证。只有君主推行礼义,人民立身行事都遵守礼义,国家才不会产生冲突祸乱,才会繁荣昌盛,"礼者,治辨之极也,强国之本也,威行之道也,功名之总也。王公由之,所以得天下也;不由,所以陨社稷也"(《荀子·强国》)。既然礼义是为人治国的根本,那么国家与个人都应该推行礼义、遵守礼义,做到生死由之,无改其道,"义之所在,不倾于权,不顾其利,举国而与之,不为改视,重死持义而不桡,是士君子之勇也"(《荀子·荣辱》)。这也就是说,一方面,我们要在现实生活中,用礼义作为标准来判断"他人"的行为。像历史上申徒狄负石投河、惠施邓析的山与泽平和天与地卑的诡辩、盗跖的名声像舜禹一样被广泛流传,如果我们以礼义为标准对其加以审视,那么我们就不会重视他们,因为他们的所作所为都不符合礼义,"非礼义之中也"(《荀子·不苟》)。另一方面,我们要时时处处以礼义来约束自己的行为,完全按照礼义去对待"他人",做到尊卑有度,宽慢有节,"遇君则修臣下之义,遇乡则修长幼之义,遇长则修子弟之义,遇友则修礼节辞让之义,遇贱而少者则修告导宽容之义"(《荀子·非十二子》)。

值得注意的是,荀子讲在"我"与"他人"、人与人之间"制定礼义以分之",就意味着他坚持儒家的亲亲有差的等级原则,否定了道家的"万物一齐"和墨家的"爱无差等"的思想观念。因为在荀子看来,"我"与"他人"之间的地位完全平等,既不符合自然规律,也不利于群体的稳定以及"我"与"他人"之间的和谐相处。

> 分均则不偏,势齐则不一,众齐则不使。有天有地而
> 上下有差,明王始立而处国有制。夫两贵之不能相事,两
> 贱之不能相使,是天数也。势位齐而欲恶同,物不能澹则
> 必争,争则必乱,乱则穷矣。(《荀子·王制》)

如果人们之间地位完全平等,那么,每个人都希望如同圣王一样,过着穷奢极欲的生活,这必然会导致由于财力不足而引发人民之间相互争斗,从而使国家走向混乱,甚至是解体。圣王正是害怕人与人之间的绝对均等状态会导致社会混乱、群体瓦解,才制定出礼义作为标准,在人与人之间划分出高低贵贱、贤与不肖等多方面的差别,从而使人们能够相事相使。既然"我"与"他人"之间具有贫富贵贱、贤与不肖等多方面的差别,那么也就意味着每个人分有财富的数量、在社会中的地位和责任都不一样,"古者先王分割而等异之也,故使或美或恶、或厚或薄、或佚或乐、或劬或劳,非特以为淫泰夸丽之声,将以明仁之文,通仁之顺也"(《荀子·富国》)。

既然在礼义当中包含了"分",人群当中有高低贵贱、贤与不肖等多方面的差别,那么,"我"在与"他人"交往和相处的过程中,我们就必须按照礼义对"他人"予以分别对待,而不能以同样的方式去对待所有的"他人"。譬如,按照礼义的要求,每个人都应该尊敬所有的"他人",不过需要注意的是,虽然都是尊敬"他人",但随着尊敬主

体和对象的变化,尊敬的内涵也必须发生变化,也就是说,尊敬要体现出不同"他人"之间的内在分别,"敬人有道:贤者则贵而敬之,不肖者则畏而敬之;贤者则亲而敬之,不肖者则疏而敬之。其敬一也,其情二也"(《荀子·臣道》)。只有注重了每个"他人"之间的差别,并按照礼义对"他人"予以分别对待,"我"与"他人"构成的群体才能达到和谐统一,"我"与"他人"才能并处而无害,"故尚贤使能,则主尊下安;贵贱有等,则令行而不流;亲疏有分,则施行而不悖,长幼有序,则事业捷成而有所休"(《荀子·君子》)。在这个世界上,遵守礼义的典范应该是君子,正是因为君子在与"他人"相处的过程中,始终以礼义作为准绳来要求自己、对待"他人",所以,"他人"像众星捧月般聚合在君子的周围,为"他人"所崇拜敬仰,批评"他人"而不会招致嫉恨,表扬自己也不会让人感觉虚夸,顺从"他人"也不会让人感觉怯懦,刚强猛毅也不会让人感觉骄横凶暴,这没有别的原因,"以义应变,知当曲直故也"(《荀子·不苟》)。所有的人都应该学习礼义法度,并以此作为处理"我"与"他人"关系的准绳,唯其如此,"我"与"他人"才能和谐相处,社会才能长治久安。因此,荀子希望在全国掀起讲求礼义之风,并为此提出了相应的策略,譬如通过奖惩来推广礼义,他甚至为此提出要以打破传统的等级序列为代价,根据人们对于礼义遵守的程度来重新确定人们的等级序列,"虽王公士大夫之子孙,不能属于礼义,则归之庶人。虽庶人之子孙也,积文学,正身行,能属于礼义,则归之卿相士大夫"(《荀子·王制》),足见荀子对于礼义的重视程度,也足见在荀子眼中,礼义对于协调"我"与"他人"关系、维护群体稳定的重要作用。

第三节 "修其内而让之于外":引导"他人"

虽然在荀子的理想当中,希望人们都能遵守礼义,从而保证群体稳定以及自我与"他人"能够和谐相处,但现实总是与理想背道而驰。荀子所生活的战国时代恰恰是一个"诸侯异政""百家异说"的时代,《史记》当中记述荀子的时代"浊世之政,亡国乱君相属,不遂大道而营于巫祝,信禨祥,鄙俗小拘,如庄周等又猾稽乱俗"①。在这样一个"礼崩乐坏"的时代里,人们并不能完全按照礼义的要求来处理自我与"他人"之间的关系,因而"我"与"他人"之间不但不能做到相互仁爱、友好和谐,反而是尔虞我诈,矛盾与冲突不断,"有掎挈伺诈,权谋倾覆,以相颠倒,以靡敝之,……臣或杀其君,下或杀其上,粥其城,倍其节,而不死其事"(《荀子·富国》)。正是面对这样一种混乱的艰难时局,荀子希望通过自己的努力,通过弘扬礼法来移风易俗,使政修治平,社会稳定,人们安居乐业,人与人之间也能够和谐相处。如何做到这一点呢? 荀子提出的方案是:

> 君子务修于其内而让之于外,务积其德于身而处之以遵道。(《荀子·儒效》)

如果说得更加具体一点,则可以表述如下:

> 君子之度己则以绳,接人则用抴。度己以绳,故足以为天下法则矣。接人用抴,故能宽容,因求以成天下之大事矣。故君子贤而能容罢,知而能容愚,博而能容浅,粹而能容杂,夫是之谓兼术。(《荀子·非相》)

何谓"抴"?"抴"的本意为舟楫,后引申为"牵引",郝懿行解释这段话时就说:"言君子裁度己身则以准绳,接引人伦则用舟楫,谓律己严而容物宽也"②,可谓得荀子思想之精髓。这也就是说,荀子的方案就是:严于律己,宽以待人。不过需要注意的是,荀子讲宽容,并不

---

① 夏松凉、李敏主编:《史记今注》,南京大学出版社1994年版,第968页。
② 王先谦:《荀子集解》,中华书局1988年,第85页。

是无原则地姑息养奸,而是在不伤害原则的前提下对于"他人"加以引导,帮助"他人"走上正确的人生道路。当然,帮助、引导"他人"的前提是自己要具有高深的修养,所以,要做到"让之于外""接人用抴",必须就首先要"修之于内""度己以绳"。

　　为什么在现实中人们不能以礼义法度为准绳来处理自我与"他人"之间的关系,从而与"他人"友好相处呢?这在荀子看来,在一定程度上是由于人们的心灵受到了遮蔽,"凡人之患,蔽于一曲,而暗于大理"(《荀子·解蔽》)。对于人类来说,遮蔽无处不在,欲恶、始终、远近、博浅、古今等,凡是世间万物的差异之处,都有可能构成心灵的遮蔽。然而问题在于,在现实生活中,人的心灵虽然受到了遮蔽,但却茫然而不自知,始终盲目而坚定地把自己的思想观念奉为天下之大道,而对于礼义法度这个真正的大道却视而不见、充耳不闻,凡是那些异于自我的"他人"的主张见解,都一概将其斥之为歪理邪说,并主张彻底地对其加以清除禁绝,"私其所积,唯恐闻其恶也;倚其所私以观异术,唯恐闻其美也"(《荀子·解蔽》),而这必然会导致人们之间自是而相非,更有甚者,还相互争斗。譬如,诸子百家之学当中,虽然他们的本意都是为了寻求大道,促进"我"与"他人"之间的和谐,维护群体的稳定,但有的学说由于已经受到了严重的遮蔽,如果将其付诸现实,就必然会引起社会混乱、群体瓦解,"乱国之君,乱家之人,此其诚心莫不求正而以自为也,妒缪于道,而人诱其所迨也。私其所积,唯恐闻其恶也;倚其所私,以观异术,唯恐闻其美也。是以与治虽走而是己不辍也,岂不蔽于一曲而失其正求也哉"(《荀子·解蔽》)!

　　究其根源,这种情况的出现与道或礼义的本性有关①。荀子说:

---

　　①在荀子的著作当中,"道"和"礼义"是同一个概念的两种不同表述。譬如在《儒效》当中,荀子说:"先人之道,仁人隆也,比中而行之。曷谓中?曰:礼义是也";又如在《强国》当中,荀子说:"道也者何也?曰:礼让忠信是也";再如在《天论》当中,荀子说:"治民者表道,表不明则乱。礼者,表也"。这几处论述,荀子都明确地将"道"和"礼义"加以等同。

"夫道者,体常而尽变"(《荀子·解蔽》),其意是说,"道"本身是不变的,但不变的"道"却能穷尽一切变化,将一切变化容纳于自身当中。既然如此,"道"就是一个至大无外的整体、穷尽一切的大全,一切变化、一切事物都不过是道的一个方面、一个组成部分,"万物为道一偏,一物为万物一偏,愚者为一物一偏"(《荀子·天论》)。所以,从任何一个具体的方面出发,都只能得到"道"的一个组成部分,而不能得到整体性的"道"。从"道"的某一方面而不是从"道"的整体出发,人们就必然无法洞悉世间万物之理,在待人接物上也必然会出现这样那样的过错。

> 凡观物有疑,中心不定,则外物不清,吾虑不清,则未可定然否也。冥冥而行者,见寝石以为伏虎也,见植林以为后人也,冥冥蔽其明也。醉者越百步之沟,以为跬步之浍也,俯而出城门,以为小之闺也,酒乱其神也。厌目而视者,视一以为两;掩耳而听者,听漠漠而以为哅哅:势乱其官也。故从山上望牛者若羊,而求羊者不下牵也,远蔽其大也;从山下望木者,十仞之木若箸,而求箸者不上折也,高蔽其长也。(《荀子·解蔽》)

在荀子那里,有一个人们耳熟能详的有关心灵受到遮蔽的故事,就是涓蜀梁由于心灵受到遮蔽,而不能对于周围的事物进行详细审察,就误将自己的影子当作厉鬼,从而受惊过度,气绝身亡。可见,遮蔽对于人们的危害,小则可以丧身,大则可以亡国。

正是认识到受到遮蔽的心灵使我们不能正确地认识对待外物和"他人",如果我们一意孤行的话,就会出现过错,造成危害,所以荀子教导人们,"凡观物有疑,中心不定,则观外物不清,吾虑不清,则未可定然否也。……水动而景摇,人不以定美恶,水势玄也。瞽者仰视而不见星,人不以定有无,用精惑也。有人焉,以此时定物,则世之愚者也。彼愚者之定物,以疑决疑,决必不当。夫苟不当,安能无过乎"(《荀子·解蔽》)?然而问题在于,世界上的"愚者"比比皆是。虽然由于受到欲恶、远近、古今等方面的遮蔽,大多数人都只是把握了"道"的某一或某些方面,而没有抓住"道"的整体,但自私自利的恶劣本性却使人强装抓住了整体性的"道","曲知之人,观于道之一隅而未之能识也,故以为足而饰之,内以自乱,外以惑人,上以蔽下,下以蔽上,此蔽塞之祸也"(《荀子·解蔽》)。这样一来,人们"必自以为是而以人为非",甚至会出现压抑或排斥"他人"的情况。虽然在世俗世界中,先秦诸子都被当作聪明睿智之士,但在荀子看来,除了孔子之外,其余的人都不过是"蔽于一曲,而暗于大理"的"一曲之士",与"道"相去甚远。所以荀子对他们展开了猛烈的批评,揭露他们所遭受的遮蔽:

> 墨子蔽于用而不知文,宋子蔽于欲而不知得,慎子蔽于法而不知贤,申子蔽于势而不知知,惠子蔽于辞而不知实,庄子蔽于天而不知人。(《荀子·解蔽》)

正是先秦诸子心灵上所遭受的遮蔽,使得他们的学说虽然各有所得,但也都各有所失,虽然有所见,但也有所不见,始终无法获得"大道",并以片面的真理互相攻击,导致真理溷然混乱。

既然人们之所以不能正确地、宽容地对待"他人",是由于受到欲恶、远近、古今等的遮蔽,而不能够认识、把握大道,那么,自我为了能够做到正确地、宽容地对待"他人",就要通过修养功夫,解除心灵上的遮蔽,以把握大道。荀子为此指出了"虚一而静"的修养道路。

> 人何以知道?曰:心。心何以知?曰:虚一而静。心未尝不臧也,然而有所谓虚;心未尝不满也,然而有所谓

一；心未尝不动也，然而有所谓静。(《荀子·解蔽》)

"虚一而静"的修养功夫包含了"虚""一""静"三个环节或步骤，但其中最核心的还是"虚"，只有首先做到"虚"，才能顺理成章地做到"一"和"静"，没有"虚"，也就没有"一"和"静"。"一"就是指"专一"，与离散相对。而"静"则与"动"相对，指心灵不受外物、欲望的引诱而蠢蠢乱动，也就是不浮躁，所以，王先谦在解释"静"这个字时就说："言处心有常，不蔽于想象、嚣烦，而介于胸中以乱其知，斯为静也。"[1]要做到心灵"专一"，不浮躁，不乱动，都有赖于"虚"。何谓"虚"？荀子说："人生而有知，知而有志，志也者，臧也，然而有所谓虚，不以己所臧害所将受，谓之虚"(《荀子·解蔽》)。其意是说，人生在世，心灵当中必然会接受并储藏一些知识观念，而这些知识观念就有可能成为心灵的遮蔽，妨碍人们去认识、接受"道"，所谓"虚"就是要清除这些已经储藏在心灵当中的知识观念，使心灵达到一种完全不受遮蔽的"大清明"的状态，做到"不以己所臧害所将受"，从而能够如其所是地去把握大道。所以，总而言之，"有求道之心，不滞于偏见曲说，则是虚一而静"[2]。一旦我们把握了大道，那么，我们就会明白，"他人"在整个社会宇宙当中，无不具有一定的等级类别，无不占有恰当的位置。惟其如此，我们才能按照礼义正确地对待"他人"，而不再会"自以为是以人为非"，更不会排斥与攻击"他人"，从而做到宽容地对待"他人"。

本来，道家是最喜欢讲"虚"的，老子讲"虚其心，实其腹"，庄子讲"心斋"与"坐忘"也是与"虚"联系在一起的，所以，荀子讲"虚一而静"可以说是继承了庄子反对"成心"和批评"一曲"的思想，使人感觉仿佛进入到了道家哲学之中。但是荀子的"虚一而静"与道家哲学特别是庄子哲学中的"虚"是不一样的，因为庄子讲"虚"最终走向

---

[1] 王先谦：《荀子集解》，中华书局1988年版，第396页。
[2] 王先谦：《荀子集解》，中华书局1988年版，第396页。

了相对主义、多元论,不讲是非,"不遣是非,以与世俗处",但荀子讲"虚一而静"则是有所宗主的,他所追求的目标则是"一于道而赞稽物"(《荀子·解蔽》),是以礼义法度或道作为是非的标准。所以,王先谦说,"以虚心须道,则万事无不行;以一心事道,则万物无不尽;以静心思道,则万物无不察。此皆言执其本而末随也"[①],言下之意,就是说荀子的"虚一而静"不是要达到彻底的虚无状态,而是要回到事物的根本——道或礼义。当然,荀子不是一个性善论者,不认为人一生下来就能知书识礼,就能按照礼义法度与"他人"相处,而是认为人是学而知之者,所以他主张自我要加强对于礼义法度的学习,以利于自己能完全按照礼义法度来认识和对待"他人"。这也就是《荀子》一书以"劝学"开篇的原因之所在。学的不是别的,就是礼义法度,就是道,学习的目标就是成为知书识礼之人,"学恶乎始?恶乎终?曰:其数则始乎颂经,终乎读礼;其义则始乎为士,终乎为圣人。……《礼》者,法之大分,群类之纲纪也,故学至乎《礼》而止矣。夫是之谓道德之极"(《荀子·劝学》)。

当然,对于荀子来说,学习修身并不是为了"独善其身",而是要"兼济天下",使自己能够更好地服务于社会、国家和"他人",因为人类毕竟是一个群体性的存在物,只有"他人"和群体都得到了完善,我们自身的利益才能得到有效的保证。所以,荀子强调人们在自我完善的同时,也要帮助"他人"提高自己的修养,让"他人"变得完善起来。荀子为此提出的第一个措施就是"辨说"。所谓"辨说"也就是"辩论",通过与"他人"进行辩论,让别人认识到自己的错误,从而放弃错误去追随真理。在先秦时期,诸子蜂起,百家异说,导致辩论不可避免,可以说"辩"在当时已经成了一种普遍的社会风尚,诸如惠施公孙龙等名家者流更是以"辩"作为自己的志业。公都子就曾经跟孟子说,人们都说您爱好辩论,孟子为自己辩解道,"予岂好辩

---

① 王先谦:《荀子集解》,中华书局1988年版,第396页。

也哉？予不得已也"，因为当时的社会情势是"圣王不作，诸侯放恣，处士横议，杨朱、墨翟之言盈天下。……邪说诬民，充塞仁义也"，而其辩论的目的就是要"闲先圣之道，距杨墨，放淫辞，邪说者不得作"（《孟子·滕文公下》）。从这段对话当中我们就可以看出，孟子经常与人展开辩论。在荀子所生活的时代，"诸侯放恣，处士横议"的现象较之孟子所生活的时代，有过之而无不及，"假今之世，饰邪说，交奸言，以枭乱天下，矞宇嵬琐，使天下混然不知是非治乱之所存者有人矣"（《荀子·非十二子》），所以，荀子为了正人视听，也决定进行辩论，"今圣王没，天下乱，奸言起，君子无势以临之，无刑以禁之，故辨说也"（《荀子·正名》）。不过，孟子与荀子虽然都进行辩论，但是二者之间存在着巨大的差异，在孟子的辩论当中存在着严重的傲慢的独断性，对于杨墨学说的内容不作分析，直斥为"淫辞邪说"，而且进行人身攻击，斥其为"禽兽"，所以孟子的辩论更加像是一个当权者铲除异己的讨伐活动，而不太像是两个平等主体之间的辩论。而荀子的辩论则不然，荀子的辩论是一种高度理性化的公平公正的辩论，而不是恶毒的人身攻击。

> 以仁心说，以学心听，以公心辨。不动乎众人之非誉，不治观者之耳目，不赂贵者之权势，不利传辟者之辞。故能处道而不贰，吐而不夺，利而不流，贵公正而贱鄙争，是士君子之辨说也。（《荀子·正名》）

所以，在荀子的辨说当中不仅指出了各家学说的不足，同样也理性地指出，在存在缺点的同时，也都存在一定的合理性，"然而其持之有故，其言之成理"（《荀子·非十二子》），否则就无法说明：既然他们的学说是"淫辞邪说"，为什么还有那么多的人奉若至宝呢？正是有见于此，冯友兰说，"在《非十二子》篇中，荀况对付争鸣的百家还是要用辩论说服的方法"①。

对于荀子来说,"辨说"不是目的,只是手段,其最终的目的是要通过礼义法度的昌明来维护群体的稳定,促进"我"与"他人"之间的和谐相处。为了实现这个目的,只依靠辨说是远远不够的,"辨说"仅仅让人们认清了是非之所在,但还没有真正使是非观念内化于人的心灵之中,使人们做到生死由之,所以,在"辨说"之后还要对"他人"进行进一步的教化,使人们在现实生活中,为人处世的时候真正能够做到"上则法舜、禹之制,下则法仲尼、子弓之义",真正发生"迁化"(《荀子·非十二子》)。荀子为此提出,要对"他人"进行教化。因为尽管人类天生性恶,但是他们又同时具备"涂之人可以为禹"的可能性。要使这种可能性变为现实,要使"他人"养善去恶、化性起伪,就要对"他人"进行教育,而不是一味地放纵"他人",因为教育具有移风易俗、化性起伪的神奇功能,"干、越、夷、貉之子,生而同声,长而异俗,教使之然也"(《荀子·劝学》)。所以,荀子特别强调自我对于"他人"的教育、引导责任,"君子能则宽容易直以开道人"(《荀子·不苟》)。当然,荀子所谓的教育引导都与礼义有关,都是帮助"他人"掌握人间之正道,"以善先人者谓之教,以善和人者谓之顺;以不善先人者谓之谄;以不善和人者谓之欲"(《荀子·修身》)。在荀子那里,教化不仅仅局限于向学生传授古代经典的活动,实际上礼乐对于德行意志的培养,甚至是环境风俗对于人的感化作用,都被荀子纳入到教化的范围之中。

"辨说"与教化的一个重要特点,就是对于"他人"采取了一种人性化的措施,劝导"他人"去遵守礼义法度,从而达到群体稳定、人际关系和谐的目标,但是在荀子那里还有另外一种使人们归于礼义法度的暴力手段,那就是借助于法度的强制措施——刑罚。孔子和孟子这些儒家先贤在礼法问题上,都是明确主张礼治而反对法治的。

①冯友兰:《中国哲学史新编》上卷,人民出版社1998年版,第736页。

像孔子就说过:"道之以政,齐之以刑,民免而无耻;道之以德,齐之以礼,有耻且格"(《论语·为政》);孟子认为,虽然统一天下、治理人民的道路有两条,也就是仁政和武力,"以力假仁者霸,……以德行仁者王"(《孟子·公孙丑上》),但是最好的道路无疑是前者,因为两者相较,前者具有无可比拟的优越性,"保民而王,莫之能御也","不嗜杀人者能一之"(《孟子·梁惠王上》)。但荀子则突破了儒家前人在礼法之争中的立场,主张礼治与法治的统一,倡导王霸道杂。荀子说:"礼义者,治之始也"(《荀子·王制》);"法者,治之端也"(《荀子·君道》),就将礼与法同时当作维护社会长治久安的两种重要手段。所以,荀子明确地主张,治理人民,维护国家统一,要一手用礼,一手用刑,"凝士以礼,凝民以政"(《荀子·议兵》),"治之经:礼与刑,君子以修百姓宁。明德、慎罚,国家既治,四海平"(《荀子·成相》)。所以,对于君子而言,在"无势""无刑"的时候,也就是没有政权的时候,对于那些叛离正道而主张邪说的人,与之进行"辨说",一旦大权在握,就要采取更加严厉的措施,要"申之以命,章之以论,禁之以刑"(《荀子·正名》)。如果这样还不能息邪说、止暴行,那么就要采取最为严厉的措施——诛杀,"夫是之谓奸人之雄,圣王起,所以先诛也,然后盗贼次之。盗贼得变,此不得变也"(《荀子·非相》)。这也就是说,荀子主张对于那些难以通过引导教化使之发生"迁化"的"他人",采取最为严厉的刑罚,从肉体上进行消灭。也正因如此,荀子为孔子诛杀少正卯而辩护,认为少正卯"此小人之桀雄也,不可不诛也"(《荀子·宥坐》)。从这里我们可以看出,在对待"他人"问题上,荀子开创了儒法合流、王霸道杂之先河,这也就难怪他的学生韩非、李斯成了法家的代表人物。

　　在儒学发展史上,荀子是一位处境非常尴尬的思想家,尽管他对于孔子思想推崇有加,并将其发扬光大,但在几千年的孔庙当中,却始终没有获得自己的配享。这可能与其学说的包容性有关,因为他在儒学当中已经吸纳了道、墨、法诸家思想的精华,从而进行了必要地改作,使其学说显得有点"时而不粹"(韩愈语)。譬如,荀子虽然讲仁义,但又讲人性本恶;荀子虽然推崇礼与义,但又主张法与刑,都与儒家传统学说之间表现出若即若离之貌。在"他人"问题上,荀子学说虽然具有传统儒学的痕迹,但也掺杂了许多道、墨、法诸多思想于其中。像他主张用礼义作为调整"我"与"他人"关系的准绳,本来是与儒家的学说一脉相承的,但他又用人的主观欲望来证明其必要性,又显示出他偏离儒家的形而上学,而进入到墨家的经验主义之中;虽然他对道家的学说多有批评,但他的"虚一而静"当中又明显地借鉴了道家"无为"思想;而以法与刑作为礼义之外调节"我"与"他人"关系的又一个重要杠杆,表现出明显的法家倾向。正是因为这种"时而不粹"的特点,使荀子成了先秦时期"他人"思想的总结者,其学说既保存儒家的道德取向,但又摆脱了儒家先贤的道德形而上学的空想,开始将"我"与"他人"的关系拉回到现实世界当中,从而使其"他人"思想更加具有现实性的品格。

第七章　韩非哲学中的"他人"

根据《史记》记载，韩非出生于韩国没落贵族，说话口吃，但善于著书立说。韩非与李斯同为荀子的学生，不过李斯相秦，而韩非事韩。由于韩国在当时七国当中势力本来就十分弱小，再加上韩王暗弱昏乱，导致韩国的实力日益侵削，秦等诸国都对韩国虎视眈眈，所以韩国时时都有被灭亡的危险。韩非感于局势危艰，数次向韩王上书，主张韩国实行变法，走富国强兵之路，但都未被采纳，不得已而著书立说，作有《孤愤》《五蠹》等，有十余万言。秦王见到韩非所著书后，爱不释手，遂有"得见此人与之有，死不恨矣"之感叹，于是猛攻韩国，迫使韩国派韩非出使秦国并最终为秦所用。后来由于秦王听信了李斯与姚贾的谗言，韩非被秦王投入监狱，在狱中受到李斯残害，被迫自杀身亡。

在韩非学说思想来源问题上，司马迁说韩非"喜刑名法术之学，而其归本于黄老"，并"与李斯俱事荀卿"，可见韩非学说思想来源之驳杂。不过总的来看，韩非的思想还是应该归属于法家，因为他主张统治者应该用法令来统一人们的思想言行，"以法为教"（《韩非子·五蠹》）、"言行而不轨于法令者必禁"（《韩非子·问辩》），而对于儒墨之类的"愚诬之学、杂反之辞"要进行严厉打击，做到"禁其欲，灭其迹"，"破其群以散其党"（《韩非子·诡使》）。虽然在中国后来的思想发展史上，法家不能与儒道并立而为一大显学，但并不意味着法家思想在中国历史上处于一种边缘地位，实际上，法家思想对于中国历史乃至人们的思想观念都产生了广泛而深远的影响，因为统治者在实行统治的时候,都是"阳儒而阴法",所以,要想真正了解中国人的思想观念,就必须了解韩非的哲学思想,"只有读了《韩非子》,才能对我国的整个封建时代及其政治策略有更深切的了解,才能对我国的国情有更深刻的体会。……可以说,《韩非子》是学习与研究中国哲学史、思想史以及中国社会者所必须阅读的一部巨著"①。既然韩非的哲学具有如此重要的地位,那么我们研究先秦时期的"他人"思想,就必须要研究韩非哲学中的"他人"思想。

第一节 "上下一日百战":与"我"对立的"他人"

韩非作为战国后期韩国贵族的代表,面临韩国的艰难局势,希望统治者能够富国强兵,维护并加强自己的统治,而这也构成了其思想学说所要实现的目标。一人不能成国,国必由众人构成,国乃是一个群体,国之中当有君、臣、上、下。既然国是一个群体,那么韩非要实现富国强兵,要维护并加强统治者对于国家的统治,也就意味着他必然不能脱离国家这个群体。所以,韩非也像他的老师荀子一样强调"群"的重要性。这里所谓"群"的重要性,既指国家这个群体得以存续的重要性,也指群体当中的"他人"对于统治者的重要性。在韩非看来,只有首先解决了后一个重要性的问题,前一个重要性的问题才能得以解决,甚至是迎刃而解。

为什么群体当中的"他人"对于作为统治者具有极端的重要性呢?虽然中国古代具有"以天下私一人""以一人疑天下"的传统,②导致国家成了一家一姓之私,但是国与家又并不完全相同,因为家作为一个最基本的社会构成单位,完全可以凭借家长的一己之力,就能发家致富,而国则是一个被无限放大的家,辽阔的疆域、众多的成员、繁杂的事务,就决定了一个人根本就没有办法去解决国家当中的所有

---

① 张觉:《韩非子全译·前言》,贵州人民出版社1992年版,第17页。
② 王夫之:《船山遗书》,北京出版社1999年版,第3843页。

问题,凭借一人之力根本就无法实现国家富强的目标,唯有调动一切人的力量,国家才能兴旺发达、兵强马壮。这就像宫廷失火之后,作为一个统治者应该指挥"他人"去提水救火,而不是自己亲自去提水救火,这样反而能够取得更好的效果,所以,"明主不躬小事"(《韩非子·外储说右下》)。如果统治者非得事无巨细,都要做到事必躬亲,而不能充分发挥"他人"的力量,那么他即使劳神至死,也难逃国破家亡的厄运。宋国与楚国交战,宋襄公带领士兵冲锋陷阵,由于指挥不当而战死疆场。韩非评价说:"此乃慕自亲仁义之祸。夫必恃人主之自躬亲而后民听从,是则将令人主耕以为上,服战雁行也民乃肯耕战,则人主不泰危乎"(《韩非子·外储说左上》)?如果当统治者如此辛苦危险,那么还有谁愿意去当统治者呢?所以,统治者要想做到身佚而国治,就必须依赖于"他人",充分地发挥"他人"的聪明才智。实际上,"天生我材必有用",虽然每个人可能都有自己的不足之处,但都会有自己的特长,都有适合于自己的事情,如果统治者能够量能而授事,那么每个人就都能够为国家的富强作出自己的贡献,而统治者也就会轻松愉快地治理好自己的国家。

> 夫物者有所宜,材者有所施,各处其宜,故上下无为。使鸡司夜,令狸执鼠,皆用其能,上乃无事。(《韩非子·扬权》)

> 人主者,天下一力以共载之,故安;众同心以共立之,故尊。人臣守所长,尽所能,故忠。以尊主主御忠臣,则长乐生而功名成。名实相持而成,形影相应而立,故臣主同欲而异使。人主之患在莫之应,故曰:一手独拍,虽疾无声。人臣之忧在不得一,故曰:右手画圆,左手画方,不能两成。故曰:至治之国,君若桴,臣若鼓,技若车,事若马。(《韩非子·功名》)

正是认识到"他人"对于统治者维护统治、促进国家富强的重要性，韩非特别强调统治者要善于利用"他人"，充分地发挥"他人"的才能，而且这种利用不是利用某一个或某些"他人"，而是国中所有"他人"的力与智，进而以对于"他人"利用的程度作为区分下君、中君、上君的标准，"力不敌众，智不尽物。与其用一人，不如用一国。故智力敌而群物胜，揣中则私劳，不中则在过。下君尽己之能，中君尽人之力，上君尽人之智。是以事至而结智，一听而公会"（《韩非子·八经》）。当然，所有的统治者都会希望自己成为"上君"，所以，所有的统治者都应该善于依靠、利用"他人"来为国家这个群体服务。

虽然韩非强调自我要依赖"他人"，要善于利用"他人"，但是韩非并没有因此而拉近自我与"他人"之间的距离，使"我"与"他人"之间走向仁爱协作，而是将自我与"他人"导向对立中的统一、斗争中的平衡，将"我"对于"他人"的依靠、利用建立在一种尖锐对立的基础之上，从而使自我与"他人"之间呈现出一种非常紧张的态势，这种统一与平衡随时都有可能转化为动荡与斗争。为什么在韩非眼里，自我与"他人"之间的关系会一反先秦其他学者所描绘的仁爱关系，而走向尖锐冲突呢？这与韩非对于人性的理解有关。什么是人性呢？韩非说："民之性，有生之实，有生之名"（《韩非子·八经》）。陈奇猷在解释这段话的时候说："民性之所欲者二：曰有生，曰养生。有生者，生之实也。赏利者，所以养生也。故赏利为生之名。"[①]从这里我们可以看出，韩非实际上是将"性"与"生"联系在一起的，"性"就是对于"生"之本身和维持"生"之手段的欲望，因此我们可以说，在韩非那里，"性"就是"生"，"性"是人类生来就有的，不是后天所学而成的，"性命者，非所学于人也"（《韩非子·显学》）。既然"性"就是"生"，"生"就是"性"，那么韩非为什么还要多此一举，将"性"解释为"有生之实，有生之名"呢？徐复观对此作了非常精要的说明：

---

　　① 陈奇猷：《韩非子集释》，上海人民出版社1974年版，第1028页。

《韩非子·难势》第四十"桀纣为……炮烙以伤民性"。
《八经》第四十八《参言》"民之性,有生之实,有生之名"。
是韩非纯从生理的生命来认定性,生与性,可以视作同义
语。但其所以在"生"字外另用"性"字,乃表示由此生理的
生命所发生的作用,为生而即有,无法改变。①

徐复观的说明清晰地展示了,在韩非那里,"性"是人类与生俱来、生
而即有的,但这并没有导致韩非像孔孟那样将"性"形而上学化为仁
义之心,韩非始终将"性"紧紧限定在人的生理的层面上,这也就是
说,在韩非看来,"性"就是人类与生俱来的生理生命以及维持这种
生理生命的自然欲望。

　　既然人性就是人的生理生命及其所包含的生理欲望,而每个人
又都有维持自己生理生命、满足自己生理欲望的自私情感,"夫人之
情莫不爱其身"(《韩非子·十过》),那么,如果我们去直面"他人"、反
观自身,就不难得出结论:人都是自为自利的。因为在现实当中,如
果人类不如此,那么人就没有办法在这个世界上存续繁衍下去。

　　　　人无毛羽,不衣则不犯寒。上不属天,而下不著地,以
　　肠胃为根本,不食则不能活。是以不免于欲利之心。(《韩
　　非子·解老》)

由于"利"构成了人类维持生存繁衍的根本,所以,一切无私为"他
人"的说法都是荒诞不经的,都是对于人类本性的歪曲,"夫民之性,
恶劳而乐佚"(《韩非子·心度》),"好利恶害,夫人之所有也"(《韩非
子·难二》),"安利者就之,危害者去之,此人之情也。……人焉能去

---

① 徐复观:《中国人性论史·先秦篇》,上海三联书店2001年版,第391页。

安利之道而就危害之处哉"(《韩非子·奸劫弑臣》)？在这个世界上，对于维持人类生命、满足人类生理欲望有帮助的，无非就是名与利，所以，人们的所作所为，无非都是在追名逐利而已，"凡人之有为也，非名之，则利之也"(《韩非子·内储说上》)。人们对于名利都趋之若鹜，如果名利足够大的话，人们为了获取名利甚至以不惜牺牲生命为代价，"利之所在，民归之；名之所彰，士死之"(《韩非子·外储说左上》)。所以，在这个世界上，人类都是自为自私的，人类的所作所为最终都以利益为目标，都以利益作为判断是非、行为的标准，所有那些道德的说教都不过是对于事实的歪曲，对于人性的违逆。如果我们对此存有怀疑之心的话，那么我们不妨将目光转向市井乡里以及活动于其间的芸芸众生，看看那些世所公认的所谓仁义之举，其背后所暗藏的无不是利益。

> 王良爱马，越王勾践爱人，为战与驰。医善吮人之伤，含人之血，非骨肉之亲也，利所加也。故舆人成舆则欲人之富贵，匠人成棺则欲人之夭死也，非舆人仁而匠人贼也，人不贵则舆不售，人不死则棺不买，情非憎人也，利在人之死也。(《韩非子·备内》)

正是由于"性"就是"生"，追求生理欲望的满足乃是人类的先天本性，所以，在这个世界上，人们必然都会天然地去为自己打算，而不会主动地去为"他人"打算，即使我们有时确实做出了一些"为他"的行动，但是这种"为他"的活动背后起支撑作用的仍然不过是我们的"自为""为己"之心，因为只有这样做才符合我们自身的利益需求。

> 人为婴儿，父母养之简，子长而怨。子盛壮成人，其供养薄，父母怒而诮之。子、父，至亲也，而或谯、或怨者，皆挟相为而不周于为己也。夫卖庸而播耕者，主人费家而美

食、调布而求易钱者,非爱庸客也,曰:如是,耕者且深耨者
熟耘也。庸客致力而疾耘耕者,尽巧而正畦陌畦畤者,非
爱主人也,曰:如是,羹且美钱布且易云也。此其养功力,
有父子之泽矣,而心调于用者,皆挟自为心也。(《韩非子•
外储说左上》)

在韩非看来,每个人在与"他人"相处交往的过程中,都挟持着一颗
自为之心,都完全按照对于自己有利的利益原则与"他人"展开交往
活动。如果"他人"有利于自己利益的满足,我们就会对于"他人"给
予一定的回报,即使"他人"与"我"之间没有任何血缘亲情;如果"他
人"无益于自我利益的满足,甚至会对自我利益造成损害,我们也会
与"他人"之间划清界限,甚至不惜对"他人"进行攻击,即使"他人"
是生养"我"的父母也不例外。所以,说到底,韩非所讲的"自为"之
心,不过是自我的"算计之心"。"我"对"他人"仁慈与否,取决于"我"
计算"他人"之于自我利益的总量增减。

既然每个人都从自私之性、自为之心出发来处理自我与"他人"
之间的关系,利益的多少也就成了处理"我"与"他人"关系的标准,那
么,每个人在对"他人"做出任何行动之前,都会进行精确计算,看看
"我"对于"他人"做一件事情其支出与收入之间的多少关系,"举事有
道,计其入多,其出少者,可为也。……凡功者,其入多、其出少乃可
谓功"(《韩非子•南面》)。然而问题在于,当我们挟着自为之心计算
"我"与"他人"之间利益关系的时候,万一碰到"他人"受到损害恰恰
就是自我利益获得最大满足的时候,我们是否也需要用推动"他人"
的损害行为的方式以保证自我利益的实现呢? 答案是肯定的,因为
这符合自我利益最大化原则,像前文所征引的"匠人成棺则欲人之夭
死"就是这方面的生动例证。父母与子女之间的关系在世俗的眼中,
应该是世界上最纯洁的一种人与人之间的关系,但是在韩非看来,这
种关系同样受到了利益的污染,也无法逃脱计算之心的干扰。

> 父母之于子也，产男则相贺，产女则杀之。此俱出父
> 母之怀衽，然男子受贺，女子杀之者，虑其后便、计之长利
> 也。故父母之于子也，犹用计算之心以相待也，而况无父
> 子之泽乎！(《韩非子·六反》)

就连父母与子女之间的关系尚且如此，那就更不用说那些没有血肉亲情的人与人之间的关系了。大概在这个世界上除了父母与子女之间的关系之外，最为亲密的大概要数夫妻之间的关系，在人类文明史上流传着无数讴歌夫妻之间真挚感情的名篇佳句，但是在韩非看来，这种所谓真挚的感情根本就无法抵御利益的撞击，夫妻之间的关系同样建立在对于利益算计的基础之上，"夫妻者，非有骨肉之恩也，爱则亲，不爱则疏"(《韩非子·备内》)。在历史上，经常会有些皇妃在自己年老色衰之后，害怕自己会被打入冷宫，自己的孩子也不能被立为太子，因此就急切地盼望自己的丈夫(皇帝)赶快离世，有时甚至不惜采用谋杀的方式，以使自己的愿望变为现实，"此鸩毒扼昧之所以用也。故《桃左春秋》曰：'人主之疾死者不能处半'"(《韩非子·备内》)。

君臣之间既无父母与子女之间的血肉亲情，也无夫妻之间的至爱情感，那么，君臣之间就只剩下了赤裸裸的利害关系，而且对于国君来说，这种利益的因素变得更为突出。因为，"人主者，利害之辐毂也"(《韩非子·外储说右上》)。所谓"辐毂"，乃是指车辐汇聚的中心，它是决定车轮转动顺利与否的关键部位，这里用来喻指君主就是决定臣下利害的中心，国君对于大臣的利益多寡具有决定性的影响。所以，君与臣的交往无非就是进行一桩交易，交易的双方都希望通过这桩交易得到各自需要的东西，所以韩非说，"臣尽死力以与君市，君垂爵禄以与臣市"(《韩非子·难一》)。既然君臣之交不过是一桩交易而已，那么，君臣之间肯定也会像市场交易当中那样，存在

坑蒙拐骗、尔虞我诈等损人利己的现象。为了达到利益最大化，为了防止由于受到欺骗而导致利益受损，君臣之间要互相猜忌、互相提防，也就是要时时处处都加以算计，利用计谋，这也就是说，由于君臣之间"利相与异者"导致"君臣异心"。

> 故君臣异心。君以计畜臣，臣以计事君，君臣之交，计也。害身而利国，臣弗为也；富国而利臣，君不行也。臣之情，害身无利；君之情，害国无亲。君臣也者，以计合者也。(《韩非子·饰邪》)

尽管韩非在这里讲到了君臣之间的相互关系问题，但是韩非的重心还是放在君主的利益上，主要是要思考和解决君主如何利用臣下来满足自我的利益，如何防止臣下对于自我利益造成损害。所以，韩非在更多的时候是要提醒君主："他人"对自我的利益虎视眈眈，君主必须作出恰当的应对，"桓公，五伯之上也，争国而杀其兄，其利大也。臣主之间，非兄弟之亲也。劫杀之功，制万乘而享大利，则群臣孰非阳虎也"(《韩非子·难四》)。正是基于对于君臣之间利益的激烈冲突，韩非得出结论，君与臣、自我与"他人"之间始终处于一种激烈的冲突之中，而且这种冲突只要时机成熟，就会有演化为你死我活的残酷斗争的危险，"黄帝有言曰：'上下一日百战。'下匿其私，用试其上；上操度量，以割其下。……臣之所不弑其君者，党与不具也"(《韩非子·扬权》)。

众所周知，儒家是重义轻利的，认为自我对于"他人"都有一颗仁义之心，而且这个仁义之心是与生俱来的，像孔子讲"天生德于予"，孟子讲"人皆有不忍人之心"，都是强调人性本善。并且以古代社会的一些德行高尚的人作为例证，来证明自己的观点，要求在当代重振古代的仁义之风。所以，韩非要在其生活的时代推行自己的人皆自为的观念，那么他就必须做出说明：如果说人性都是自为的，那么为什么古代人能够为他呢？韩非子认为，人性始终如一，不论是古代还是当代，人性都是自私、自为的，之所以古代人们能够仁义对待"他人"，而在当代社会中自我与"他人"相互为战，那是因为历史发生了变化。

> 古者丈夫不耕，草木之实足食也；妇人不织，禽兽之皮足衣也。不事力而养足，人民少而财有余，故民不争。……今人有五子不为多，子又有五子，大父未死而有二十五孙，是以人民众而货财寡，事力劳而供养薄，故民争。（《韩非子·五蠹》）

古代社会地广人稀，物产丰足，人们的利益需要很容易就能得到满足，根本就不存在物产不够分配，需要得不到满足的情况，所以，人们之间"轻利易让"，互相仁爱而不相互争斗。但在现代社会中，人口大幅增多，而物产却还保持在原来的水平上，从而导致维持生存、满足物质欲望成了一件非常困难的事情，因而，人们为了获得生存发展所必需的物质利益，就不可能再对"他人"谦敬礼让，争夺也就在所难免。所以，韩非说："故饥岁之春，幼弟不饷；穰岁之秋，疏客必食。非疏骨肉爱过客也，多少之实异也。是以古之易财，非仁也，财多也；今之争夺，非鄙也，财寡也"（《韩非子·五蠹》）。韩非对于古今自我与"他人"之间关系的变化的描述，再次雄辩地证明了，每个人都是按照利益标准来处理"我"与"他人"之间的关系，利益的厚薄决定了"我"对于"他人"之间是辞让还是争夺。但是当今社会"货财寡""供养薄"的现实，就决定了我们只能与"他人"之间展开无休无止、冷酷无情的争夺，而不能再怀不合时宜的仁义之心。

第二节　"抱法处势则治"：力治"他人"

如何处理统治者与被统治者、自我与"他人"之间的关系呢？这自古以来就一直是个聚讼纷纭的问题,在历史上就曾出现了王霸、礼法之类的激烈辩论。在这场旷日持久的辩论当中,孔子和墨子所倡导的仁爱思想产生了广泛深远的影响,大有最终赢得这场辩论之情势。所以,韩非要想对于这个问题提出合理的解决方案,就必须先对于以孔子和墨子为代表的仁爱思想作出令人信服的评判,这也就是说,如何处理自我与"他人"之间的关系这个问题的解决,必须建立在对于仁爱学说进行批判的基础之上。因此,在了解韩非如何处理"我"与"他人"之间关系问题之前,我们有必要先来了解韩非对于儒墨两家仁爱思想的批评。

韩非在《八说》《五蠹》《显学》等篇当中对于儒墨的仁爱学说都提出了强烈而全面的批评,而其在《五蠹》当中的一段批评可以为其所有批评之总纲,我们通过这段文字可以看出韩非反对儒墨仁爱学说的主要方面。韩非说:

> 夫古今异俗,新故异备。如欲以宽缓之政、治急世之民,犹无辔策而御駻马,此不知之患也。今儒、墨皆称先王兼爱天下,则视民如父母。何以明其然也? 曰:"司寇行刑,君为之不举乐;闻死刑之报,君为流涕。"此所举先王也。夫以君臣为如父子则必治,推是言之,是无乱父子也。人之情性,莫先于父母,皆见爱而未必治也,虽厚爱矣,奚遽不乱? 今先王之爱民,不过父母之爱子,子未必不乱也,则民奚遽治哉! 且夫以法行刑而君为之流涕,此以效仁,非以为治也。夫垂泣不欲刑者仁也,然而不可不刑者法也,先王胜其法不听其泣,则仁之不可以为治亦明矣。

从这段文字当中我们可以看出,韩非对于儒墨仁爱学说的批评主要集中在以下几个方面。

第一,在当今之世推行仁爱学说,抹杀了历史的变化。确实在古代,圣人以仁爱之心来对待"他人",以道德来治理国家,有巢氏为了使人们摆脱禽兽虫蛇的侵袭而构木为巢,燧人氏为了让人们避免由于吃生食导致疾病而钻燧起火,尧舜禅让,都是仁义道德的表现。但是这些所谓的仁爱之举实际上都与当时特定的历史环境紧密相关。正如前文所言,在古代,"人民少而财有余",所以人与人之间不事争夺,而能仁爱相处,而且统治者身处统治之位所获得的回报并不多于普通百姓,所以统治者乐于禅让。如果我们能够注意观察历史的发展,我们就会发现,与古代相比,现在的社会环境发生了翻天覆地的变化。随着人口的急剧膨胀,物质财富开始无法满足所有人的需求,无法让所有人都过上丰衣足食的生活,现代社会的真实写照乃是"人民众而货财寡,事力劳而供养薄",所以,人与人之间为了生活就不得不互相争斗,而且统治者的崇高地位所带来的丰厚的财富回报,使得那些平民百姓都怀有篡夺之心。因此,当今社会当中"我"与"他人"之间的关系应当概括为"争于气力"。按照"世易则事异""事异则备变"的原则,既然古代社会与当今社会的具体环境发生了翻天覆地的变化,那么,古代的仁义道德之类的仁爱思想就不再适用于当今之世,"古者人寡而相亲,物多而轻利易让,故有揖让而传天下者。……当大争之世,而循揖让之轨,非圣人之治也"(《韩非子·八说》)。如果我们执著于儒墨的仁爱学说而不顾历史的发展变化,那么我们就未免南辕北辙,"欲以宽缓之政、治急世之民,犹无辔策而御馹马,此不知之患也",很有可能遭受身死国亡之辱,从而为天下人所耻笑。而这恰恰已经是无数次被历史所证明了的惨痛教训,像"三晋"就因为"慕仁义而弱乱"(《韩非子·外储说左上》)、徐偃王就因为"行仁义而丧其国",所以,我们可以得出结论:"仁义用于古不用于今也"(《韩非子·五蠹》)。

第二,仁爱学说对于人的情性做出了错误的论断。仁爱学说的一个重要的理论前提,就是人生来就具有善良本性,像孔子说的"天生德于予",孟子说的人一出生就有"四端",都是肯定人性本善。既然人性本善,那么人们只要培养、推扩这种先天善性,自我与"他人"之间就能相互仁爱,就能和谐相处,不会产生激烈冲突,更不会发生你死我活的争斗。在韩非看来,将"我"与"他人"和谐相处、国家长治久安的希望寄托在人的先天善性上,指望人们善心大发去仁爱地对待"他人"、与"他人"友好相处,这有点画饼充饥之嫌,不过是一种永远没有实现可能性的美丽空想。实际上,贪图荣华富贵、贪图物质享受乃是人类的自然天性,人生来都是自私自利的,没有人不愿意过着花天酒地、不劳而获的生活,所以在现实当中,人们无时无处不在追求自我利益的满足,而不会去顾及"他人"的利益受损与否。在人世间,如果说充满仁爱之情的,当数父母与子女之间,像孟子不正是通过推扩父母子女之爱("老吾老以及人之老,幼吾幼以及人之幼")来推广仁爱学说吗?但是在韩非看来,虽然在现实生活中确实也存在一些父母与子女之间相互仁爱的典型事例,但我们并不能因此而得出结论:所有父母与子女之间都是相互仁爱的,我们更不能因此而推而广之:所有人之间(包括君臣、臣民之间)都是相互仁爱的,因为这些都不过是些特例而已,"严亲在围,轻犯矢石,孝子之所爱亲也。孝子爱亲,百数之一也。今以为身处危而人尚可战,是以百族之子于上皆若孝子之爱亲也,是行人之诬也"(《韩非子·难二》)。子女对于父母不能尽于仁爱,而要以利害为准绳,父母对于子女同样也不能尽于仁爱,也要权衡利害。在历史上,春申君因为宠幸一个名叫"余"的爱妾而抛弃了结发妻子,并杀害了自己的儿子,足见父母与子女之间尽管具有血脉亲情,但父母对于子女也不能完全做到仁爱处之,更何况没有血缘关系的君臣、臣民等一切自"我"与"他人"之间呢?"从是观之,父之爱子也,犹可以毁而害也。君臣之相与也,非有父子之亲也,而群臣之毁言非特一妾之口也,何怪夫贤圣之戮死哉!此商君之所以车裂于秦、而吴起之所以枝解于楚者也"(《韩非子·奸劫杀臣》)。

第三,仁爱不是用来治理天下百姓的正确方法,也即"非以为治也"。按照孟子的说法,仁爱出自于人们的"不忍人之心",而"不忍"带着强烈的个人感情色彩,缺乏客观性与统一性,也就是说,它是出于一己之私的,而国家则是"公",用仁爱之"私"来治国家之"公",显然是风马牛不相及的。从私心来说,父母都偏爱自己的孩子,也正因为如此,才有了以子为智而疑邻人之父的典故①。虽然父母对于子女都怀有仁爱之心,但是父母都懂得"慈母有败子"的道理,因此在现实生活中,父母也并不是一味地用仁爱来对待自己的子女,"慈母之于弱子也,爱不可为前。然而弱子有僻行,使之随师;有恶病,使之事医。不随师则陷于刑,不事医则疑于死。慈母虽爱,无益于振刑救死。则存子者非爱也,子母之性,爱也。臣主之权,筴也。母不能以爱存家,君安能以爱持国"(《韩非子·八说》)?然而问题在于,我们如何穿越这种现象上的罗列,从理论上来说明为什么"母不能以爱存家,君安能以爱持国"呢?韩非反对仁爱的一个重要的理论根据在于:仁爱违背了治理国家所必须遵循的赏罚原则。按照赏罚原则,统治者对于"他人"应该是有功当赏、有罪当罚,而仁爱恰恰是对于赏罚原则的破坏。因为按照世俗的理解,"夫施与贫困者,此世之所谓仁义;哀怜百姓不忍诛罚者,此世之所谓惠爱也"(《韩非子·奸劫弑臣》),"夫慈者不忍,而惠者好与也。不忍则不诛有过,好予则不待有功而赏"(《韩非子·内储说上七术》)。一旦赏罚原则被仁爱原则所废止,那么"他人"就失去了导向,君主就没有办法再对"他人"加以约束引导,也就没有人会再听从君主的号令而为国家建立功勋,那么国家也就危在旦夕了,"国有无功得赏者,则民不外务当敌斩首,内不急力田疾作,皆欲行货财、事富贵、为私善、立名誉以取尊官厚俸。故奸私之臣愈众,而暴乱之徒愈胜,不亡何待"(《韩非子·奸劫弑臣》)?

既然仁爱之私与国家之公之间是互相抵牾的,那么按照矛盾原

---

①《韩非子·说难》记载:"宋有富人,天雨墙坏,其子曰:'不筑,必将有盗。'其邻人之父亦云。暮而果大亡其财,其家甚智其子,而疑邻人之父。"

则,我们就可以得知:"不相容之事,不两立也"(《韩非子·五蠹》),仁爱不能存在于国家治理方略之中,仁爱不能维护国家的长治久安,也不能导致"我"与"他人"和谐相处。因此,为了实现国家稳定、人与人之间的和谐,我们还要另寻他途。从前文的概括当中,我们可以看出,韩非主要从三个方面反对以仁爱作为治理国家、处理"我"与"他人"关系的原则,那么这三者当中最为核心的是什么呢? 在韩非看来是第二点,因为儒家的仁爱学说就是以人性善为基础的,儒家用来推行仁爱原则的忠恕之道("己欲立而立人,己欲达而达人","己所不欲,勿施于人")就是建立在每个人都有先天善性的基础之上的。按照这种性善论进行推论,每个人都是圣人,每个人都会自觉地关爱"他人"、国家,而不会去伤害"他人"、国家,更不会去干违法乱纪的事情,从而将国家长治久安、人与人之间和谐相处的希望都寄托在"他人"的自觉性上,而这显然是不可靠的,"夫必恃自直之箭,百世无矢;恃自圆之木,千世无轮矣"(《韩非子·显学》)。既然将希望寄托在"他人"身上不可靠,那么我们就应该将主动权掌握在自己的手中,"圣人之治国也,固有使人不得不爱我之道,而不恃人之以爱为我也"(《韩非子·奸劫弑臣》),"夫圣人之治国,不恃人之为吾善也,而用其不得为非也"(《韩非子·显学》),"故王术,不恃外之不乱也,恃其不可乱也"(《韩非子·心度》)。这也就是说,我们不能指望"他人"自动向善,而要对"他人"使用"隐栝之道",迫使"他人"不敢为非作歹、犯上作乱,去伤害自我和国家,从而归于向善之正途。这个"隐栝之道"不是别的,就是与王道相对的霸道,就是与礼治相对的法治。

> 今家人之治产也,相忍以饥寒,相强以劳苦,虽犯军旅之难,饥馑之患,温衣美食者,必是家也;相怜以衣食,相惠以佚乐,天饥岁荒,嫁妻卖子者,必是家也。故法之为道,前苦而长利;仁之为道,偷乐而后穷。圣人权其轻重,出其大利,故用法之相忍,而弃仁人之相怜也。(《韩非子·六反》)

　　强调法治并不是韩非的独创,早在《管子·任法》当中,管子就已经提出了法治的主张,"圣君任法而不任智,任数而不任说,任公而不任私,任大道而不任小物,然后身佚而天下治"。这一思想后来为商鞅、申不害、申到等人所发展,构成了法家的核心思想。在法家阵营当中,虽然都以法治为鹄的,但他们之间也有差异,像商鞅偏重于"法",申不害偏重于"术",而申到则偏重于"势"。但在韩非看来,前人的理论尽管都有独到之处,但都具有致命的缺陷,不足以用来整饬国家、力治"他人"。譬如我们讲商鞅重"法",因为商鞅在治理秦国的时候,就曾经采取焚烧《诗》《书》、厚赏重罚等措施来昌明法令,从而使秦国在当时国富兵强。但是在韩非看来,商鞅之法仍然"未尽善也",而其原因则在于:

> 　　无术以知奸,则以其富强也资人臣而已矣。及孝公、商君死,惠王即位,秦法未败也,而张仪以秦殉韩、魏。惠王死,武王即位,甘茂以秦殉周。武王死,昭襄王即位,穰侯越韩、魏而东攻齐,五年而秦不益尺土之地,乃城其陶邑之封;应侯攻韩八年,成其汝南之封;自是以来,诸用秦者皆应、穰之类也。故战胜则大臣尊,益地则私封立,主无术以知奸也。商君虽十饰其法,人臣反用其资。故乘强秦之资,数十年而不至于帝王者,法不勤饰于官,主无术于上之患也。(《韩非子·定法》)

商鞅的问题在于其"言法而不言术",导致其"无术以知奸"。申不害则反其道而行之,专门去讨论"术"而忽视了"法",从而导致申不害之术与商鞅之法一样,"未尽善也":

> 　　申不害,韩昭侯之佐也。韩者,晋之别国也。晋之故法未息,而韩之新法又生;先君之令未收,而后君之令又

> 下。申不害不擅其法,不一其宪令则奸多。故利在故法前
> 令则道之,利在新法后令则道之,利在故新相反,前后相
> 勃。则申不害虽十使昭侯用术,而奸臣有所谲其辞矣。故
> 托万乘之劲韩,七十年而不至于霸王者,虽用术于上,法不
> 勤饰于官之患也。(《韩非子·定法》)

正是基于韩非对于二者偏颇之处的批评,有人提议法术兼用,尽管韩非自己也强调二者对于治国安邦、收服"他人"至关重要——"不可一无",但是他仍然认为,只有这两者还是"未尽善也",因为仍然缺少"势",只有法、术、势三者结合,"我"才能无敌于天下,没有人能够与"我"相抗衡。所以,韩非在总结先秦法治思想的基础上,提出了法、术、势相结合的系统的法治理论,以帮助统治者维护国家稳定、治理"他人"。下面我们就从分别对三个方面加以论述。

(一)法。

何谓法?韩非在不同的场合作过不同的表述,现将其中主要的表述辑录如下:

> 法所以凌过游外私也。(《韩非子·有度》)

> 法者,编著之图籍,设之于官府,而布之于百姓者也。
> (《韩非子·难三》)

> 法者,宪令著于官府,刑罚必于民心,赏存乎慎法,而
> 罚加乎奸令者也。(《韩非子·定法》)

> 明主之法,揆也。(《韩非子·六反》)

从这些论述当中,我们可以看出,这里所讲的"法"是一种成文法,因

为它是编著成书的。而且这种成文法在官府和民间广泛传播,被人们当作衡量行为对错的标准、尺度("揆"),凡是逾越这个标准、尺度的行为都将遭受严厉的惩罚,而能以法约束自己的行为、谨慎地依法行事的人,将会得到适当的奖赏。说到底,法就是统治者用来统治"他人"的成文的规范。

为什么韩非要反对仁爱而高度推崇法治呢?这一方面与前文所讲的仁爱的局限性有关,而另外一个方面则在于,法恰恰克服了仁爱的局限性,更加有利于统治者来治理"他人"。我们在前文当中已经讲过,仁爱理论致命的缺陷在于它建立在人性本善的基础之上,从而指望人们自觉向善,而法恰恰与之相反,建立在人性本恶的基础之上。在韩非看来,人的内心并不向往什么仁爱,没有人在内心里是为"他人"的利益进行谋划的,每个人天生都好利而恶害,都为了自己的利益而绞尽脑汁、东奔西走,"夫安利者就之,危害者去之,此人之情也"(《韩非子•奸劫弑臣》)。人们的这种先天本性决定了他不可能去仁爱"他人",而只能与"他人"之间相互为争,甚至是为了自身的利益而去残害"他人",所以在历史上,才有臣弑君、子杀父之类的人间悲剧的发生。郭沫若曾经对韩非子写有这样一段文字,就很好地概括了这样一种思想,"凡人皆有'我',为人君者欲利用人之'我'以为己之'我'服务,人有谁能够泯灭他的己之'我'呢?这儿自不免有冲突?"[1]而法恰恰是建立在人性本恶的基础之上,并且要以暴治恶,从而来阻止邪恶的发生,所以韩非说:

> 服虎而不以柙,禁奸而不以法,塞伪而不以符,此贲、育之所患,尧、舜之所难也。故设柙非所以备鼠也,所以使怯弱能服虎也;立法非所以备曾、史也,所以使庸主能止盗跖也;为符非所以豫尾生也,所以使众人不相谩也。(《韩非

---

[1] 郭沫若:《十批判书》,东方出版社1996年版,第395-396页。

子·守道》)

在这段文字当中,韩非子就明确地告诉人们,在世界上虽然也有曾参、史鱼、尾生这样的道德高尚之士,但这毕竟不是社会的常态,而在现实中却到处充斥着像盗跖这样的虎狼之徒,而法律就是要通过强力的手段使虎狼之徒归于顺服,不再对自我造成伤害。

既然法不讲人性本善而讲人性本恶,那么我们就没有必要像儒家所说的那样以"不忍之心"来对待"他人",这也就是说,如果以法作为处理"我"与"他人"关系的准绳,用法作为杠杆来处理"我"与"他人"之间的关系,那么,我们就不再让"不忍""慈爱"之类的感情参与其间,所以,法与感情是尖锐对立的,这也就是当今人们所说的"法不容情"。"明主之法,揆也",根据《说文解字》的解释,"揆,度也"。所以法不是别的,就是准则、尺度,是人们在言行举止的时候都必须遵从的,不得违反。所以,统治者可以拿着这个准则、尺度来要求所有的人,并且利用这个准则、尺度来惩罚那些违法的人。法作为准则与尺度具有两个显著的优点。第一,法是显明的,所以它易知易行,便于人们执行,"明主之表易见,故约立;其教易知,故言用;其法易行,故令行。三者立而上无私心,则下得循法而治,望表而动,随绳而断,因攒而缝。如此,则上无私威之毒,而下无愚拙之诛"(《韩非子·用人》)。第二,法作为尺度,具有稳定性。法一旦确定下来,就不会随意变动,能够被统治者长久地用来判断是非、整治"他人","饬令,则法不迁;法平,则吏无奸。法已定矣,不以善言售法。……行法曲断,以五里断者王,以九里断者强,宿治者削"(《韩非子·饬令》)。反之,如果法丧失了它的稳定性而经常变动,人们就会无所适从,就会胡乱动作,那么,国家也就离危亡不远了。因此之故,韩非告诫统治者,"好以智矫法,时以行杂公,法禁变易,号令数下者,可亡也"(《韩非子·亡征》)。正是因为法的这两大优势,使得法能够在现实社会中为统治者治理"他人"发挥出更大的作用,只要统治者坚持法这个尺度

和准则,就能使复杂的问题变得简单,就能够统一"他人"的言行举止,避免社会中产生矛盾冲突等各种问题,所以韩非说:

> 巧匠目意中绳,然必先以规矩为度;上智捷举中事,必以先王之法为比。故绳直而枉木断,准夷而高科削,权衡县而重益轻,斗石设而多益少。故以法治国,举措而已矣。法不阿贵,绳不挠曲。法之所加,智者弗能辞,勇者弗敢争。刑过不避大臣,赏善不遗匹夫。故矫上之失,诘下之邪,治乱决缪,绌羡齐非,一民之轨,莫如法。(《韩非子·有度》)

这段话的意思是说,法就像工匠手中的墨绳、秤杆、斗石,一旦法这个规矩定下来了,那么治理国家和"他人"就能删繁就简、裁弯就直,使合法的行为得以推行,而不合法的行为得以废止,而且将法应用于"他人"的身上,由于不避亲疏、不论贵贱,因此也不会招致"他人"的不满,因为法对事而不对人,所以法对于任何人来说都是公平的。所以说,法完全从一己之私当中解脱了出来,完全是为国家之公而不为一人之私,它因此能够承担起治理国家和"他人"的重任,"夫立法令者,以废私也。法令行而私道废矣。私者所以乱法也。……故《本言》曰:'所以治者法也,所以乱者私也;法立,则莫得为私也。'故曰:道私者乱,道法者治"(《韩非子·诡使》)。

法之所以能够发挥仁爱所不能发挥出来的作用,那是因为法借助了仁爱所不曾使用过的手段,那就是赏与罚,"赏罚者,利器也。君操之以制臣"(《韩非子·内储说下六微》),"善为主者,明赏设利以劝之,使民以功赏而不以仁义赐;严刑重罚以禁之,使民以罪诛而不以爱惠免"(《韩非子·奸劫弑臣》)。所谓赏与罚,就是给予"他人"所欲之名与利或所恶之辱与害。这也就是说,善罚具有人性或人情的基础。人莫不是好利恶害的,人都有追名逐利之心,"利之所在,民归之;名之所彰,士死之"(《韩非子·外储说左上》),而赏与罚正是根据人的这种情性设立起来的,"凡治天下,必因人情。人情者,有好恶,故赏罚可用;赏罚可用,则禁令可立而治道具矣"(《韩非子·八经》)。对于统治者来说,赏与罚承担着相互补充的功能:赏是对于"他人"诱之以名利,具有劝勉的功能;而罚则是示之以暴刑,具有禁戒的作用,二者交替运用,就会起到良好的社会效果,"凡赏、罚之必者,劝、禁也。赏厚,则所欲之得也疾;罚重,则所恶之禁也急"(《韩非子·六反》)。当然对于韩非来说,何者该赏、何者该罚都是具有一定之数的,不是出于统治者的一时好恶,而是以法为度,都得按照规矩来。"他人"之所言所行符合法的要求,从而对国家做出贡献、有功于国家的,就要给予奖赏;言行违反法的要求,从而有害于国家、使国家蒙受损失的,就要给予惩罚,"符契之所合,赏罚之所生也。故群臣者陈而言,君以其言授其事,事以责其功。功当其事,事当其言则赏;功不当其事,事不当其言则诛。……故明君无偷赏,无赦罚"(《韩非子·主道》)。而且赏罚是一视同仁的,不分远近亲疏,只要是有功之人,再疏远、再下贱的人也要按照法给予赏赐;只要是有罪之人,即使是亲人也要给予惩罚,正所谓"诚有功,则虽疏贱必赏;诚有过则虽近爱必诛"(《韩非子·主道》)。正是认识到法与人情之间的矛盾,依法作出的赏罚是不以人情关系的远近为转移的,韩非才对吴起惩罚自己妻子犯下的错误也毫不留情表示了高度赞赏,认为唯有如此才符合"不辟亲贵,法行所爱"的法的普遍性精神。① 既然赏不避疏贱,罚不避近爱,那么人们言行举止的时候,就会考虑自己的一言一行、一举一动是否符合法的要求,而不敢有丝毫怠惰之心。

---

① 《韩非子·外储说右上》记载:吴起,卫左氏中人也,使其妻织组而幅狭于度。吴子使更之,其妻曰:"喏。"及成,复度之,果不中度,吴子大怒。其妻对曰:"吾始经之而不可更也。"吴子出之。其妻请其兄而索入。其兄曰:"吴子,为法者也。其为法也,且欲以与万乘致功,必先践之妻妾而后行之,子毋几索入矣。"其妻之弟又重于卫君,乃因以卫君之重请吴子。吴子不听,遂去卫而入荆也。

从上文的分析当中,我们可以看出,赏罚与法之间具有密不可分的联系:一方面,我们说赏罚是以法为根据的,是法发挥作用的两个手段,另一方面,我们又应该看到,通过赏罚又使法得到了进一步的加强和稳固。既然赏罚与法之间的关系是如此之密切,那么,我们为了推行法,提高法的权威性,更加有效地治理国家和"他人",我们就必须做到赏罚分明、厚赏重罚,真正做到"善恶比及","以赏者赏,以刑者刑"(《韩非子·扬权》),"布帛寻常,庸人不释;铄金百溢,盗跖不掇。不必害则不释寻常,必害手则不掇百溢,故明主必其诛也。是以赏莫如厚而信,使民利之;罚莫如重而必,使民畏之;法莫如一而固,使民知之。故主施赏不迁,行诛无赦。誉辅其赏,毁随其罚,则贤不肖俱尽其力矣"(《韩非子·五蠹》)。我们在进行厚赏重罚的时候也要注意避免赏罚有误,从而使有罪之人得赏、有功之人受罚,这就会损害法的权威性,也会损害统治者与"他人"之间的关系,"是故明君之行赏也,暖乎如时雨,百姓利其泽;其行罚也,畏乎如雷霆,神圣不能解也。故明君无偷赏,无赦罚。赏偷则功臣堕其业,赦罚则奸臣易为非。是故诚有功"(《韩非子·主道》),"夫赏无功,则民偷幸而望上;不诛过,则民不惩而易为非,此乱之本也"(《韩非子·难二》)。如果是这样的话,即使是尧舜复生,恐怕也不能使国家和"他人"被治理得井井有条。不过值得注意的是,韩非虽然表面上讲赏罚并重,但是如果我们仔细地审读《韩非子》一书,就会发现,韩非实际上是偏重于惩罚而轻视赏赐的。譬如,在前所引《五蠹》的一段文字当中,韩非主要是讲了为什么罚要"重而必",而没有讲为什么赏要"厚而信"的问题,这并不是出于偶然,而是实际上反映了韩非对于重罚轻赏的一贯态度。韩非子说:

圣人之治民,度于本,不从其欲,期于利民而已。故其与之刑,非所以恶民,爱之本也。刑胜而民静,赏繁而奸生,故治民者,刑胜、治之首也,赏繁、乱之本也。(《韩非

子·心度》)

在这段文字当中,韩非明确提出,严刑重罚是国家安定的开端,是治理"他人"首选的利器。因为只有加重刑罚而减少奖赏,人民才会拼命地去追求奖赏、避免受罚;如果加重奖赏而减轻惩罚,那么人民就不会去拼命地争取奖赏,因为反正获得奖赏的机会很多,也不只在乎一次获不获得奖赏。而且严刑峻法,还具有杀一儆百之效,从而对于意欲违法之人产生震慑作用,有效地预防了违法行为的发生。正是基于对惩罚重要性的认识,韩非子继承并发挥了商鞅严刑重罚、以刑去刑的法治主张,提出:"重刑明民,大制使人,则上利。行刑、重其轻者,轻者不至,重者不来,此谓以刑去刑。罪重而刑轻,刑轻则事生,此谓以刑致刑,其国必削"(《韩非子·饬令》)。赏罚就像水火一样,水的样子是温和软弱,所以很多人都下水游泳,结果跌入水中而丧失了生命;而火势凶猛,人们由于害怕火势而不敢飞蛾扑火,结果被火灼伤的人要远远少于跌入水中的人。所以,对于刑罚并不是像晏子说的那样,当今时代的刑罚太多了,需要加以减少,刑罚只要是恰当的、必需的,就不存在太多的问题,"夫刑当无多,不当无少。无以不当闻,而以太多少,无术之患也"(《韩非子·难二》)。

(二)术。

在《韩非子》一书中,"法"经常和"术"连在一起加以使用,统称为法术。譬如他说,"操法术之数,行重罚严诛,则可以致霸王之功";"人主无法术以御其臣,虽长年而美材,大臣犹将得势擅事主断,而各为其私急"(《韩非子·奸劫弑臣》);"所以废先王之教,而行贱臣之所取者,窃以为立法术,设度数,所以利民萌便众庶之道也"(《韩非子·问田》),另外韩非还经常称自己是"法术之士",都是将"法"与"术"连在一起使用的。那么在韩非那里,到底什么是"术","法"与"术"的关系到底如何呢?

根据《汉语大字典》的解释,"术"在古代主要有以下一些含义:

道路;技艺、技术;法、法律、法令;办法、策略;学说、主张、道术;学习、实践;差别、等第,等等。从"术"有法、法律、法令的含义来看,术就是法,法就是术,二者是可以等同的,但是这并不适用于韩非子的著作。尽管韩非子也经常将法与术连在一起使用,虽然二者之间具有重合之处,但是术并不等同于法,术并不就是法,二者之间又具有非常严格的区别,所以,在更多场合韩非还是将法与术分开来加以使用。那么到底什么是术,术与法的差别到底在哪里呢? 要搞清楚这两个问题,我们有必要仔细阅读韩非的几段文字。

人主之大物,非法则术也。法者,编著之图籍,设之于官府,而布之于百姓者也。术者,藏之于胸中,以偶众端而潜御群臣者也。故法莫如显,而术不欲见。是以明主言法,则境内卑贱莫不闻知也,不独满于堂。用术,则亲爱近习莫之得闻也,不得满室。(《韩非子·难三》)

问者曰:"申不害、公孙鞅,此二家之言孰急于国?"应之曰:"是不可程也。人不食,十日则死;大寒之隆,不衣亦死。谓之衣食孰急于人,则是不可一无也,皆养生之具也。今申不害言术,而公孙鞅为法。术者,因任而授官,循名而责实,操杀生之柄,课群臣之能者也,此人主之所执也。法者,宪令著于官府,刑罚必于民心,赏存乎慎法,而罚加乎奸令者也,此臣之所师也。君无术则弊于上,臣无法则乱于下,此不可一无,皆帝王之具也。(《韩非子·定法》)

凡术也者,主之所以执也;法也者,官之所以师也。(《韩非子·说疑》)

从以上所引三段文字当中,我们可以看出,术与法对于统治者统驭

214

国家、治理人民都是极端重要的，就像衣食对于人类一样，法与术是"不可一无"的"帝王之具"。但二者之间又有所差别，这种差别主要表现在以下几个方面。

第一，运用法与术的主体不同：运用术的主体是君主，运用法的是大臣。"术者……此人主之所执也"，"凡术也者，主之所以执也"，就是告诉人们，"术"是君主所独有的，只有君主才能加以使用。"法者……此臣之所师也"，"法也者，官之所以师也"，就是说，"法"所运用的主体是官员或大臣。第二，法与术所使用的对象不同：法用之于民，而术用之于臣。正如前文所说，韩非认为，人不能身兼数能，不能完成天下所有的事情，所以君主也不能去管理天下所有的人，也能去做天下所有的事情，因此，在社会当中要进行分工与协作，要按照这种分工的层次在社会当中建立起不同的等级，并按照等级进行分级管理。如果我们将韩非所处时代的人们进行简单分层的话，主要有三个层级：处在最高层的是君主，处在中间的是大臣或官员，处在最下层的是人民百姓。既然术是君主所掌握的治理工具，而他所直接面对的又是大臣，所以术主要是用来治理大臣的，"术者……课群臣之能者也"。法则是大臣们所掌握的治理工具，而大臣所面对的则是人民百姓，因此，法主要是用来治理人民百姓的，"法者……刑罚必于民心"。第三，法与术的外在表现形式不同：法显而术隐。法作为一种治理人民百姓的规范系统，首先要人民百姓对于这些规范有一个清晰地理解，人民百姓只有先了解了什么可以做，什么不可以做，才不至于做出违法的行为来，所以法要显明，易于让人民百姓加以掌握，"法者，编著之图籍，设之于官府，而布之于百姓者也"，就是官员和百姓都要清楚地了解法的内容。而术则与法的显明有所不同，术讲究隐晦，术平时要深埋在君主的心里，并且要暗地里对于大臣进行使用，不让大臣们有所察觉，更不能让所有的人都知道，"术者藏之于胸中，以偶众端而潜御群臣者也。故法莫如显，而术不欲见。是以明主言法，则境内卑贱莫不闻知也，不独满

215

于堂。用术则亲爱近习莫之得闻也,不得满室"。第四,法与术发挥作用的方式不同。前文已经说过,法发挥作用的方式和手段就是赏与罚,而赏罚的根据就是对于法的遵守和违反,"赏存乎慎法,而罚加乎奸令者也"。术同样也有赏与罚的问题,但是由于术没有像法这样明确的行为规范,所以,术不是去对照大臣对于规范的执行程度,然后决定对于大臣的赏罚,而是去对照"言"与"实"是否相符、"能"与"事"是否相称,从而决定对于大臣的赏罚,这就是所谓的:"术者,因任而授官,循名而责实,操生杀之柄,课群臣之能者也"。

综合以上的论述,我们可以简单地将术概括为:君主秘密地用来统驭臣下的统治术。

"术"作为一种君主用来统驭臣下的统治术,其最大的特点就是隐晦、秘密、不为外人所知,韩非说,"明主之行制也天,其用人也鬼。天则不非,鬼则不困"(《韩非子·八经》),这里的"鬼"就是喻指隐晦、秘密,所以陈奇猷在解释此句时就说:"鬼乃隐密不可捉摸者,故以鬼为喻"[1]。为什么君主要隐藏自己的统治术呢? 韩非为此提供了理论和现实上的说明。我们首先来看看韩非为"术"所提供的理论根据。司马迁在《史记》当中说韩非的学说"归本于黄老",而韩非所说的统治术恰恰可以归本于黄老之术,所以,了解"黄老之术"对于了解韩非所提倡的"术"的理论根据大有帮助。冯契先生对黄老之术曾有一个界说,"法家原是实际的政治家,而道家学派的一部分转向地主阶级,假黄帝、老子之名来著书立说,称为黄老之学。黄老之学和法家相结合,就为法家提供了哲学基础"[2]。从冯契先生的论述中我们可以看出,黄老之术的哲学基础是老子哲学,而韩非的统治术又"归本于黄老",所以他的统治术的理论根据当然就是老子哲学。而这一点也可以从《韩非子》一书得到证明,像《韩非子》书中就专门著有《解老》《喻老》诸篇,对老子的学说主张进行解释说明,

[1] 陈奇猷:《韩非子集释》,上海人民出版社1974年版,第999页。
[2] 冯契:《中国古代哲学的逻辑发展》上册,上海人民出版社1983年版,第146页。

并且在《主道》《扬权》等诸篇当中发挥了老子的有关思想,足见老子哲学对于韩非构建统治术的重要性。

"道"构成了老子哲学的核心,世间万物都是以"道"为本原,都出于"道",入于"道",所以说"道"是"天地之始""万物之母"。而韩非就紧紧抓住了老子哲学中的"道",并加以发挥,从而为自己的学说进行论证。韩非说:"道者,万物之所然也,万理之所稽也。理者,成物之文也;道者,万物之所以成也"(《韩非子·解老》);"道者,万物之始,是非之纪也。是以明君守始以知万物之源,治纪以知善败之端"(《韩非子·主道》)。就是说"道"是天地万物的本原,是是非的纲纪,君主只有抓住了"道",唯有从"道"出发,才能理解世间万物的缘起和成败的根由,统治国家、治理人民就更是如此。所以,韩非又进一步将"道"与"术"统一起来,或者说,他从"道"推出了"术"。有关这一点,我们可以看看韩非对于《老子·五十九章》中"有国之母,可以长久"一句所作的解读。

> 所谓有国之母,母者,道也,道也者生于所以有国之术,所以有国之术,故谓之有国之母。夫道以与世周旋者,其建生也长,持禄也久。故曰:"有国之母可以长久。"(《韩非子·解老》)

按照张觉的解释,"生于所以有国之术"中的"于"是"动宾结构间的语助词",是无意义的,因而这句话可以翻译为"能产生出用来享有国家的方法"[①]。既然"道也者生于所以有国之术",并且"夫道以与世周旋者",那么,君主统治国家、治理"他人"都应该缘道而行,不能违反道,"夫缘道理以从事者无不能成。无不能成者,大能成天子之势尊,而小易得卿相将军之赏禄。夫道理而妄举动者,虽上有天子

---

① 张觉:《韩非子全译》,贵州人民出版社1992年版,第296-297页。

诸侯之势尊,而下有猗顿、陶朱、卜祝之富,犹失其民人而亡其财资也"(《韩非子·解老》)。韩非之所以对于所谓的"前识"(也就是超前意识,能够预知未来)提出强烈的批评,就是因为他们不是缘道而行的,而是先物而行、先理而动,是"无缘而妄意度也"(《韩非子·解老》),这种愚蠢行为的结果必然是到处碰壁。

在老子哲学中,"道"是与虚无联系在一起的,道隐无名,无形无相,虽然创生、养育了世间万物,从而为万物之母,但是她却从来不居功自傲,不将万物据为己有,反而是抱柔守雌,"知其雄,守其雌,为天下溪",所以道处于一种虚静无为的状态。韩非对于老子的这一思想一定具有非常深刻的领会,所以他才会说,"虚静无为,道之情也"(《韩非子·扬权》)。既然韩非所提倡的君主的统治术是以"道"为理论根基的,韩非也非常强调君主要虚静无为,"故虚静以待令,令名自命也,令事自定也","人主之道,静退以为宝"(《韩非子·主道》)。有时候,韩非又将虚静无为的统治术称为"啬"。所谓啬就是吝啬,就是要吝啬自己的精神,不要随便消耗浪费,不要将其消耗在一些无关紧要的事情上。当然,就像老子所说的道常无为而又无不为的一样,韩非强调虚静无为,并不是要求君主什么都不做,成天无所事事、呆如木鸡,"臣以为恬淡,无用之教也;恍惚,无法之言也。……恍惚之言,恬淡之学,天下之惑术也"(《韩非子·忠孝》)。而是要求人们按照道理行事,"是从于道而服于理者也"(《韩非子·解老》)。不过在老子那里,道与理就是自然的规律,而在韩非那里,人们所服从的道与理已经变成了黄老之术。韩非所讲的虚静不再是老子所讲的排除自我的束缚,从而达到效法自然规律,而是对于自我的刻意隐藏,将自我变得高深莫测,从而使"他人"无法了解"我"的所思所想。所以韩非强调统治者要"无见其所欲""无见其意",防止"他人"故意去迎合统治者所表现出来的"意欲",从而使统治者无法对于"他人"作出准确地判断,甚至为"他人"所要挟,"君无见其所欲,君见其所欲,臣将自雕琢;君无见其所意,君见其意,臣将自表异"(《韩非子·主道》),"君见恶则群臣匿端,君见好则群臣诬能。人主欲见,则群臣之情态得其资矣"(《韩非子·二柄》)。在历史上有些君主就表现出了自己的爱好,譬如楚灵王喜好细腰,齐桓公爱好后宫的女色、美味,燕王子哙爱好贤明,就有一些大臣专门去迎合他们的喜好,像有人为了腰细而饿肚子,竖刁割掉睾丸来治理后宫,易牙蒸了自己儿子的头进献给齐桓公,子之表面上不肯接受王位等,从而博得君主的信任与重用,最后窃取了国家的政权。所以统治者为了避免重蹈前人的覆辙,一定要隐匿自己的真实想法,使大臣难觅其踪,"掩其迹,匿其端,下不能原;去其智,绝其能,下不能意。保吾所以往而稽同之,谨执其柄而固握之。绝其能望,破其意,毋使人欲之"(《韩非子·主道》)。

君主在掩藏自己真实想法的同时,要让"他人"充分地表达自己的真实想法,从而将行动与言论进行对照,决定对于"他人"的赏罚,这也就是韩非说的"循名实而定是非,因参验而审言辞"(《韩非子·奸劫弑臣》)。当然,君臣之交就是互相算计,臣下不会主动地向君主来袒露自己的真实想法,以便让君主来检验自己的言行,所以君主要想了解臣下的言行是否一致,也必须采用一定的"术"。

> 参言以知其诚,易视以改其泽。执见以得非常。一用以务近习,重言以惧远使,举往以悉其前,即迩以知其内,疏置以知其外,握明以问所暗,诡使以绝黩泄,倒言以尝所疑,论反以得阴奸,设谏以纲独为,举错以观奸动,明说以诱避过,卑适以观直谄,宣闻以通未见,作斗以散朋党,深一以警众心,泄异以易其虑。(《韩非子·八经》)

在韩非书中,有关这种诱使"他人"表露自己真实想法的统治术还有很多,这里就不再一一列举了。对于韩非来说,名与实要相符,言辞要经得起事实的检验,否则就是对于君主的欺骗,"无参验而必之者、愚也;弗能必而据之者、诬也"(《韩非子·显学》)。君主为了防止愚诬之人的欺骗,就要对名言进行检验。名言是用来干什么的呢?"夫言行者,以功用为之的彀者也"(《韩非子·问辩》)。这也就是说,言行是以功用为目的的,所以,君主要以实际行动所产生的现实功用来考量臣下是否欺骗自己。如果做到了这一点,君主就不仅能够分清谁忠谁奸,而且能够有效地在国内禁止那些愚诬之学、虚妄之行,

> 人皆寐、则盲者不知,皆嘿、则喑者不知。觉而使之视,问而使之对,则喑盲者穷矣。不听其言也,则无术者不知;不任其身也,则不肖者不知;听其言而求其当,任其身而责其功,则无术不肖者穷矣。……明主听其言必责其用,观其行必求其功,然则虚旧之学不谈,矜诬之行不饰矣。(《韩非子·六反》)

所以,韩非认为,君主统治国家、治理"他人",无需亲自去操劳具体事务,而是要听言观行、循名责实,用赏罚去监督臣下,促使臣下尽心尽力地为自己办好所有的事情,"不自操事而知拙与巧,不自计虑而知福与咎。是以不言而善应,不约而善增。言已应则执其契,事已增则操其符。符契之所合,赏罚之所生也。故群臣陈其言,君以其言授其事,事以责其功。功当其事,事当其言则赏;功不当其事,事不当其言则诛"(《韩非子·主道》)。这样一来,大臣既不敢胡乱说话,同时又不敢不说,因为说与不说都有责任:说,就要对说出来的话负责任,要经得起事实的考验;不说,又没有尽到作为大臣应向君主陈言的职责。通过这样一种统治术,统治者就能迫使一切"他人"来为自己服务,从而达到无事而治天下的目的,"明主者使天下不得不为己视,使天下不得不为己听。故身在深宫之中,而明照四海之内"(《韩非子·奸劫弑臣》)。

值得注意的是,虽然都是赏罚,但是用术进行的赏罚与用法进

行的赏罚还是存在着非常大的不同。用法所进行的赏罚是以显明之法作为根据的,所以,什么该赏、什么该罚对于被赏罚者都是非常清楚地,因为被赏罚者可以根据法的明文规定来推定自己的行为是该赏还是该罚。用术所进行的赏罚则是以隐晦之术为根据的,尽管君主知道什么该赏、什么该罚,但由于君主隐匿了自己的喜恶——赏罚的根据,所以被赏罚者却不知道自己的言行到底会招致什么样的后果,因为在君主用术的情况下,做了好事未必就有好报。譬如,在《二柄》当中,韩非讲了一个故事:韩昭侯有一次喝醉了酒就睡着了,掌管王冠的侍从因为害怕韩昭侯受凉就给他盖了件衣服。韩昭侯醒来后,了解了事情的经过,不仅惩罚了掌管御衣的侍从,而且也惩罚了为他盖衣御寒的侍从,"其罪典衣,以为失其事也;其罪典冠,以为越其职也"(《韩非子·二柄》)。这就真正达到了韩非所说的"用人也鬼"的非凡境界,人们对于君主当下的所思所想,即将做出的行为都毫无所知,且无法从过去的蛛丝马迹当中窥探出任何端倪。在这样一个一无所知的境域当中,臣下既怕失责而不敢无言无行,同时又怕言行失当而招致惩罚,内心充满着恐惧与不安,"明君无为于上,君臣竦惧乎下"(《韩非子·主道》),所以臣下就会谨言慎行,对君主惟命是从,尽心尽力地听候君主的差遣,而不敢有任何胡作非为,更不敢做出什么对君主不利的事情来。

(三)势。

在韩非看来,君主唯有"法"与"术",还不足以高效地治理国家、统驭"他人",为了做到这一点,君主必须在采用"法"与"术"的同时,还要借重于"势"。譬如韩非说:"凡明君之所以立功成名者四:一曰天时,二曰人心,三曰技能,四曰势位"(《韩非子·功名》);"凡明主之治国也,任其势"(《韩非子·难三》),就明确地将"势"作为君主立功成名、治理好国家的一个前提条件,足见"势"在韩非心目中所具有的重要地位。

所谓"势"不是别的,就是权势。现代中国两位声名显赫的中国哲学史撰写者冯友兰和冯契先生都持此论点,冯友兰说,"一个君统治众人,他必须有所凭藉,他的凭藉,就是作为君主的权力,这就是势"[1];冯契说得更加直接明了,"所谓'势',指君主的权势"[2],可见对于"势"这种理解应该是准确的。不过这样说起来,有点过于笼统,韩非子对于"势"作了一个更为细致的划分。韩非说:

> 夫"势"者,名一而变无数者也。势必于自然,则无为言于势矣。吾所为言势者,言人之所设也。(《韩非子·难势》)

"势"的名称虽然只有一个,但可以变生出无数种含义,如果我们一定要将势与自然联系在一起,那么我们就不用谈论它了,所以,韩非所讲的"势",不是出于自然,而是人为设立起来的。从这里我们就可以看出,韩非所讲的"势"主要包括两种:自然之势与人为之势或人所设之势。什么是自然之势?凡是生来就自然拥有的而不是靠人为取得的权势,就是自然之势,而像桀纣生为帝王而尧舜生为匹夫,这是人力所无可奈何的,就是自然之势。由于自然之势非人为而设、人力不能参与其间,所以韩非觉得谈论它没有任何价值,他主要讨论的是人为之势。

人为之势又可以分为两种。一种叫作聪明之势。

> 人主者,非目若离娄乃为明也,非目若师旷乃为聪也。目必,不任其数,而待目以为明,所见者少矣,非不弊之术也。耳必,不因其势,而待耳以为聪,所闻者寡矣,非不欺之道也。明主者,使天下不得不为己视,天下不得不为己听。故身在深宫之中而明照四海之内,而天下弗能蔽、弗能欺者何也?暗乱之道废,而聪明之势兴也。(《韩非

---

[1] 冯友兰:《中国哲学史新编》上卷,人民出版社1998年版,第754页。
[2] 冯契:《中国古代哲学的逻辑发展》上册,上海人民出版社1983年版,第318页。

子·奸劫弑臣》)

所谓聪明之势,也就是耳聪目明之势,君主以居高临下之势,对于臣下的言行举止洞若观火、了然于胸,不为左右所蒙蔽。君主之所以能够做到这一点,并不是因为君主天赋异禀,生来就有离娄那样明亮的眼睛、师旷那样聪敏的耳朵,而是利用自己的才智、法术,发动"他人"帮助自己进行看与听,从而使自己变得耳聪目明,足不出户就能够"明照四海之内"。另外一种人为之势叫作威严之势。

> 世之学术者说人主,不曰"乘威严之势以困奸邪之臣",而皆曰"仁义惠爱而已矣"。……无捶策之威,衔橛之备,虽造父不能以服马。无规矩之法,绳墨之端,虽王尔不能成方圆。无威严之势,赏罚之法,虽尧、舜不能以为治。……故善为主者,明赏设利以劝之,使民以功赏,而不以仁义赐;严刑重罚以禁之,使民以罪诛而不以爱惠免。(《韩非子·奸劫弑臣》)

"威严之势"是与"仁义惠爱"相对的,而与规矩、绳墨、捶策、衔橛联系在一起的,所以,威严之势是与"明赏设利""严刑重罚"之类的赏罚措施联系在一起的。正是因为它带有"捶策之威",对"他人"具有强烈的震慑作用,所以,它才被称作"威严之势"。实际上,韩非对于人为之势的这两种划分方式,是以权势的来源作为划分根据的:聪明之势是利用"他人"为自己效力所赢得的权势;而威严之势则是利用"明赏设利"尤其是"严刑重罚"所造就的权势。

韩非之所以对"势"进行了如此细致入微的分析,是因为在他看来,"势"对于君主统治国家、治理"他人"具有无比重要的作用,是统治者统驭"他人"一个必不可少的工具,如果一个人没有权势,那么即使他再有才能,他也不能制伏一个虽然没有才能但却拥有权势的人。所以，韩非说："国者、君之车也，势者、君之马也"(《韩非子·外储说右上》)；"夫马之所以引车致远道者，以筋力也。万乘之主、千乘之君所以制天下而征诸侯者，以其威势也。威势者，人主之筋力也"(《韩非子·人主》)。君主统治国家就像赶车，而"势"就是拉车的马，要想车跑得久远，就必须要提高马的体力，要想国家长治久安，就必须提升、加重君主的权势。

> 势重者，人君之渊也。君人者势重于人臣之间，失则不可得也。简公失之于田成，晋公失之于六卿，而邦亡身死。故曰："鱼不可脱于深渊。"(《韩非子·喻老》)

> 桀为天子，能制天下，非贤也，势重也；尧为匹夫，不能正三家，非不肖也，位卑也。千钧得船则浮，锱铢失船则沉，非千钧轻锱铢重也，有势之与无势也。故短之临高也以位，不肖之制贤也以势。(《韩非子·功名》)

韩非阐发《老子》中"鱼不可脱于渊"一语，把君主比作鱼，就像鱼要依赖深渊才能存活一样，君主也要依赖于"重势"，因为只有借助"势"君主才能一统天下、收服"他人"，不然的话，轻则会受制于"他人"，重则会国破身亡。像昏庸无道的桀能制服天下，就是因为他"有势""势重"；而尧虽然贤明，但在他身为百姓的时候，却不能治理好三户人家，就是因为他"位卑""无势"。

既然"势"尤其是"重势"构成了人君之渊，那么君主就应该想方设法保持自己的势位不失，避免重势变成轻势。保持"势"、加重"势"的途径有很多，像前面所讲的法与术、赏与罚、利用"他人"来聚众成势等，都是保持势、加重势的有效途径。由于这些在前面已经有所论述，这里就不再重复，我们现在着重来看看韩非所讲的"不借势"，也就是"权势不可以借人"(《韩非子·内储说下六微》)。权势之所以不可以借人,首先还得从"道"讲起,因为"道"构成了韩非子思想的理论基础,法、术、势都是建立在"道"的基础之上的,都是遵循自然之道。

> 夫道者、弘大而无形,德者、覈理而普至。至于群生,斟酌用之,万物皆盛,而不与其宁。道者、下周于事,因稽而命,与时生死。参名异事,通一同情。故曰道不同于万物,德不同于阴阳,衡不同于轻重,绳不同于出入,和不同于燥湿,君不同于群臣。凡此六者,道之出也。道无双,故曰一。是故明君贵独道之容。(《韩非子·扬权》)

按照老子的道论,虽然万事万物都汲取利用了道,并且顺道而生,所以道普遍地存在于万事万物之中,但道和它所生成的万事万物又不相同,是独一无二的。既然道是独一无二的,那么模仿效法道的君主也应当是独一无二、至高无上的,享有天下无双的权势,"君不同于群臣""明君贵独道之容"。

既然君主不同于群臣而享有"独道之容",那么君主的权势也就像"道"一样,是"一",虽然万物赖之以成,但是万物都不能分享它,群臣也不能分享君主的权势。为什么这么说呢?我们在前面说过,君主大有一国,要治理国家、"他人",但他不能事必躬亲,必须要借助群臣之力,君主之所以能够借助群臣之力,不是因为别的,在相当程度上就是因为君主手中握有权势,大臣正是屈服于君主的权势才愿意为君主鞠躬尽瘁、死而后已,"人臣之于其君,非有骨肉之亲,缚于势而不得不事也"(《韩非子·备内》)。如果君主将自己的权势借给了臣下,那么大臣就会与君主分庭抗礼,就会出现一国两主的局面。韩非子对于此种局面所将造成的后果作了一个非常生动形象的说明:

一栖两雄，其斗嗷嗷。豺狼在牢，其羊不繁。一家二贵，事乃无功。夫妻持政，子无适从。为人君者，数披其木，毋使木枝扶疏；木枝扶疏，将塞公闾，私门将实，公庭将虚，主将壅围。数披其木，无使木枝外拒；木枝外拒，将逼主处。数披其木，毋使枝大本小，枝大本小，将不胜春风，不胜春风，枝将害心。公子既众，宗室忧唫。(《韩非子·扬权》)

一个鸟窝里面有两只势均力敌的雄鸟，就会争斗不休；狼住在羊圈里面，羊就不会繁衍下去；夫妻共同持家、管理家务，做事就会没有功效，孩子也会无所适从；一棵树，枝叶扶疏，就有可能对主干造成损害。韩非借助这些日常生活的道理，是要说明权势外借就会造成君臣地位相当甚至是主卑臣贵，最终导致君主为大臣所挟持，从而失去了对于国家的控制，祸乱必将由此而生，严重者甚至会导致政权旁落"他人"之手。因此，君主为了国家的长治久安，政权的稳固，就一定要保有权势，不可以将权势借人，"今大臣得威，左右擅势，是人主失力，人主失力而能有国者，千无一人。虎豹之所以能胜人执百兽者，以其爪牙也；当使虎豹失其爪牙，则人必制之矣。今势重者，人主之爪牙也，君人而失其爪牙，虎豹之类也。宋君失其爪牙于子罕，简公失其爪牙于田常，而不早夺之，故身死国亡"(《韩非子·人主》)。实际上在古代，人们就已经懂得了权势不可外借的道理，譬如古礼当中就有"行不与同服者同车，不与同族者共家"(《韩非子·外储说右下》)的规定，"与同服者同车，与同族者共家"就意味着势被分散了，从而也就削弱了势。为了保持自己的势，就要做到"不与同服者同车，不与同族者共家"，平民百姓尚且如此，更何况是君主呢？君主又怎么能把自己的权势借给"他人"，让"他人"共同分享自己的权势呢？

当然，即使君主意识到了权势的重要性，但也并不意味着君主就一定能够保住自己的权势,因为大臣们对于君主的权势始终是虎视眈眈,必欲夺之而后快。为了防止权势外借,君主就要认识大臣抢夺君主权势、劫持君主的三种方式,也就是所谓"三劫":"凡劫有三:有明劫,有事劫,有刑劫"(《韩非子·三守》)。所谓明劫,是指大臣执掌国家大权来网罗群臣、营私结党,从而导致国家掌握在大臣的手里,却没有愿意为君主效力。所谓事劫,是指大臣通过博得君主的宠爱而独揽大权,并利用外国的势力来对君主进行威逼利诱,从而去做一些自己想做的事情,事情成功了,就将功劳归于自己;事情失败了,则要君主来分摊其中的责任。所谓刑劫,就是大臣独揽了监狱、禁令、刑罚这些权力,并利用手中的这些权力来要挟君主。一旦君主遭此"三劫",实际上权势就完全落在了大臣身上,君主就已经名存实亡了。为了避免遭此"三劫",君主就必须要做好"三守"。

> 何谓三守?人臣有议当途之失、用事之过、举臣之情,人主不心藏而漏之近习能人,使人臣之欲有言者,不敢不下适近习能人之心而乃上以闻人主,然则端言直道之人不得见,而忠直日疏。爱人不独利也,待誉而后利之;憎人不独害也,待非而后害之;然则人主无威而重在左右矣。恶自治之劳惮,使群臣辐凑之变,因传柄移籍,使杀生之机、夺予之要在大臣,如是者侵。此谓三守不完,三守不完则劫杀之征也。(《韩非子·三守》)

韩非在这里主要描述"三守不完"的情形,并没有对"三守"本身展开正面的论述,不过我们还是能够从"三守不完"的描述中窥探出"三守"的正面内容。"三守"主要包括:心藏;爱人而独利,憎人而独害;自治。这也就是说,君主必须把大臣们的言论藏在心里,不能泄露出去,才能听到更多的忠诚直言;君主必须独掌赏罚大权,不让大臣利用赏罚大权而取信于"他人";君主要亲理朝政,不能将朝政交给臣下处理,才不至于大权旁落。如果君主做到了这三点,国家就会长治久安,"他人"就会臣服于君主;如果做不到这三点,三劫必将随之而生,国破身亡也就为时不远了。

从前文的论述中我们可以看出,与老子、孔子、墨子、孟子、庄子等人相比,韩非的思想当中已经缺乏前人对于"他人"的那种宽容、仁爱、平等的精神,而是将自我与"他人"尖锐地对立起来,使自我与"他人"处在一种互不相容的你死我活的敌对关系之中,人们所思考的不再是对于"他人"的关爱,而是对于自我的保存,对"他人"的防护,从而使先秦时期的那种为"他人"负责的责任意识开始消灭,对于自我权益(权势)的主张成了统治者们所思考的中心问题,标志着先秦时期的"他人"思想走向了没落。而这对于中国几千年的历史发展产生了至关重要的影响,虽然在理论层面上儒家思想主导着中国的思想观念,自我对"他人"一片仁爱,然而在现实层面上,自我与"他人"的争斗渗透于生活的角角落落,从而很难在人们当中建立起相互信任、相互负责的和谐人际关系。

第八章 "他人"思想的流变与反思

　　先秦是中国文化发展史上一个非常辉煌的时期,诸子百家犹若天上的繁星撒遍苍穹,真知灼见犹如炫目的星光照耀着广阔的神州大地。由于这个时期是中国文化发展中的第一个高峰期,因而构成了中国文化发展的原点,也就是雅斯贝尔斯所说的"轴心时期",中国后来文化的发展都是以此为基础的。正是因为先秦时期的思想文化在中国思想文化发展史占据着非常特殊的地位,所以要想认识中国的思想文化(既包括传统思想文化,也包括现代思想文化),就必须对先秦时期的思想文化要有一个清醒地认识,而要想认识中国人心目中的"他人",同样离不开对于先秦时期"他人"思想的认识。前文我们已经对先秦时期的"他人"思想进行了一番梳理,现在我们有必要考察其在历史发展过程中的流变,并对其进行反思与总结,从而为现代正确地处理自我与"他人"之间的关系提供有益的借鉴。

第一节 "他人"思想的历史流变

　　先秦时期文化的繁荣是与先秦时期社会的开放性、包容性分不开的,正是百花齐放、百家争鸣造就了先秦文化的高度繁荣。而当时社会之所以具有开放性、包容性,当时的统治者之所以允许百花齐放、百家争鸣,这并非是出于统治者的本意,而是由当时特定的社会现实造成的。先秦时代是一个大变革的时代,是一个由奴隶社会向封建社会转变的时代,奴隶社会的解体导致社会分崩离析,从而也导致旧的思想体系轰然倒塌,而新的思想体系又尚未形成,因此统治者还没来得及为人们树立起一个统一的言行标准,从而提供一个能够想自己之所想、说自己之所说的相对宽松的社会环境。但是到了春秋战国后期,这种转变已经趋近尾声,大分裂的时代也行将结束,诸侯割据称雄的局面将由统一的封建国家所取代。与这种转变相适应,作为社会现实之反映的思想文化必然也会由分化趋于统一。所以,先秦时期后期的一些思想家都开始希望将自己学派的思想学说树立为正统,来终结其他学派的思想学说。像孟子指责杨、墨的思想学说为"淫辞学说",更是直斥其人为"禽兽",并希望以儒家学说来"正人心""以承三圣"(《孟子·滕文公下》),就是要将儒家学术树为正统。与孟子同时代的庄子虽然不像孟子那么极端,他仍然承认先秦各家各派对于"道",各有所得,各有所明,诸子百家"皆有所长,时有所用",但是又认为他们所掌握的仍然不过是"道"的某一个方面,所以他们都不过是"不该不遍"的"一曲之士"。在庄子眼中,唯有关尹老聃的学说"常宽于物,不削于人,可谓至极",只有他们才能算得上是"博大真人"。而庄子作为道家学说的阐扬者,他认为自己也达到了一个与世无匹的境界,"其于本也,弘大而辟,深闳而肆;其于宗也,可谓稠适而上遂矣"(《庄子·天地》)。庄子对于诸子百家的批判以及对关尹老聃及其自我的表扬,实际上就是在推崇道家,认为唯有道家才是得道者,才是人们应该学习、效法的榜样。庄子的这样一种说法自然不能令儒家后学感到满意,不过他们也不能像孟子那样再将其他各家各派一骂了之,而是要抓住其他各个学派的不足,为力挺儒家学说提供更强大的说服力。在荀子看来,各家各派的不足不是别的,就是"蔽",各家各派都有所"蔽","墨子蔽于用而不知文,宋子蔽于欲而不知得,慎子蔽于法而不知贤,申子蔽于执而不知知,惠子蔽于辞而不知实,庄子蔽于天而不知人",他们都未能识道之全体而仅识"道之一隅",仍然不过是些"曲知之人",只有孔子不受欲恶、始终、远近、博浅、古今的遮蔽,而得道之大全,所以"孔子仁知且不蔽,故学乱术,足以为先王者也"(《荀子·解蔽》)。"足以为先王者也"就暗示了荀子将孔子思想树为正统的内在愿望。后来韩非又站在法家的立场上，依据社会发展进化的原理，对儒、墨、道各家的思想提出了尖锐地批评。虽然这些学说在古代社会中产生和运用具有一定的合理性，但是随着社会的发展变化，再推行这些学说已经有悖于社会现实，如果再以这些学说来治理当今社会，那就是"守株待兔"，必然会导致国破家亡。因此，韩非批评儒墨等各家学说为"愚诬之学，杂反之行"，并将其他学派的学者称为"蠹虫"，认为在当今时代，统治者要做的是"去偃王之仁，息子贡之智，循徐、鲁之力"，也就是接受法家的思想学说，以法为治。虽然孟子、庄子、荀子、韩非子都有将自己的思想学说立为一宗的想法，但这对于前三者来说，不过是一种美好的愿望而已，因为他们三人都游走在政治的边缘，像孟子的思想学说就被统治者指责"迂远而阔于事情"，无法被统治者所接纳，庄子则宁可忍饥挨饿也不愿接受官府任职，荀子也只是当过"兰陵令"之类的小官，所以，他们的思想观念无法对统治者产生真正的影响。而韩非与他们截然不同，韩非不仅是一个思想家，更是一个站立在政治漩涡当中的政治家。韩非是先秦七国当中韩国的宗族公子，并为韩王安所重用，虽然后来在出使秦国的过程中，由于受到李斯、姚贾的陷害，而被秦王处死，但他的思想学说受到了秦王政的高度重视，"直接促成了秦王的反儒意识与君主专制主义的策略，为秦统一中国，建立大一统的封建专制主义的君主集权制国家提供了有力的理论根据。所以，韩非尽管被杀害了，但他的政治理论并未因其人亡而泯灭。相反，连李斯也称他的学说为'圣人之论'、'圣人之术'，把它作为治秦的方略。可以说，他的思想直接促进了在中国延续达两千年之久的君主专制制度的建立，把中国的历史推进到一个崭新的阶段，并主宰了这一漫长历史阶段的意识形态"①。所以，韩非子的出现意味着百花齐放、百

---

① 张觉：《韩非子全译》，贵州人民出版社 1992 年版，前言第 3—4 页。

花争艳的先秦学术繁荣时期已经走到了尽头,百家争鸣将为大一统所取代,因为秦王接受了韩非的"明主之国,无书简之文,以法为教"(《韩非子·五蠹》)的思想,不仅禁办私学,就连诗书等都得统统烧掉,甚至是不听话的儒生也要被活活掩埋。

不过值得重视的是,虽然秦国利用韩非的思想学说统一了六国,建立了一个统一的封建专制政权,但是由于法家严刑峻法的治国方略太过严厉苛刻,弄得民不聊生,激化了地主阶级与农民之间的矛盾,以致官逼民反,秦王朝在农民起义的冲击下,迅速地覆灭了。而这也导致法家的思想开始受到统治者的批判与反思。汉代的贾谊就指出,强大的秦国之所以无法经得起村野匹夫的冲击,就在于秦国太过重视"饰法设刑"以"禁暴除乱",而轻视仁义在治理国家中的重要作用,"仁义不施而攻守之势异也"。统治者已经意识到,单纯地依靠法家的思想虽然可以夺得天下,但尚不足以守住天下,所以,他们开始重视仁义的问题,也就是要对被统治者行王道、施仁义。当然,统治者这样做并不是实践先秦时期儒家所构想的仁义之治,而是为了维护自己的统治而已,所以,统治者施行仁义更多的不过是一种笼络人心的手段,这也就是孟子所批评的"行仁义"而非"由仁义行"。这就决定了汉代以后的统治者的王道并不纯粹,而是王霸道杂,也即后人所概括的"阳儒而阴法"。因此,在汉代,由于董仲舒的提议而统治者开始"罢黜百家,独尊儒术",虽然儒家思想在表面上成了中国几千年封建君主专制政权的官方思想,但是这并不意味着儒家学说在古代中国获得了绝对的统治地位,儒家思想在现实生活中得到了彻底地施行,中国人都以儒家的思想学说来指导自己的一言一行,实际上,道家、法家思想在中国仍然具有至关重要的影响,相互之间纠正、融合,因此中国古代的统治者虽然在政治层面上大讲儒家的仁义道德,但是普罗大众可能并不是太予理会,而是更加重视被严重改造和变形了的一些日常生活规范。先秦时期诸子百家思想在后代的这样一种命运,决定了先秦时期的"他人"思想在后来的时代有传承也有变形。

由于儒家思想在汉代以后被确立为官方的思想学说,成了一种意识形态,因而也是无数文人学者竞相学习效仿、发挥阐扬的对象,所以,儒家的"他人"思想对于后世的文人学者产生了至关重要的影响,尤其是那些体制内的学者们的"他人"思想都是植根于先秦儒家(主要是孔子与孟子)"他人"思想的基础上。

从先秦儒学的发展历程上看,"他人"具有一个越来越群体化的倾向。虽然孔子在说到"鸟兽不可与同群,吾非斯人之徒与而谁与"的时候,已经暗示了"他人"具有群体性的特点,但是他并没有直接提出群的问题。后来孟子尽管对孔子的"他人"思想有一些发展,但是他也始终没有将"他人"直接归结为一个群体。随着时代的发展,地主阶级建立统一封建政权的愿望渐趋实现的时候,思想领域当中已经不太重视了个体性存在,而开始将关注的重心逐渐转移到整体性的社会国家身上,个人更多的是要在社会国家这个整体当中来获得自身的意义和价值,这时候,个体性的"他人"更多的是作为群体的面目出现,所以,活跃于战国后期的荀子旗帜鲜明地提出了"群"的问题,认为人与动物的一个重要差别在于,"人能群,彼不能群也"(《荀子·王制》)。而且"群"不是一种动物式的本能组合,而是建立在"分"的基础,只有严格的"分"才有稳固的"群"。"群"强调了社会国家的至上性,有利于维护社会国家的统一;而"分"则强调了等级制度的合理性,有利于统治阶级对被统治阶级的统治。从汉代开始,中国的封建地主阶级的中央专制政权已经建立起来,地主阶级为了维护自己的统治,更加需要强调社会国家的至高无上性、等级制度的合理性,因此,思想家们适应了这样的一种社会需要,也着重发展了儒家有关"群"与"分"的思想,来为封建等级专制制度服务。

正是在董仲舒等人的倡议之下,汉武帝开始"独尊儒术",因此,董仲舒的"他人"思想对于中国后世的思想文化具有至关重要的影响。董仲舒为了给封建大一统的专制制度找到哲学的基础,提出了以天为祖的思想,认为天为世间万物的本原,"天者,万物之祖,万物非天不生"(《春秋繁露·顺命》),"天执其道为万物主"(《春秋繁露·天地之行》)。本来早在先秦时代,荀子就已经提出了"明于天人之分"的思想,明确要求人们不要将天道与人道混为一谈,但是董仲舒却又将二者混同为一,提出了天人相类、人副天数的思想,"王道之三纲,可求于天","是故仁义制度之数,尽取之于天"(《春秋繁露·基义》)。经过这样一个形而上学化的过程,董仲舒最终将封建大一统的专制制度确立为万世不可移易的天地之常经、万物之通理,"道之大原出于天,天不变,道亦不变"(《举贤良对策》)。既然世间万物都以天为本原,天构成了世间万物的形而上学根基,那么,人道也就必然要顺应天道,人们必须根据天意来处理自我与"他人"之间的关系,做到"顺命""成性"。但是由于每个人所禀受的天命、天性不一样,这就导致每个人在社会国家这个整体当中所处的位置也不一样,"天子受命于天,诸侯受命于天子,子受命于父,臣妾受命于君,妻受命于夫。诸所受命者,其尊皆天也。虽谓受命于天,亦可"(《春秋繁露·顺命》)。对于作为儿子、妻子、大臣的自我来说,由于我们分别受命于父、夫、天子,所以我们就要听命于父、夫、天子。由于归根结底人都是受命于天,而天子又是直接受命于天的,所以,所有人最终都要听命于天子。对于自我来说,天子同化了一切的"他人",成了与神同义的至高无上的统治者。

随着汉王朝的没落,国家由统一走向分裂,独尊儒术的局面也就渐趋结束了,人们的思想也开始由过去的大一统而走向分化,开始由专制压抑而走向自由活泼。所以,魏晋玄学开始试图突破名教思想的束缚,提倡"越名教而任自然",强调要尊重人的自然本性,人们所言所行不是要去适应虚伪的名教,而是要顺应自然本性。王弼说,"万物以自然为性,故可因而不可为也,可通而不可执也"(《老子注·二十九章》),"物皆不敢妄,然后万物乃得各全其性"(《周易注·无妄》),就是告诉人们,事物的本性都出于自然,而自然本性又是

"可因而不可为，可通而不可执"的，所以，人们要做的不是去改变自
然本性，而是要顺应自然本性。由于自然就是本性，性就处于自然
之中，所以顺应自然本性也就是"因自然"。圣人之所以能高出于常
人，就在于圣人顺应了自身的自然本性，做到"为而不施"，"圣人达
自然之至，畅万物之情，故因而不为，顺而不施。除其所以迷，去其
所以惑，故心不乱而物性自得也"（《老子注·二十九章》）。强调人的
自然本性，实际上是对于人的个体性的一种尊重，其必然的逻辑结
果就是"贵我"，维护自我的存在，所以，王弼又提出了"安身莫若不
竞，修己莫若自保"的存身处世的原则，希望以此能够在纷繁的乱世
当中能够自全其身。后来的嵇康、向秀、郭象等玄学派的人物基本
上都沿袭了王弼的这样一种顺应自然本性、贵我的思想取向。虽然
魏晋玄学如此提倡，但是这也并不意味着他们就彻底地抛弃了名
教，实际上他们的骨子里仍然是高度重视名教的，鲁迅就曾经指出
过这一点，"这是因为他们生于乱世，不得已，才有这样的行为，并非
他们的本态。但又于此可见魏晋的破坏礼教者，实在是相信礼教到
固执之极的"①。所以，魏晋玄学虽然对大一统、等级制的名教思想
多有批评，但是他们并没有抛弃名教所提倡的整体至上性原则，仍
然高度强调群体的重要性。像王弼强调贵我，但他并没有走向自我
中心，并没有因此而高度强调一己之私、一己之利的利己主义，反而
要求人们要无私无我，"灭其私而无其身，则四海莫不赡，远近莫不
至；殊其己而有心，则一体不能自全，肌骨不能相容"（《老子注·三十
八章》）。虽然从表面上看王弼讲唯有"灭私无身"才能做到"一体自
全""肌骨相容"，似乎仍然是在讨论自保之途，但是他已经在此加入
了"四海莫不赡，远近莫不至"，而这不再仅仅是指向一己之身，而是
指向了整个社会群体。所以，"灭私无身""一体自全""肌骨相容"最
终都成了维护国家社会统一的途径，从而使多归一、以一统众，"万

---

① 鲁迅：《魏晋风度及文章与药及酒之关系》，《鲁迅杂文全集》，河南人民出版社 1994
年版，第 296 页。

物万形,其归一也。……故万物之生,吾知其主,虽有万形,冲气一焉。百姓有心,异国殊风,而得一者王侯主焉。以一为主,一何可舍? 愈多愈远,损则近之"(《老子注·四十二章》),"夫众不能治众,治众者,至寡者也。夫动不能制动,制天下之动者,贞夫一者也。故众之所以得咸存者,主必致一也;动之所以得咸运者,原必无二也"(《周易略例·明象》)。人们最终都要趋近于一、归一,而这个一又是"王侯",所以,人们最终也就是要归附于以君为主的等级制度。因此,虽然魏晋玄学家们激烈地反抗着套在身上的大一统的封建专制的枷锁,但是他们并没有打碎、斩断锁链,从而彻底地从外在的束缚中解脱出来,他们只不过是拉长了锁链而已,从而获得了更大的活动空间,所以,他们并没有走向真正的自由,仍然被淹没在群体之中。对于群体至上性的强调,就意味着"他人"仍然不是作为一个独立的个体,而是作为社会国家的一个组成部分、构成要件而存在于世的,"他人"始终没有获得真正的自性与独立性。

在历史发展的长河之中,先秦时代的"我"与"他人"之间的关系问题或者说人己之间的关系问题,慢慢地演化成了群己关系问题,荀子、董仲舒和魏晋玄学都是在群己关系的基础上来讨论"我"与"他人"之间的关系。不过到了宋代,"我"与"他人"之间的关系问题又由群己问题变成了公私问题。宋明儒学的一个核心问题就是天理人欲、义利关系,"大凡出义则入利,出利则入义。天下之事,惟义利而已"[①],"圣贤千言万语,只是教人明天理,灭人欲"[②],"圣人述《六经》,只是要正人心,只是要存天理、去人欲"[③]。在宋明儒学当中,利与欲、义与理是结合在一起的,满足物质利益需求就是满足物质欲望,就是人欲,而顺理而行就是义,顺义而行就合乎理。在中国传统

① 程颢、程颐:《河南程氏遗书卷第十一·师训》,《二程集》,中华书局2004年版,第124页。
② 朱熹:《朱子语类》,黎靖德编,岳麓书社1997年版,第184页。
③ 王阳明:《传习录上》,《王阳明全集》,上海古籍出版社1992年版,第9页。

哲学当中,虽然同样都是追求物质利益的行为,但是其间却存在着巨大的差异,如果追求物质利益纯粹是为了满足个人欲望,那么这基本上就是"私",但是,如果为了"他人"追求物质利益就极有可能是合乎"义"、合乎"理"的。所以,义利之辨、理欲之辨在宋明儒学当中又可以通于群己之辨、公私之辨,因此程颢就说,"义利云者,公与私之异也"。[①]在宋明儒那里,要求人们存天理、灭人欲,实际上就是要求人们公而忘私。"公"按照一般的理解,应该就是国家、社会等整体,公而忘私就是教人为了国家社会的整体而牺牲个人利益,然而问题在于,在中国传统社会当中,国家社会这个"公"实际上有时又是"私",国家实际上被当成了一家一姓之私,所以中国的封建君主都把国当成了自家的私有财产,"以为天下利害之权皆出我,我以天下之利尽归于己,以天下之害尽归于人,亦无不可"(《明夷待访录·原君》)。在这样一种特定的时代背景下,"公"就等同于封建专制国家,"理"就是用来维护封建专制统治的封建伦常,"理便是仁义礼智",所以,宋明理学要求人们存天理、灭人欲,舍利取义,屈私为公,实际上就是要求人们都屈从于封建君主的专制统治,完全服从于专制君主,遵守封建的仁义道德。

宋明儒学的义利、公私观对于中国人的思想观念产生了非常深远的影响,成了束缚中国人自由个性的思想枷锁,其由存天理、灭人欲所推导出的"饿死事极小,失节事极大",暗含了对于个体生命价值的轻视,从而遭到了明清之际的一些思想家的强烈批判。黄宗羲就一反理学屈私为公的观点,认为人天生就是自私自利的,自私自利乃是人的本性,"有生之初,人各自私也,人各自利也"(《明夷待访录·原君》),所以人们为自己牟私利乃是天经地义、无可厚非的,国家等一切集体应该服务于人们的私利,没有一己之私,也就无所谓国家之公,"天下之治乱,不在一姓之兴亡,而在万民之忧乐"(《明夷

---

① 程颢、程颐:《河南程氏粹言·论道篇》,《二程集》,中华书局2004年版,第124页。

待访录·原臣》)。实际上国家的产生本来就是为了满足人们自私自利的本性，国家这个集体当中所包含的应该是一个个具体的个人，而君主恰恰就是那些没有自己一己之私利而全身心地为了"他人"私利而服务的人，所以，君主必然应该是更加具有奉献精神的人，"天下有公利而莫或兴之，有公害而莫或除之。有人者出，不以一己之利为利，而使天下受其利；不以一己之害为害，而使天下释其害；此其人之勤劳必千万于天下之人"（《明夷待访录·原君》）。然而问题在于，现在社会却颠倒了这样一种本来的关系，君主为百姓服务却变成了百姓为君主服务，"古者以天下为主，君为客，凡君之所毕世而经营者，为天下也。今也以君为主，天下为客，凡天下之无地而得安宁者，为君也"（《明夷待访录·原君》）。这样一来，君主把天下之公看成了一家之私，导致君主把荼毒生民以满足个人的欲望看成是天经地义的，从而妨碍了他人私利的满足，所以，黄宗羲认为，这样的君主无胜于有，"为天下之大害者，君而已矣。向使无君，人各得自私也，人各得自利也"（《明夷待访录·原君》）。后来，戴震更是直接批评理与公不过是统治者用来对付被统治者的"忍而残杀之具"，"尊者以理责卑，长者以理责幼，贵者以理责贱，虽失，谓之顺；卑者、幼者、贱者以理争之，虽得，谓之逆。于是下之人不能以天下之同情、天下所同欲达之于上；上以理责其下，而在下之罪，人人不胜指数。人死于法，犹有怜之者；死于理，其谁怜之！"（《孟子字义疏证·理》）

　　明清之际思想家对于宋明儒学公私观的批判，虽然导致"那种舍弃个体之私的公，即皇帝一己之私所带来的并不存在的强加于天下人的所谓天下之公，在原理上被否定了"，但是这并不意味他们就割断了私与公之间的关联，更不意味着他们要将私从公当中彻底地解放出来，实际上他们仍然认为公是必不可少的，他们只不过反对宋明儒学将公与私置于二律背反的境地，所以他们只是对于公与私之间的关系进行了调整，"'公'以天下的个体之'私'为媒介，成为统一在更高层次上的'公'。个体之私与公并非是对立的,个体之私贯通于公;而贯通于个体之私的公,其本质发生了全方位的或是结构上的转变"①。所以,"群"或"公"在明清之际思想的严重仍然具有不可动摇的至高无上的地位。对"群"与"公"的高度推崇,实际上是对于所有个体的一种普遍性的压抑:这不仅压抑了个体的肉体欲望,实际上也压抑了个体的个性;这些被压抑的个体当中不仅有"他人",而且也有自我。因此在古代向近代转变的过程中,思想家们已经强烈地感受到了封建专制制度的束缚作用,开始呼吁个性解放。龚自珍曾经指出,在封建专制制度的束缚之下,中国人的个性已经受到了极大的摧残,中国人真实的情感、道德意识、创造能力都被无情地扼杀了,中国人已经缺乏能思能虑、敢做敢为之心,所以,中国不但无法产生出敢作敢为、有创造性的伟大人才,就连大的强盗也无法产生。而龚自珍的《病梅馆记》实际上就是对封建专制制度摧残个性的强烈控诉,认为个性不能用一个模式进行套裁(斫直、删密、锄正),否则就会导致对个性的伤害(夭梅、病梅),实际上个性的价值就在于其独特性,也只有按照其独特的个性进行培育发展,每个人才能成为才士、才民,所以龚自珍呼吁要像对待病梅那样,呼吁统治者对待"他人"要"疗之、纵之、顺之",要"不拘一格降人才",从而彻底改变中国"万马齐喑"的一片萧索的局面。实际上,每个人都有个性、都有高度的创造性,而每个人都是一个自我,所以,龚自珍强调不仅要通过"他人",更要通过自我个性的发挥、自尊其心来实现自我的解放。在龚自珍的眼中,世界万物,不论是自然界当中的日月山川,还是社会社会生活中的纲常伦纪都是出于自我的创造,从而颠倒了过去群己之间的关系,把自我放到了一个至高无上的地位。

随着鸦片战争的爆发,压在中国人民的头上不仅有封建主义这座大山,同时还有帝国主义和资本主义的大山,因此中国人民一方

---

① 沟口雄三:《中国前近代思想之曲折与展开》,陈耀文译,上海人民出版社1997年版,第17页。

面要反封建,另一方面也要反对帝国主义国家对中国的侵略,从而避免中国遭受亡国灭种的厄运。反封建的任务决定了中国近代的思想家要继续对于中国传统的重群的观点进行批判,从而捍卫个体的尊严与价值,所以,像章太炎等思想家就强调个体的真实性,国家等一切社会群体都是虚幻不实的,这也就是他所说的"个体为真,团体为幻"(《四惑论》)。这是因为,按照佛教的说法,一切幻化和合而成的都是假有而非实有,而社会国家恰恰都是由一个个个体集合而成的。既然群体是虚幻不实的,那么人们就对于这些群体也就没有任何责任可言,也就没有必要屈私以为公,"故人对于世界、社会、国家、与其他人,本无责任"(《四惑论》)。

一味地反对群体、反对公,对于近代中国来说,存在着非常巨大的风险,那就是亡国灭种。因为当西方列强用坚船利炮敲开了中国的大门之后,中国就遭遇了"三千年未有之大变局",中华帝国这座大厦已经处于风雨飘摇之中,随时都有倾塌的危险,在如此紧要的关头,如果中国人放弃了国家的整体利益,那么也就意味着中国将无法经受欧风美雨的袭击,就要轰然崩塌,中国就将沦为西方列强的殖民地,中国人就将匍匐在西方的铁骑之下,沦落为西方统治者的阶下囚。为了挽狂澜于既倒,扶大厦之将倾,就必须将国家的利益提高到一个至高无上的价值。因此,像梁启超这样的思想家,就强调群体的价值高于个人的地位,个人的独立从属于国家的独立,只有国家富强独立,才能确保个人之私利得以实现,个人之私利才能永保不失。因此梁启超强调中国人先要屈身就群,再强大中国这个群体以便能够对抗外来之群,"常肯屈身以就群。以小群对于大群,常肯屈小群而就大群。然后夫能合内部固有之群,以敌外部来侵之群"(《十种德性相反相成义》)。在这样一种特殊的背景之下,虽然人们有时也强调个体、个性,但是个体、个性最终都要从属于国家民族这些群体,所以,个体并没有获得真正的独立意义,"群重己轻"仍然是中国近代社会中人我、群己关系的基调。

第二节　比较视野中的先秦"他人"思想

先秦是中国历史上一个非常重要的时期,在这个时期中,中国的社会制度实现了从奴隶制向封建制的转变,社会也开始由分裂走向统一,中国的社会历史在此时期孕育成型。与社会历史的发展相适应,先秦时期的思想文化也构成了中国思想文化发生发展的原点,后来的思想文化都是在此根基上发荣滋长。也正是因为这个原因,雅斯贝尔斯把先秦归入了人类历史发展的"轴心时代"。既然先秦是中国文化生长的原点,中国后来的一切思想文化都由此而开出,那么中国的"他人"思想自然也不例外,要想了解中国的"他人"思想,就必须先来认识先秦时期的"他人"思想。由于我们长期受到中国传统文化的熏染,所以我们很难客观公正地认识和评价先秦时期的"他人"思想。为了克服"不识庐山真面目,只缘身在此山中"的局限性,我们有必要借助同为"轴心时代"的古希腊这个参照系,在中西比较当中来透析先秦时期的"他人"思想。

马克思曾经说过:"人的本质不是单个人所固有的抽象物,在其现实性上,它是一切社会关系的总和"①。这句话强调,现实中的人不是一个没有门窗通向外界的、封闭的、孤立的单子,人不是一座不与外界交通往来的孤岛,不是完全切断了一切社会联系的鲁宾逊式的个人,人必须生活在世界、社会当中,这个世界上不仅有"我",也有在"我"之外、与自我紧密相关的"他人"。正是"我"与"他人"之间的各种关系决定了我之为"我",或者说"我是谁",正是相对于父母、妻子、儿女,"我"才能确定自己是人子、人夫、人父,"我"才能确定自己在这个社会当中所处的位置、所扮演的角色,因此,自我是不能脱离"他人"而存在的。实际上,早在先秦时代,孔子对此就已经有所认识。孔子

---

① 马克思:《关于费尔巴哈的提纲》,《马克思恩格斯选集》第1卷,人民出版社1995年版,第56页。

在周游列国的途中遇到了桀溺,桀溺就劝诫弟子子路,与其跟在孔子后面意欲改变世界而不能,而且还遭遇误解、困厄,还不如跟在自己后面做个隐士,孔子闻听此言后就说,"鸟兽不可与同群,吾非斯人之徒与而谁与?"(《论语·微子》)孔子这句话所强调的就是自我与"他人"之间的不可分割性,不论"他人"贤与不肖,不论"我"乐意与否,与"他人"生活在一起、相处、交往,乃是"我"与生俱来、不可逃避的天命。西方思想家亚里士多德则说,"人天生是一种政治动物"①。在希腊语当中,政治家(politikos)也有"社会的""公众的"含义,因此这句话也可译作"人天生是一种社会动物"。独木不能成林,一个人不能成为社会,既然人是"社会动物",那么自我就要栖身于"他人"之中,与"他人"为伍,因此马克思高度评价亚氏的理解"标志着古典时代的特征"。

虽然中西哲人都充分地肯定了人的社会性,都高度强调自我与"他人"之间的关系,但这并不意味着,"他人"在中国与西方获得了同等的重视,同样享有不可取代的重要地位。按照马丁·布伯的研究,"我"与"他人"之间的关系可以分为"我—你"和"我—它"两种,而在西方历史上,我与"他人"之间的关系主要表现为"我—它"关系。所谓"我—它"关系,就是人们站在自我的立场上,分离自我与"他人",并将"他人"看作是围绕着自我而展开的、在"我"周围的对象、客体,是"我"可以按照自己的主观意图加以征服、改造、利用之物。②在"我—它"关系中,"他人"实际上不是作为"他人"而存在,而是作为"另外一个我"而存在,"他人"就是变形的自我,因为"他人"通过"我"的征服、改造和利用,"他人"变成了"我"的一个构成要素或者"我"所思所想、所期待之人,所以在"我—它"关系中,"他人"并不真正存在。譬如,在古希腊时代,城邦是"我"与"他人"汇聚之所,在城邦当中有"我"也有"他人",人们为什么要建立城邦呢?按照柏拉图的说法,这

---

① 亚里士多德:《政治学》,颜一编:《亚里士多德选集·政治学卷》,中国人民大学出版社1999年版,第6页。

② Martin Buber, I and Thou, trans, by Ronald Gregor Smith, T. & T. Clark, 1958, pp.3–34.

是因为在现实生活当中,"我们每个人都不能自给自足,相对于我们自己的需要来说。每个人都缺乏许多东西","那么由此带来的一个后果就是,人们相互之间需要服务,我们需要许多东西,因此召集许多人来相互帮助。由于种种需要,我们聚居在一起,成为伙伴和帮手"①,这也就是说,"我"之所以与"他人"在一起共同组成一个城邦,并非是为了"他人",而是为了自我需要的满足,因为如果没有了"他人",那么"我"的需要就无法得到有效的满足。正是因为西方对于自我的高度重视导致贬抑了"他人",所以勒维纳斯批评西方的传统哲学基本上都是"自我学",一部西方哲学的发展史就是自我的发展史和"他人"被自我所淹没的历史②。

与西方高度重视自我不同,中国人从一开始就没有将自我放在一个至高无上的地位,反而常常要求人们取消自我。孔子作为中国文化象征,其弟子曾经这样夸赞他,"子绝四:毋意,毋必,毋固,毋我"(《论语·子罕》)。"意必固我"是普通人的四种弱点,而在这四种弱点当中,"我"最为重要,朱熹在论及这句话时就曾经说过,"四者始于我,而终于我。人惟有我,故任私意;既任私意,百病俱生。做事未至,而又期必之心;事既过,则有固滞之患。凡若此者,又只是成就一个我耳。"③这也就是说,"意必固"这三种人生弱点都是因为"我"而起,都是因为人们将自我放在了一个非常重要的位置上,"意必固"这三种缺点的解除最终导致的结果就是对于自我中心地位的放弃。正是因为孔子"毋我",所以孔子从来都不自高自大,自以为是,没有将自我从"他人"当中超拔出来,而是将自己看作芸芸众生当中的一员,因此,当弟子说孔子已经超脱凡俗而成为圣人的时候,孔子却谦虚地表示,"若圣与仁,则吾岂敢?抑为之不厌,诲人不倦,

---

① 柏拉图:《国家篇》,《柏拉图全集》第二卷,王晓朝译,人民出版社2003年版,第326页。

② Levinas, Totality and Infinity, trans, by Alphonso Lingis, Hague, Boston, Martinus Nijhoff Publishers and Duquesne University Press, 1979, pp.43-44.

③ 黎靖德编:《朱子语类》,岳麓书社,1997年,第853页。

则可谓云尔已矣。"(《论语·述而》)一旦自我放弃了中心地位,那么,自我就失去了对于"他人"的优势,我们就不再是居高临下的俯视"他人",去给"他人"挑毛病、找缺点,我们就会发现"他人"身上也有大量值得自我学习的优点,所以孔子说"无友不如己者"(《论语·学而》),"三人行,必有我师焉"(《论语·述而》)。

重点讲人道的儒家尚且如此,而重点讲天道的道家更是这样。在庄子看来,在现实生活中,人们之所以都非常重视自我,经常自以为是而以"他人"为非,这是因为人们都有"成心","未成乎心而有是非,是今日适越而昔至也"(《庄子·齐物论》)。而"成心"的形成与自我特殊的生活环境、人生经历有关,诸如所接受的教育、当地的生活习惯、风土人情等。这些东西构成了我们客观认识自我和"他人"的障碍,人们都站在自我的特殊立场上,以为自己就是真理的握有者,从而导致人们之间自是而相非、自贵而相贱。譬如在《庄子·秋水》当中讲了一个河伯的故事,河伯由于长期定居一地,从而狂妄地以为"天下之美尽在己",但是一旦他突破了地域的限制,有机会去看看汪洋大海,才幡然悔悟自己原来不过是沧海一粟,从而为自己过去的狂妄无知而感到羞愧。这个故事告诉人们,自我虽然也有可取之处,但是切莫无限地放大自己的优点,从而造成天下唯我独尊的错觉,否认"他人"有任何可取之处;实际上,现实当中的每一个人,无论贵贱、无论美丑,都是禀道而生的,都得道之真性,都有其可取之处,所以庄子说,世界上的一切人都是独立无待、高度齐一的,并无所谓此高彼低、此是彼非之说。《庄子》一书往往突破世俗的眼光,把真人、圣人描写为弯腰驼背、鼻孔朝天、头童齿豁等身带各种残疾的人,这实际上是庄子通过与自我所持标准的冲突来提醒人们,必须放弃以自我为标准来要求、衡量"他人"。

由于社会是由我与"他人"共同构成的,二者之间的地位具有此消彼长的关系,一旦自我被中心化,就意味着"他人"被边缘化,自我的至高无上就意味着"他人"的弱小卑微,反之亦然。而先秦哲人摒弃了自我的中心地位,放弃了对于自我的高度执著,实际上就是无形当中抬高了"他人"在社会当中的地位,甚至将"他人"放在了像"师"这样比"我"更高的地位上。这也就意味着,我们不能以己度人,更不能把"他人"变成"我"实现目的的手段或工具,从而把"他人"变成自我的一个构成要素,使其变成"另外一个我",而是要真正地把"他人"作为"他人"来对待,真正站在"他人"的立场上来是其所是、非其所非。

西方人为什么一定要坚持"自我学",把"他人"变成了"另外一个我"呢?这与西方人所采取的思维方式有关,西方人采取的是同一性的思维方式。在古希腊时代,西方人在对世界的认识上,就已经开始采用理性思维而抛弃了感觉经验。巴门尼德就曾经借助女神之口,道出了人类存在着两条不同的认识之路:真理之路和意见之路,这两条道路之间之所以存在着巨大的差别,主要是因为二者使用了理性与感觉这两种完全不同的认识方式。为了获得真理,巴门尼德告诫人们要远离感觉经验、亲近理性,"不要为许多经验产生的习惯所左右,由你的茫然的眼睛、轰鸣的耳朵以及舌头带向这条路,而要用你的理智(logos)去解决我告诉你的这些纷争"①。巴门尼德之所以反对感觉经验,就是因为感觉经验之间具有高度的差异性、不确定性,会因人、因时、因地而不同,从而使对象呈现出各异的面貌,导致它无法通达一个高度同一化的世界。而理性则摆脱了感性经验的差异性和不确定性,使对象高度抽象为同一化的形式,因此世界表现为"一"而非"多"。而这后来也形成了古希腊哲学的一个很重要的传统,像柏拉图后来就继承并发展了巴门尼德的这一思想。柏拉图认为,人们肉眼所看见的事物都是虚幻不实的,都不过是理念投在洞壁上的阴影,是对于理念的模仿,人们通过认识这些虚幻不实的影像只能形成意见而无法获得真理;人们要想获得真理,就必须回返内心,通过回忆的方式去发现在自己出生之前就已经被安放在内心当中的理念。

---

① 转引自汪子嵩等:《希腊哲学史》第1卷,人民出版社1997年版,第632页。

由于每一类事物都有一个理念,那么"我"与"他人"都属于人,所以"我"与"他人"共同分有、模仿了人的理念,所以尽管"他人"与"我"在外在形式上可能有高矮胖瘦等等方面的不同,但是我们在本质上都是高度同一的,否则我们就不能共称为人。正是因为"他人"与"我"在本质上是高度同一的,所以"他人"与自我之间就没有任何差异,尽管"我"可能迈出自身而走向"他人",但是这个"他人"无非就是"另外一个我",所以"我"还是如在"家"(这个家就是以"我"为家,以自身的存在为家)中,并未真正地走出自身之外。而这样一种同一性的追求,导致古希腊许多思想家在政治上追求城邦民主,要求泯灭个人与集体、家庭与城邦、男与女等一切差别,从而达到自我与"他人"之间的绝对同一;而在哲学上则表现为本体论(ontology)的诉求。

中国哲人似乎从一开始就缺乏追求同一性的兴趣,更加倾向于差异性的思想。早在西周末年,周太史史伯就已经说过:"夫和实生物,同则不继。以他平他谓之和,故能丰长而物归之;若以同裨同,尽乃弃矣。"(《国语·郑语》)认为"和"符合世界万物的本性,唯有它才能促进世间万物生成发展,而"同"则使世界万物归于毁灭,从而将"和而不同"概括为世界运行发展的法则。而据《左传》昭公二十年当中记载,晏子就对梁丘据的一味求同的做法提出了尖锐的批评,"君所谓可,据亦曰可;君所谓否,据亦曰否;若以水济水,谁能食之?若琴瑟之专一,谁能听之?'同'之不可如是也"。后来,孔子在总结前人的基础上,进一步将"和而不同"概括为君子与小人之间的分野,"君子和而不同,小人同而不和"(《论语·子路》),其意是要告诫人们,唯有"和而不同"才是人们应该遵循的相处之道。而"和而不同"与西方同一性思维方式的不同之处在于,它不再强调"他人"与自我之间的相似性、同一性,而是强调"他人"的独特性、差异性,并且尊重"他人"的这种独特性、差异性。在《论语》当中,我们经常可以看到,孔子非常诚恳地评价前人以及自己的弟子各有特点,并且非常谦虚地表示"丘弗如也",实际上这表达了孔子"和而不同"的处世方式。为什么要遵循"和而不同"的处世原则？这是因为在儒家学者看来,世界本身就是差异性的而非同一性,在自然界当中有春夏秋冬之别,在国家当中有君臣上下之别,在家庭当中有尊卑长幼之别,正是因为有如此诸多的不同,世界才会丰富多彩。后来荀子特别强调"分"就是要强化这种不同,并试图通过"礼义"将这种不同固定下来。

由于儒家讲"和而不同",所以我们比较容易理解儒家学者对于"他人"的差异性或差异性的"他人"的重视,但是我们很难理解道家也讲"不同""差异"。因为道家讲道为万物之宗,世间万物都为道所生,都出于道而入道,所以,庄子就讲万物一齐、物我混同,而老子也有"和光同尘"之说。虽然道家讲"齐""同",但是这并没有导致道家像西方古希腊哲学家那样否认"他人"的差异性,反而是充分地肯定了"他人"的差异性。按照惯常的思维模式,人们都是站在"物"和"俗"的立场上来看待外物和"他人",而这样观看的结果就是,一旦看到外物和"他人"与自己有所不同,就以己为是、以人为非,并要求"他人"与自我保持同一,从而也就抹杀了"他人"的差异性。道家恰恰是要突破"物"与"俗"的局限性,做到"以道观之",站在道的立场上来看待世界万物以及"他人"。一旦站在道的立场上来看待世界万物和"他人",那么我们就会发现,世界万物和"他人"与自我之间虽然存在这样那样的差异,虽然无法与自我保持高度同一,但是他们都秉道而生,都得道之真性,只要顺道而行,他们就都能逍遥无待、自由自在地生活。正是从秉道而生的角度上看,物无非是,物无非彼,万物一齐,物我混同,但是这种"齐"与"同"不但没有使"他人"同一于自我,反而是否定了以自我来同一化"他人"的必要性,从而为"他人"的差异性、差异性的"他人"保留了足够的生存空间,因为"他人"虽然与"我"不同,但是"他人"也是"自适其性"的。如果我们不顾"他人"的自然之性,非要逼"他人"与自我保持高度同一,那么势必会造成对"他人"本性的戕害。这就像伯乐治马一样,伯乐按照自己的所谓宝马良驹的标准来治马,使马遭受"橛饰之患""鞭筴之威",结果导致马十有八九就中途夭亡了。正是为了防止造成对"他人"本性的戕害,我们要站在道的立场上,正确地认识和对待"他人"的异质性,也就是说,我们要从"他人"自身的本性出发来认识和对待"他人",而不是站在自我的立场上,事先树立起一套标准,然后按照这套现成的标准来认识和对待"他人"。

西方在古希腊时代特别强调万物的本原、本体、始基,而本原与万物之间的关系实际上就是"一"与"多"的关系,为万物寻找共同的本原、本体、始基等,也就是寻找"多"中之"一",使"多"从属、复归于"一",这也就是西方所谓的哲学、形而上学(metaphysics),而这种形而上学当中恰恰反映出了古希腊思想家对于差异性的态度。亚里士多德对于形而上学的起源曾经做出一个非常经典且为人所熟知的表述,"古今来人们开始哲理探索,都应起于对自然万物的惊异"①。"惊异"这个词生动地传达出了亚里士多德乃至古希腊思想家真实的想法。"惊"不仅是指吃惊,而且也指惊惧,"惊异"本身就有惊惧的含义,而"异"则是指差异,而它构成了惊惧的起源、对象和内容。"我"为什么要惊惧?为什么要思考"多"中之"一"?因为我们当中的每个人都是"为自己的生存而生存,不为别人的生存而生存"②,我们每个人都比较习惯于与"我"相同之物,同一性会让"我"感到自由自在,如在家中;然而在现实当中,"他人"以及世间万物与自我之间存在着巨大的差异,是一种差异性的存在,他们所表现出来的差异性让"我"感到不安全、感到恐惧。这种对于差异性的畏惧,导致希腊在哲学上,追求本体论上的统一性,而在政治上,城邦的统治者们"像哲人帕默尼德一样追求整全而非差异"③。柏拉图曾经非常形象地描述了畏惧差异所导致的社会后果,"人类处于一种公开的战争状态,每个人都与其"他人"为

———————
① 亚里士多德:《形而上学》,吴寿彭译,商务印书馆1959年版,第5页。
② 亚里士多德:《形而上学》,吴寿彭译,商务印书馆1959年版,第5页。
③ 萨克森豪斯:《惧怕差异》,曹聪译,华夏出版社2010年版,第24页。

敌"①。战争实际上是以征服甚至消灭不同于自我的"他人"这种暴力的方式,来保持世界的同一性。

由于中国先秦时期的哲人本来就强调世界的差异性,主张自我与"他人"之间要遵守"和而不同"的相处原则,这就决定了中国哲人不像西方哲人那样,非要将不同于自我的"他人"纳入到自我的轨道中来,逼迫"他人"与自我保持高度的同一性,而是以一种更加宽广的胸怀来包容"他人"的差异性。

人们之所以不能够宽容"他人",是因为人们心中有"我",如果心中去除了"我",那么人们自然就会任由"他人"自然而然地发展、各尽其性,不会要求"他人"同一于自我,更不会将自我作为标准强加于"他人"。因此老子就说要"涤除玄鉴"、空虚其心,"是以圣人之治,虚其心,实其腹,弱其志,强其骨"(《老子·三章》)。"虚心"就破除了"成心",就破除了郁结在心中的自我,这时的"心"就像一个被倾倒一空、柔弱无骨的皮囊,任何"他人"无需改变自己的本来形状面目就能够顺利进入到"我"的内心当中。这种"虚心"的自我实际上就放弃了对于自我的执著,主动地将自己从世界中心位置上撤出来,将其让给"他人",这种位置的转换导致的结果是"圣人常无心,以百姓心为心"(《老子·四十九章》)。正是因为放弃了自我的中心位置,不再将自己作为标准强加于"他人",所以"我"能够宽容地对待"他人","善者,吾善之;不善者,吾亦善之;德善"(《老子·四十九章》)。一旦"我"宽容地对待"他人",那么"我"与"他人"之间的冲突对立马上就得到消解,人与人之间就不再互相伤害,"以道莅天下,其鬼不神;非其鬼不神,其神不伤人;非其神不伤人,圣人亦不伤人。夫两不相伤,故德交归焉"(《老子·六十章》)。正是因此之故,老子所描写的理想社会是一个消除了战争冲突的社会,"虽有甲兵,无所陈之",由于消除了外在的逼迫,所以人人都能自得其乐,"甘其

---

① 柏拉图:《法篇》,《柏拉图全集》第三卷,王晓朝译,人民出版社2003年版,第368页。

食,美其服,安其居,乐其俗"(《老子·八十章》)。后来庄子讲"至人无己""心斋""坐忘",就是对老子思想的继承与发展。

实际上不仅道家对于"他人"的差异性表现出高度的宽容精神,实际上儒家也同样如此。子贡概括孔子拥有温、良、恭、俭、让等诸多美德,"让"就是辞让,与争夺相对,孔子之所以与"他人"无争无夺,就是因为孔子对"他人"具有高度的宽容、礼让精神,能够严于律己、宽以待人。后来荀子就继承发展了孔子的这一思想,将其发展为"兼术",而兼术的核心就是对"他人"差异性的宽容,"君子贤而能容罢,知而能容愚,博而能容浅,粹而能容杂"(《荀子·非相》)。尽管"我"与"他人"之间存在着贤与罢、知与愚、博与浅、粹与杂这样的高下之别,但即便如此,"我"还是要"容""他人",而不是去逼拶、压制"他人",使"他人"与自我保持同一。但是问题在于,仅仅宽容"他人"是不够的,因为宽容既可以是对"他人"差异性的尊重,但也可以是对于"他人"的差异性乃至命运的冷漠,这诚如著名的后现代思想家齐格蒙特·鲍曼所言,"纯粹的宽容"的"宽容"乃是"垂死的",有时甚至可能成为残忍无情的帮凶,"诚然,人无法想象在宽容的名义下作出残忍的行为;但是,通过那种高傲的冷淡,宽容确实使许多残忍的行为更加容易作出了"[1]。

正是为了防止宽容变成冷酷无情,所以虽然儒家哲学高度强调对"他人"差异性的宽容,但是儒家哲人们并没有就此止步,而是更进一步强调了自我对"他人"的责任。孔子有一句广为传颂、并为后世中国人奉为为人处世原则的经典语录,那就是"己欲立而立人,己欲达而达人"。从这句话当中我们可以看出,在孔子看来,人们不仅要关注自我的发展("立"和"达"),更要关注"他人"的发展,"他人"的"立"和"达"乃是"我"的"立"和"达"的前提条件,这也就是说,"他人"的"立"和"达"乃是"我"的义务和责任。正因如此,孔子不仅自

---

[1] 鲍曼:《现代性与矛盾性》,邵迎生译,商务印书馆2003年版,第396页。

洁其身,而且希望整个社会都能变成一个理想中的乐园,所以尽管他生活得非常窘迫,"遑遑惶惶""累累若丧家之犬",但是他还是心中装着"他人",还是"以天下为己任"。当荷蓧丈人劝他退隐山林,享受自由自在生活的时候,他想到的不是自身,反而是自己对社会、对"他人"的责任,"不仕无义。长幼之节不可废也;君臣之义,如之何其废之? 欲洁其身,而乱大伦。君子之仕也,行其义也"(《论语·微子》)。后来,亚圣孟子将孔子的这一思想加以发扬光大,要求人们不仅不去伤害"他人",更要积极主动地为"他人"的生死存亡担负起责任来,历史上的圣君贤相之所以能够铸就丰功伟绩,能够名垂青史,就是因为他们的心里时刻都惦记着对"他人"的责任。像"禹思天下有溺者,由己溺之也;稷思天下有饥者,由己饥之也,是以如是其急也"(《孟子·离娄下》),伊尹"思天下之民,匹夫匹妇有不被尧舜之泽者,若己推而内之沟中。其自任以天下之重如此,故就汤而说之以伐夏救民"(《孟子·万章上》),这些都是"以天下为己任"的典范。因此对于中国人来说,为"他人"负责乃是与生俱来的,就像前世欠下的债务,所以在汉语当中,"债"字分解开来就是人之责,问题的关键在于债务总有还清的一天,而责任则永无已时,只要"我"活着,"我"就得承担对"他人"的责任。因此,中国人承担责任真正是鞠躬尽瘁、死而后已。

前文将中国先秦时期的"他人"思想与西方古希腊时期的"他人"思想作了一个比较,但是这种比较不过是一个整体性的比较或者说粗线条的比较,而不是一个微观的或者说面面俱到的比较,因此它并没有将中西所有的"他人"思想都毫无遗漏地囊括其中。譬如我们说古希腊时代畏惧差异,但是爱利亚学派和智者学派当中的有些人就非常热衷于差异性;我们说中国先秦时期讲"和而不同"、讲宽容与责任,但是法家就讲同一与霸道,这些在前文当中没有得到有效的反映。这并不是说,我们前面的论述就是错误的,因为这些例外情况仅仅是那个时代的学术支流,而没有构成当时学术发展的主脉。像爱利亚学派和智者学派的诡辩论和相对主义就受到了苏格拉底和柏拉图的强烈批判,而后两者对于西方整个思想的发展具有决定性的影响,以致怀特海评价整个西方哲学的发展都不过是柏拉图思想的注脚,可见苏格拉底和柏拉图对西方思想影响的广泛深远程度。而对于中国而言,儒道思想一直就是中国思想文化的主脉。韦政通曾经说过,尽管先秦时代号称有诸子百家,但是真正"对秦、汉以降两千年的中国文化具有定型作用,并对中国文化各领域都产生广泛而又深远影响的,只有儒、道两家;儒家在社会、政治方面影响较大,道家对文学、艺术方面影响较深"[①]。或许正是出于这方面的考虑,雅斯贝尔斯在写《大哲学家》一书时,只选取了老子和孔子作为中国先秦时期哲学家的代表,而没有涉及其他诸家。基于上述原因,我们以为可以以儒道两家的"他人"思想为基础来概括先秦时期"他人"思想的一些主要特点,并通过他们来反观先秦"他人"思想之得失。

　　西方人重视自我与"他人"之间的同一性,其所造成了一个重要的结果就是人们之间的平等关系和整个社会的民主意识。由于按照西方古希腊哲人的观念,世界是"一"而非"多",世间万物作为"多"都是对"一"的分有和模仿,或者说"多"分享、共享着"一",正是因为"多"分享了"一",所以赫拉克利特说,"对于神,一切都是美的、善的和公正的"[②]。这种观念放在现实的公共生活当中就意味着,"公共,正如我们按照希腊意义理解的那样,是一种分享方式","koinon[共同、一致]强调分享,为个人、家庭或城邦民共同享有。正如亚里士多德在《政治学》卷二中所示,城邦必定是一个koinōnia(共同体),因为它必须共享某样东西,至少建立它的基础共享着什么"[③]。按照这样一种理解路径,城邦就是所有人的城邦,城邦当中的一切都归全体城

---

① 韦政通:《中国思想史》上册,上海书店出版社2003年版,导言第5页。
② 转引自汪子嵩等:《希腊哲学史》第1卷,人民出版社1997年版,第505页。
③ 萨克森豪斯:《惧怕差异》,曹聪译,华夏出版社2010年版,第10—11页。

邦公民所有,不论男女、不论老少、不论美丑在城邦当中都是平等的,每一个城邦公民都能平等地参与城邦事务,而这与中国的"以一人疑天下""以天下私一人"的历史传统显然有所不同,从而培育了西方的平等观念和政治参与的民主意识。不过这并不意味着西方的"他人"思想就完美无瑕,实际上西方的"他人"思想也带来诸多的社会问题。由于西方的"他人"思想是建立在同一性的基础之上的,而这种同一性又是以自我为中心的,是"他人"同于自我,而不是自我同于"他人",这也就是说,唯有"我"才是同一化的主体,而"他人"不过是"我"同一化的对象或客体,所以"我"与"他人"之间所建立起来的关系是马丁·布伯所说的"我—它"关系,而非"我—你"关系。在"我—它"关系当中,"我"与"他人"之间的平等始终存在着流于形式的危险,因为即使"我"承认了"他人"与"我"之间的平等关系,那也不过是"我"为了使自身的利益免遭伤害,或者是使自我利益最大化;如果"他人"构成了自我利益的威胁,压制"他人"不但不会使自我的利益遭受损害,反而能够使自我利益最大化的话,那么,我们就极有可能不择手段地压制与打击"他人"。这样一来,平等演变成了不平等,民主演变成了专制,而这也是造成现代西方社会中人与人相互为战、"人对人像狼"(霍布斯语)的深层思想根源。

　　中国人从一开始,就走上了与西方完全不同的道路,先秦时期的中国哲人们所讲的不是西方的绝对同一性,而是"和而不同"。由于"和而不同"当中的"和"不是"同",不是建立在同一化的基础上,而是建立在"不同"、差异性的基础上,所以"和而不同"不但不简单地拒斥差异性,反而强调对差异性的宽容,与不同于自我的"他人"之间的"和"。宽容与"和"造就了中国人谦敬礼让的品格,在中国广为流传的"六尺巷"的民间故事,就是宽容、礼让"他人"的故事。正是通过宽容、礼让,中国人消解了冲突与斗争,表现在政治外交上,中国思想家都主张王道而非霸道,讲信修睦,协和万邦;表现在日常生活中,人与人之间一团和气。因此,虽然中国人强调人与人之间的差异性,并宽容这种差异性,但差异性的存在并没有导致人与人之间的剧烈的冲突与斗争,反而换来的是人与人之间的和睦相处。张载所说的,"有象斯有对,对必反其为;有反斯有仇,仇必和而解"(《正蒙·太和篇》),"我"与"他人"的差异性——"对""反""仇",并没有引发没完没了的争斗,而是顺利地"和而解"了。更为重要的是,中国人并没有停留在对"他人"差异性的宽容上,而是进一步过渡到"我"对"他人"的责任上,强调"我"对不同于自我的"他人"负有不可推卸的责任——"立人""达人",从而造就了中国人强烈的责任意识,如果一个人放弃了对"他人"的责任,而必将受到社会的唾骂和鄙视。任何一个中国人承担着数不清的责任,仅仅对于家庭而言,他就承担了传宗接代、光宗耀祖、赡养父母、教育子女等各种各样的责任。正是因为对"他人"所承担的责任无比沉重,所以为了真正担负起这些责任,就必须意志顽强、吃苦耐劳,而这也造成了中国人坚忍的品格,中国人为了家庭、社会,可以说真正是做到了鞠躬尽瘁、死而后已。

中国人高度强调自我对"他人"的责任,而这种道德的责任(responsbility)与法律当中的责任是不同的。法律当中的责任经常被理解为"义务",而"义务"乃是一个与权利相对、与权利紧密相关的概念。我们之所以在法律上承担责任或义务,乃是因为我们享受了与之相应的权利,也就是说,法律上的责任或义务因权利而起,权利构成了承担责任的前提条件。但是道德当中的责任并没有权利与之相对,"我"之所以做一件道德的事情,并不是因为"我"享受了某些权利,按照中国古人的说法,而是因为自己的"良心"或"不忍人之心",按照康德的说法,则是出于"绝对命令"。由于责任与权利之间截然分裂,而中国人又过分地强调责任,这导致中国人权利意识非常淡薄,所以在中国传统社会当中,尽管人们时时刻刻都承担着大量对家庭、对社会的责任,但是没有人会想到自己还有什么权利,没有人会想到家庭、社会应该给予自己什么回报。淡薄的权利意识与过度的宽容精神相结合,使中国人缺乏一种斗争精神和进取精神。当中国人自身的权益遭到损害时,不是采取强硬的手段来维持自己的权益,而是采取隐忍和息事宁人的处理方式,尽量是"得饶人处且饶人"。因此在历史上我们可以看到,面对在上者的欺凌压迫、胡作非为,面对外国外族的入侵,中国老百姓缺少一种针锋相对的应对策略,而是一"忍"了之。有关这一点,就连在中国仅仅生活过短暂时间的罗素都有强烈的感受,"中国人的性格中最让欧洲人惊讶的莫过于他们的忍耐了"①。正如前文所言,单纯的宽容本身就会变成极度的冷漠,再加上中国人高度重视差异性,强调不同的人由于所处的社会地位不同,他们所各自承担的责任也就有所不同,从而将自己的责任紧紧地限制在与自己社会地位相适应的范围之内,严格地区分了属于"我"的责任和不属于"我"的责任,而属于自己的责任要绝对地承担,而不属于自己的责任则奉行"各人自扫门前雪,休管他人瓦上霜""事不关己,高高挂起"的处世哲学,而这也造就了许多冷漠无情的看客:面对歹徒在公共场所行凶却无人上前制止,面对跌倒的老人宁愿进行围观而无人上前搀扶,面对救人而死的英雄冷漠地索要捞尸费。

从前面的分析当中我们可以看出,先秦时期中国的"他人"思想与古希腊时期西方的"他人"思想之间存在着比较大的差异,二者呈现出截然不同的面貌。但是我们并不能因此而在二者之间简单地作出高下优劣之分,实际上二者的产生都有特定的社会历史根源,都有存在的合理性,而且二者在历史发展过程中,都产生了积极的社会影响,同时也带来了一些消极的社会问题。因此对于中国人来说,我们消除现实当中的人际矛盾,建构一个"我"与"他人"友好相处的和谐社会,我们既不能妄自菲薄,在全盘否定传统的基础上实现全盘西化,也不能盲目地自高自大,以为回归传统就能消除一切问题,而是要站在社会现实的基础上,积极地吸收和消化中外传统

---

① 罗素:《中国问题》,秦悦译,学林出版社1996年版,第163页。

中"他人"思想的长处,从而使其在现代社会中实现创造性地转换。

尽管先秦时期的"他人"思想在西方"他人"思想的参照下也存在着一定的缺陷,但是它对于现代社会中人们如何处理自我与"他人"之间的关系还是提供了非常有益的启示。第一,不可以自我为中心。现代社会中人们的自我中心意识都非常强,其在自我与"他人"关系上的具体表现就是将自我凌驾于"他人"之上,对"他人"发号施令,以自己之所是为是,以自己之所非为非,全然不顾"他人"的感受,从而导致自我与"他人"相互冲突。为了解决这个问题就必须像老子、孔子所主张的那样"虚心""无我""毋我",放弃自我中心,站在"他人"的立场上去思考问题。第二,尊重"他人"的差异性。自我中心所造成的一个重要问题,就是把自我确立为真理的化身,以为自己的所思所想、所言所行都代表了绝对的真理,从而倾向于将自己凌驾于"他人"之上,要求"他人"以自我为标准规范自己的视听言行,要求"他人"与自我保持高度的同一。但是先秦时期的思想家们告诉我们,要允许"他人"与自我有所差异、有所不同,不仅不能对不同于自我的"他人"进行改造甚至打击,更要对"他人"采取宽容态度、尊重态度。第三,重视自我的责任。在现代社会中,自我中心所预设、所引发的一个重要内容,就是强调自我权利的优先性,因此在现代社会里人们都有强烈的权利意识。权利意识的觉醒对于中国来说,确实是一个非常重要的进步,但是强调自我权利的优先性,又容易导致权利至上论,这也就是说,人们会把权利作为最终追求的目标,作为所有人类活动的最后目的,从而忽视了自我对于"他人"、社会所应承担的责任。先秦思想家的"仁以为己任"的思想使我们意识到,对于一个人来说,最能体现人之为人的不是他享受了多少权利,而更应该是他承担了多少对"他人"、对社会的责任。如果在现代社会中,每个人心中都多装着一点"他人",都对"他人"多一点宽容精神,都对"他人"多承担一点责任,那么我们这个社会中就会少了很多的矛盾与冲突,就会显得更加和谐与美好。

主要参考文献

Levinas, Totality and Infinity, translated by Alphonso Lingis, Martinus Nijhoff publishers and Duquense university press,1969.

Levinas, Time and the Other, translated by Richard A. Cohen, Duquense university press, 1987.

Levinas, Otherwise Than Being or Beyond Essence, translated by Alphonso Lingis, Duquense university press,1998.

Martin Buber, I and Thou, translated by Ronald Gregor Smith, T. & T. Clark, 1958.

爱莲心:《向往心灵转化的庄子》,周炽成译,江苏人民出版社 2004年版。

鲍曼:《现代性与矛盾性》,邵迎生译,商务印书馆2003年版。

柏拉图:《柏拉图全集》,王晓朝译,人民出版社2003年版。

蔡尚思主编:《十家论墨》,上海人民出版社2004年版。

查尔斯·泰勒:《自我的根源:现代认同的形成》,韩震等译,译林出版社2001年版。

陈鼓应:《庄子今注今译》,中华书局1983年版。

陈鼓应:《老子注译及评介》,中华书局1984年版。

陈来:《古代思想文化的世界》,生活·读书·新知三联书店2009年版。

陈来:《古代宗教与伦理》,生活·读书·新知三联书店2009年版。

陈奇猷:《韩非子集释》,上海人民出版社1974年版。

程颢、程颐:《二程集》,中华书局2004年版。

程树德:《论语集释》,中华书局1990年版。

戴震:《孟子字义疏证》,中华书局2008年版。

笛卡尔:《第一哲学沉思集》,庞景仁译,商务印书馆1986年版。

《弟子规·三字经·千字文·百家姓·增广贤文》,人民日报出版社2006年版。

冯契:《中国古代哲学的逻辑发展》上册,上海人民出版社1983年版。

冯契:《中国古代哲学的逻辑发展》中册,上海人民出版社1984年版。

冯契:《中国古代哲学的逻辑发展》下册,上海人民出版社1985年版。

冯契:《中国近代哲学的革命进程》,上海人民出版社1989年版。

冯友兰:《贞元六书》,华东师范大学出版社1996年版。

冯友兰:《中国哲学史新编》,人民出版社1998年版。

冯友兰:《中国哲学简史》,天津社会科学院出版社2007年版。

弗朗索瓦·于连:《圣人无意——或哲学的他者》,闫素伟译,商务印书馆2004年版。

高明:《帛书老子校注》,中华书局1996年版。

高瑞泉:《天命的没落》,上海人民出版社2007年版。

龚自珍:《龚自珍全集》,上海古籍出版社1975年版。

沟口雄三:《中国前近代思想之曲折与展开》,陈耀文译,上海人民出版社1997年版。

郭沫若:《十批判书》,东方出版社1996年版。

郭象、成玄英:《南华真经注疏》,中华书局1998年版。

郝大维、安乐哲:《汉哲学思维的文化探源》,江苏人民出版社1999年版。

赫伯特·芬格莱特:《孔子:即凡而圣》,彭国翔、张华译,江苏人民出版社2002年版。

赫伯特·施皮尔伯格:《现象学运动》,王炳文、张金言译,商务印书馆2011年版。

黄式三:《论语后案》,凤凰出版社2008年版。

黄宗羲:《明夷待访录》,中华书局2011年版。

蒋南华、罗书勤、杨寒清:《荀子全译》,贵州人民出版社1995年版。

焦循:《孟子正义》,中华书局1987年版。

柯林·戴维斯:《列维纳斯》,李瑞华译,江苏人民出版社2006年版。

《老子道德经河上公章句》,王卡点校,中华书局1993年版。

勒维纳斯:《上帝·死亡和时间》,余中先译,生活·读书·新知三联书店1997年版。

勒维纳斯:《塔木德四讲》,关宝艳译,商务印书馆2002年版。

黎靖德编:《朱子语类》,岳麓书社1997年版。

李景林:《教养的本源》,辽宁人民出版社1998年版。

李泽厚:《论语今读》,安徽文艺出版社1998年版。

李泽厚:《中国思想史论》,安徽文艺出版社1999年版。

梁漱溟:《东西文化及其哲学》,商务印书馆1999年版。

列维纳斯:《从存在到存在者》,吴蕙仪译,江苏教育出版社2006年版。

刘宝楠:《论语正义》,中华书局1990年版。

柳诒徵:《中国文化史》,东方出版社1988年版。

楼宇烈:《王弼集校释》,中华书局1980年版。

卢梭:《社会契约论》,何兆武译,商务印书馆2003年版。

鲁迅:《鲁迅杂文全集》,河南人民出版社1994年版。

罗素:《中国问题》,秦悦译,学林出版社1996年版。

吕惠卿:《庄子义集校》,中华书局2009年版。

吕思勉:《先秦学术概论》,东方出版中心1985年版。

马丁·布伯:《我与你》,陈维纲译,生活·读书·新知三联书店1986年版。

马丁·布伯:《人与人》,张健、韦海英译,作家出版社1992年版。

《马克思恩格斯选集》,人民出版社1995年版。

麦金太尔:《伦理学简史》,龚群译,商务印书馆2003年版。

蒙培元:《情感与理性》,中国社会科学出版社2002年版。

《墨子》,毕沅校注,上海古籍出版社1995年版。

牟宗三:《中西哲学之会通十四讲》,上海古籍出版社1997年版。

牟宗三:《中国哲学十九讲》,上海古籍出版社1997年版。

倪德卫:《儒家之道:中国哲学之探讨》,周炽成译,江苏人民出版社2006年版。

钱穆:《庄老通辨》,生活·读书·新知三联书店2005年版。

钱穆:《论语新解》,生活·读书·新知三联书店2005年版。

萨克森豪斯:《惧怕差异》,曹聪译,华夏出版社2010年版。

苏舆:《春秋繁露义证》,中华书局1992年版。

孙向晨:《面对他者——莱维纳斯哲学思想研究》,上海三联书店2008年版。

孙诒让:《墨子闲诂》,中华书局2001年版。

涂尔干:《社会学与哲学》,梁栋译,上海人民出版社2002年版。

王夫之:《船山遗书》,北京出版社1999年版。

王守仁:《王阳明全集》,上海古籍出版社1992年版。

王先谦:《荀子集解》,中华书局1988年版。

王文锦:《礼记译解》,中华书局2001年版。

汪子嵩、范明生、陈村富、姚介厚:《希腊哲学史》第1卷、第2卷、第3卷,人民出版社1997、1993、2003年版。

韦政通:《中国思想史》,上海书店出版社2003年版。

吴毓江、孙启治:《墨子校注》,中华书局2006年版。

伍晓明：《吾道一以贯之：重读孔子》，北京大学出版社 2003 年版。

夏松凉、李敏主编：《史记今注》，南京大学出版社 1994 年版。

谢浩范、朱迎平：《管子全译》，贵州人民出版社 1996 年版。

徐复观：《中国人性论史·先秦篇》，上海三联书店 2001 年版。

徐复观：《中国思想史论集续编》，上海书店出版社 2004 年版。

许匡一：《淮南子全译》，贵州人民出版社 1993 年版。

亚里士多德：《形而上学》，吴寿彭译，商务印书馆 1959 年版。

亚里士多德：《亚里士多德选集·政治学卷》，颜一编，中国人民大学出版社 1999 年版。

严遵：《老子指归译注》，商务印书馆 2004 年版。

杨伯峻：《孟子译注》，中华书局 1960 年版。

杨伯峻：《论语译注》，中华书局 1980 年版。

杨大春：《语言 身体 他者——当代法国哲学的三大主题》，生活·读书·新知三联书店 2007 年版。

杨国荣：《善的历程》，上海人民出版社 1994 年版。

杨国荣：《心学之思——王阳明哲学的阐释》，生活·读书·新知三联书店 1997 年版。

杨适：《中西人论的冲突——文化比较的一种新探求》，中国人民大学出版社 1991 年版。

余英时：《中国思想传统的现代诠释》，江苏人民出版社 1998 年版。

张岱年：《中国哲学大纲》，中国社会科学出版社 1982 年版。

张觉：《韩非子全译》，贵州人民出版社 1992 年版。

张世英：《天人之际——中西哲学的困惑与选择》，人民出版社 1995 年版。

张祥龙：《海德格尔思想与中国天道》，生活·读书·新知三联书店 1996 年版。

张祥龙:《从现象学到孔夫子》,商务印书馆2001年版。

张载:《张载集》,中华书局1978年版。

周才珠、齐瑞端:《墨子全译》,贵州人民出版社1995年版。

周辅成编:《西方伦理学名著选辑》,商务印书馆1987年版。

周振甫:《〈周易〉译注》,江苏教育出版社2006年版。

朱谦之:《老子校释》,中华书局1984年版。

朱熹:《四书章句集注》,中华书局1983年版。

朱贻庭:《中国传统伦理思想史》,华东师范大学出版社2003年版。

后　记

　　博士毕业至今正好十年的时间。在此之前,我曾出版过两本有关现代性的著作,而现在之所以转而研究"他人"(或他者)问题,是由于一段特殊的机缘。在攻读硕士学位期间,我就特别仰慕叶秀山先生的学术,总想找个机会亲炙于叶先生,于是在2005年到中国社会科学院哲学所进行访问学习。在学习期间,叶先生告诉我:从事中国哲学研究,应该读读勒维纳斯的著作,这对你一定会有帮助。虽然在国内学术界当时有关勒维纳斯的研究成果甚少,我对其也一无所知,但我相信叶先生说的话自有他的道理,所以,我开始到处寻找勒维纳斯的著作,进行阅读和研究。由于勒维纳斯的主要著作都尚未翻译成中文,所以我只能去阅读外文版本,再加上自己的外文能力有限,所以,在燕郊的客厅里、在芜湖家中书房里的上千个日夜,留下了我孜孜苦读的身影。其间虽然有过不能理解的苦恼,有过没有成果的压力,有过希望渺茫的彷徨,但是我始终坚信叶先生说的话,相信自己的努力一定会获得回报。正是在在这种信念的支持下,我用了近四年的时间阅读了勒维纳斯的一些主要著作,觉得自己对于勒维纳斯的思想观念有了一点感受之后,便开始撰写有关勒维纳斯的学术论文,思考如何将他者思想与中国传统哲学的研究结合起来,并动手写作本书。2009年,当书稿写至一半的时候,本人以该题申报了国家社科基金项目和安徽省学术和技术带头人后备人选资助项目,都幸运地获得立项,后于2012年顺利结项。项目资助使得本书的写作和出版获得了充足的资金保证。

本书稿受到了有些专家的好评,认为在对传统文化的理解上存在一定的创造性,也受到了一些专家的批评,认为该书稿存在着过度诠释之嫌。不论是表扬还是批评,都是出于对学术的尊重,都是出于对作者的关心,所以,本书在吸收了相关专家意见的基础上作了一定程度的修改,当然由于水平所限,修改不能完全达到专家们的要求。在此,作者对本书提供过意见的专家表示感谢。不过,作者对于传统文化研究也有一些自己的看法,当然未必妥当。今人研究传统思想文化,实际上是对传统文化的诠释。按照诠释学的观念,由于时空距离的拉开,作者的本意和文本的原意在一定程度上都变得不可追寻,我们无法彻底地复原出作者和文本所要表达的真实意图。真实意图的不可复原并不意味着没有必要解读历史典籍,没有必要去探讨古代的思想文化,只是说我们阅读传统的指向必须有所转变,我们关心的重点不再在于古人到底说了什么,而是我们从文化传统中读出了什么。这个读出来的"什么"当然应该是传统文化的合理推论,但这个"推论"是否真正符合作者和文本所表达的真实意图可能需要加以悬置,因为作者不会复生,文本也不会开口说话(文本是说出来的"话"),对与不对都只能是今人和后人的评定。由于我们是站在现代的立场上对传统文化进行解读,现代是一个开放的全球化时代,中西古今都在现代会聚,在现代的视域当中,中西古今实现了高度的融合,我们很难将它们截然分离开来,因此,我们从传统文化当中读出的"什么",也是一个中西古今融合的产物。这也就是说,诠释中国传统思想文化,更多的是去寻找传统的现代意义,是从传统当中寻找现代的价值。这个现代价值古人并没有直接告诉我们,需要我们去挖掘,去发挥。应该说,本书的写作就是抱着这样一个目的进行探索。既然是探索,肯定会存在着诸多的不足,这还需要专家们进一步的批评和作者后续的完善。

2008年出版《现代性境域中的生态危机》一书时,我就说过要在探讨人与自然的关系之后,接着探讨自我与"他人"之间的关系。自我与"他人"之间的关系如何处理是现代社会所面临的一个重要问题，也是一个非常棘手的问题，作者对于这个问题的思考尚不深入，不能为解决这个问题提供一个完整的理论架构，只能通过对先秦时期"他人"思想的解读为解决这个问题提供一些有益的参照，从而将个人的一些想法和见解融入到对传统文化的解读当中。当然，避免直接论及核心问题并非永久解决之道，而是权宜之计，是为了进入中心提供必要的经验积累和学术储备。因此，在经过了本书的积累之后，作者将在后面的研究中，对于自我与他者之间的关系问题展开更为直接、更为深入的研究和论述，从而将我对于这个问题的思考完整地呈现在读者的面前，以弥补本书之不足。

　　虽然在出版业高度兴盛的今天，这是一本并不起眼的学术著作，但是它的完成和出版却得到了大量的关怀和帮助。在资料收集过程中，姚满林博士为我提供了巨大的帮助；在项目申报过程中，得到了科研处、人事处、学院领导及学校诸多专家的帮助，原安徽师范大学副校长朱士群教授的鼓励对于我申报课题增加了动力和信心；在结题过程中，外审专家的评审意见使我受教良多；在著作出版过程中，编辑们为该书出版付出了辛勤的努力；在整个过程中，吴兴华在繁忙的博士学习之余，还经常充当我的第一个读者，为我提供建议……在此，我向所有帮助过我的领导、同事、朋友和家人表示衷心的感谢！正是你们这种为他的精神使得本书顺利地得以完成和出版，也正是你们这种利他的精神促使我要更加努力地读书学习，用更好的成果来回报你们的关心。

2013 年 10 月 4 日
吴先伍记于芜湖